単語と文法から学ぶ

PAPAGO式
台湾華語

TOCFL Level 1 [A1]

PAPAGO遊学村

本教材內容經國家華語測驗推動工作委員會（SC-TOP）審查推薦，可輔助學習者準備華語文能力測驗

本教材の内容は、国家華語測験推動工作委員会（SC-TOP）が審査し、
学習者が華語文能力測験の準備を行うために役立つものとして推薦している

はじめに

　旅行や仕事、留学などで日本と台湾の間を行き来する人が増えるにつれて、台湾の人たちが使っている言葉に興味をもち、それをていねいに学んで使いこなしたいと願う日本人も増えてきました。ドラマや人形劇など、台湾関連の趣味をもっと楽しむために、台湾で使われている言葉を本気で学びたいと考える方たちもいます。そんな方たちが、「台湾の中国語」にアプローチするための手がかりをまとめたのがこのテキストです。

　本書のタイトルの「台湾華語」は、台湾の学校教育や公的機関で主に使われている中国語（「国語」と呼ばれます）の対外的な呼び名です。台湾に留学した外国人が、語学学校や大学の中国語の授業で学ぶのもこの「台湾華語」。台湾で使われているさまざまな言葉のうち、外国人にとって比較的学びやすく、台湾の人たちとのコミュニケーションでも使いやすい言葉です。

　新しい外国語を学んでいると、それまでただの音の流れとして聞こえてきていたものが、ある日突然意味をもった言葉として聞こえてくることがあります。日本語だけを使ってこの世界のことを把握し理解し表現していた時にはなかった新しい視点が、自分の中に生まれる新鮮さが感じられることもあります。外国語はコミュニケーションのツールであるとともに、そういったワクワク感をもたらしてくれるものでもあります。

　でも、そういった楽しさを味わうためには、その言葉の仕組みを理解し、一定レベルの力をつける必要があります。よく使われるフレーズや文を丸暗記するだけでは、入門段階から次に進む頃には限界がきてしまうかもしれません。

　外国語学習において、単語力の強化と文法の理解は車の両輪のようなものです。覚えた単語を使えるようにするためには、それを組み合わせるための文法知識が必要です。また、学んだ文法を定着させるためには、たくさんの単語を使った置き換え練習が必要となるでしょう。そこで、本書の編集に際しては、単語力の強化と文法の理解を同時に進めることで、より効率的に台湾華語を学んでいただけるような構成を心がけました。

　なお、本書は調べるための文法書ではなく、単語と文法を少しずつ累積していくことを目指すテキストです。これまで英語や国語の文法に対して苦手意識を持っていた方にも、文法用語を上手く使うことで、台湾華語を使いこなす力が伸びることを実感していただけるよう、文法用語の基礎の基礎から解説もしています。

　普段中国の中国語（普通話）を学んでいる方にも、役立てていただけることがたくさんあるかと思います。教える順番も説明方法も普通話とは少し違う台湾華語のテキストを使ってみることで、中国語を別の角度から眺めることができます。

PAPAGO 遊学村は、2016 年から、台湾に拠点を置いて台湾留学や台湾華語学習のサポートを行っています。日本では手に入りにくい台湾華語の教材を多数開発し、公式サイトで無料公開しているほか、TOCFL（台湾華語の公式検定）の実施団体から正式に許可を得て、公式語彙集や模擬試験問題を日本人の方にとって使いやすい形に加工して公開もしています。1 対 1 のオンラインレッスンとさまざまな課題を組み合わせた通信講座の受講生には、華語学習を始めて短期間で TOCFL の目標級に合格し、台湾の難関大学進学という目標を達成する高校生の方もたくさんいらっしゃいます。

　そういった教材作成やレッスンの過程でブラッシュアップしてきた台湾華語学習のノウハウが、このテキストにはたっぷり詰め込まれています。

　PAPAGO 遊学村には、さまざまな背景をもった台湾華語講師が在籍しています。このテキストを作る過程で、私たちはどんな発音や単語、文型を採用するかについて、何度もディスカッションを重ねました。長い間、中国普通話を学び教えてきた経験もある日本人講師は、台湾華語の代表的なテキストの構成に、中国普通話の教え方や学び方のノウハウを取り入れることで、台湾華語がもっと理解しやすくなるはずだと考えました。台湾人としてのアイデンティティにこだわる台湾人講師は、普段自分たちが使っている発音や単語、文型をもっと取り入れたいと主張しました。大学付属の語学学校でも教えている台湾人講師からは、自分が普段使う言葉と教室で教える言葉の間で、どこを着地点とするかという点について独自のアイデアが出ました。

　そのディスカッションで長い時間を費やしましたが、それは、「学びやすさ」と「自然さ」のバランスをどう取るかという判断の難しさを乗り越え、よりよいテキストを作るためにどうしても必要なことでした。そうしてようやく、台湾華語を本気で学ぼうとされている方々に、このテキストをお届けできる日が来たのです。

　台湾華語をていねいに学べるようなテキストが作りたいという私たちの願いを形にするために、株式会社アスク出版の由利真美奈さんには大きな力を貸していただきました。よりわかりやすいテキストにするための貴重なご意見もたくさんいただきました。そして、私たちがこれまでのレッスンを通して作り上げてきた台湾華語学習のメソッドを「PAPAGO 式」と名付けてくださったのも由利さんでした。心より御礼申し上げます。

　本書が、台湾華語を本気で学びたいと考える学習者の方に役立てていただけること、そしてそれが、日本人と台湾人がよりよい関係を築くことにつながることを願っております。

2023 年 7 月

　　　　　　　　　　　PAPAGO 遊学村

もくじ

序章　台湾華語を学ぶために

Unit1　台湾華語の世界へようこそ！

Unit 2　台湾華語を楽しもう！

⚜ コラム「台湾のことを話してみよう！」 ⚜

①地名（市と県）・088　　②おいしいもの・148　　③観光地・218

◆ 巻末付録 ◆

本書の特徴＆使い方

　本書では、単語と文法を少しずつ確実にマスターしていただくために、ひとつの文法事項について、基本文型の表・説明用例文・練習問題など形を変えてたくさんの例を紹介しています。

1 基本文型と文法の説明

(1) 基本文型の表

　各レッスンの最初に、語順を表で示しています。中国語の作文はパズルのようなものなので、文法用語と文法の公式を覚えたら、後はそれに合わせて語句をポンポンと並べるだけ。この表に語句をあてはめて、自分で文をいろいろ作ってみましょう。

(2) 文法の説明と例文

　日本人学習者にとって、理解しにくいところ、間違えやすいところを重点的に解説しています。また、その課で主に学ぶ語句や文法用語は、文字の色や下線でマークし、例文の対応箇所にも同じマークをつけているので、そこで使われている文法用語が何を指しているのかも簡単にわかります。

　例文の日本語訳は、意図的に少し離れたところに置いていますので、説明を読みながらまず自分で訳してみてください。すぐに日本語訳が目に飛び込んでこないことが、きっと力を伸ばすことにつながります。

🎧 **001** 音声ファイル番号　基本文型の表と文法説明の例文を続けて1ファイルに収録しています。(華語のみ)

(1)基本文型の表

(2)文法説明と例文

①複数の言い方が並列するものは、「／」で示しています。
　文の一部に複数の言い方・書き方があるものは〈　〉で示し、「／」で区切っています。
　音声はどちらも読んでいます。

②省略できる語は（　）で示しています。
　音声は原則として、(1)の基本文型の表では読んでいますが、(2)の文法説明の例文では省略しています。

③基本文型の表や文法説明の中で、"　"内の語は華語、「　」内の語は日本語を示しています。

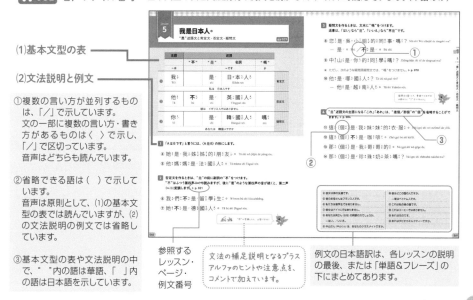

参照するレッスン・ページ・例文番号

文法の補足説明となるプラスアルファのヒントや注意点を、コメントで加えています。

例文の日本語訳は、各レッスンの説明の最後、または「単語＆フレーズ」の下にまとめてあります。

2 単語&フレーズ

　各レッスンの関連語句を、品詞やジャンルごとにまとめました。これを利用すれば覚えやすく、学んだ文型を使った入れ替え練習も簡単にできます。音声には日本語もついているので、聞き流し練習用にもぴったりです。

各語句について、
①華語の漢字表記　②ピンイン
③注音符号（横書き）　④日本語訳
の順に記載しています。

各ジャンルに属する単語が同じ品詞であれば、
それぞれの冒頭にその品詞を示し、
異なる品詞のものがあれば、単語ごとに品詞を示しています。
品詞と品詞マークは **p. 031** を参照してください。

複数の書き方、発音がある場合、「／」で区切って示しています。
（　）内の語は省略可能な語です。
音声は、「／」で区切られた語は両方とも読み、
（　）は（　）の語も含めて読んでいます。

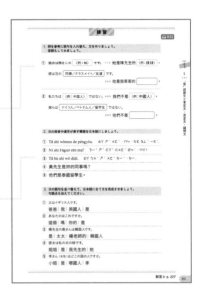

3 ひとことコラム

　台湾の文化や習慣を短い文章で紹介しています。その課の例文と関係のある話題をとりあげているので、どの例文なのか探してみてくださいね。

4 練習問題　（解答▶ p. 225 ～）

・入れ替え練習

　その課で学んだ語句や文型を組み合わせる練習です。単語からフレーズへ、フレーズから文へと、使える表現を増やしましょう。

・日本語訳練習

　漢字で書かれた問題だけでなく、ピンイン・注音符号だけを見て意味を考える練習も加えました。会話には漢字がないので、これができるようになれば、聞き取りができることに一歩近づきます。

その他、問答、穴埋め、並べ替えなどさまざまなパターンの練習問題を準備しました。解答では全文を表示しているので、文の正しい形が一目でわかります。解答にもピンインと注音符号がついており、すべて音声があるので、読み方がわからないまま進んでしまう心配はありません。

5 その他

・「台湾華語の発音」「華語学習のための文法用語」

Lesson 1 に入る前に、台湾華語の発音と文法用語について説明しています。

その後の本文の学習を進めるために必須の事柄ですので、ひととおり読んでからレッスンに入ってください。

発音は一度にできるようにならなくてもかまいません。レッスンを進めながら折に触れて振り返り、少しずつ台湾華語の発音に慣れていきましょう。

・コラム「台湾のことを話してみよう！」

各 Unit の最後には、台湾用語を集めた特集コラムがあります。

台湾の地名や食べ物などをあてはめながら、話してみましょう！

・巻末付録：「句読点の使い方」「多音字のまとめ」「ピンイン・注音符号対照音節表」

練習問題でも必要な台湾華語の句読点（" 標點符號 "）のほか、読み方が複数ある「多音字」についてまとめました。また、読み方の参考となるよう、ピンインと注音符号の対照を音節表の形で一覧にまとめました。

本書のピンイン・注音符号は、主に TOCFL 公式語彙集《華語八千詞（2022 年版）》と国家教育研究院の《臺灣華語文能力基準》（Taiwan Benchmarks for the Chinese Language, 略称 TBCL）を参考にしています。
・ピンインの隔音記号は、上記資料に準じて、本書でも使用していません。

本書でとりあげた単語および文法用語の索引は、右の QR コードから、または次のページに記載のアスク公式サイトでご覧ください。

本書の音声はダウンロード、または Apple Podcast、Spotify の音声配信サービスでご利用いただけます。

下記、アスク公式サイトの本書の詳細ページからご利用ください。

● 『PAPAGO 式 台湾華語』詳細ページ ●

https://www.ask-books.com/978-4-86639-646-0/

■ 音声のダウンロード ■

「for PCs (zip)」アイコンをクリックすると、zip 形式で圧縮された音声ファイル一式がダウンロードされます。解凍してご利用ください。

■ 「Apple Podcast」または「Spotify」のご利用 ■

それぞれのアイコンをクリック（タップ）すると、再生リストが開きます。そのまま聞きたいファイルをクリックするだけで、オンラインでストリーミング再生されます。

それぞれのアプリをご利用いただくと、オフラインでの再生も可能です。

※オンラインで再生する場合、データ通信量にご注意ください。Wi-Fi 等の環境での再生をおすすめいたします。

Apple Podcast は、Apple Inc. の商標です。
Spotify は、Spotify AB の商標および登録商標です。

・上記 WEB ページにて、単語・文法用語索引の PDF を閲覧いただけます。適宜ご利用ください。
　また、誤記を発見した際に、正誤表をこのページにて公開いたします。折々にご確認ください。
・ご希望の方には、別売りにてオーディオ CD または MP3 形式の CD-ROM をご用意いたします。
　上記ページよりご注文ください。

本書および音声ご利用に関するお問合せ

アスクお客様センター

https://www.ask-books.com/support/

上記ページのお問合せフォームからお送りください。

また、本書についてのご感想やご意見も、ぜひアンケートフォームからお送りください。

メールでのお問合せ：　support@ask-digital.co.jp

※ WEB ページの仕様は予告なく変更になることがございます。

序章

台湾華語を
学ぶために

学習に入る前に、台湾華語がどんな言葉な
のか、台湾華語の公式検定「TOCFL」がど
んな試験なのかを知っておきましょう。
本文の学習を進めるときに必要となる発音と
文法用語についても、簡単に学びます。

台湾華語ってどんな言葉？

台湾ではさまざまな言葉が使われています。学校教育や公的機関で使われるのは北京語をベースとした中国語の「国語」ですが、中国福建省あたりにルーツをもつ人たちが使う台湾語や、広東省・江西省などにルーツをもつ客家の人たちが使う客家語、そして古くから台湾に住んでいた人たちが使う原住民族諸語などもあります。

その中で、外国人が台湾の語学学校や大学の中国語の授業で学ぶのは、「国語」に近い「台湾華語」と呼ばれる言葉です。本書でもこの台湾華語を学びます。

1 台湾における台湾華語の位置づけ

「台湾で使われている中国語は『台湾華語』と呼ばれるらしい」という認識は、少しずつ日本でも広がっているようですが、実はこの「台湾華語」という呼び名は、一般の台湾の人たちが日常会話でよく使うものではありません。台湾の人たちが使うのは "國語"（Guóyǔ ㄍㄨㄛˊ ㄩˇ／国語）という呼び名。「台湾の標準語」という意味です。「台湾の標準語は何か」という議論が進むにつれて、"國語" ではなく "中文"（Zhōngwén ㄓㄨㄥ ㄨㄣˊ）と呼ぶ人も増えています。

では、私たちが学ぶ台湾華語と、台湾の人たちが学校で学ぶ「国語」とはどんな関係にあるのでしょうか。

中国語はとても方言差の大きい言葉です。同じ中国で使われている中国語でも、「北京語、福建語、広東語」の間には、「英語、フランス語、ドイツ語」と同じくらいの違いがあると言われています。そのため、たとえば北京語しかできない人と福建語しかできない人の間では、ほとんどコミュニケーションが取れないということになります。

第二次世界大戦後、中華民国が台湾を統治するようになりました。それに伴い、中華民国の標準語と定められていた北京語をベースとする「国語」が、台湾でも標準語となったのです。その後強制的に進められたこの「国語」の教育は、それまで台湾語や客家語などを使って暮らしてきた台湾の人たちにとって、外国語を学ぶことにも匹敵するような大きな負担となりました。それでも半世紀以上の時を経て、今では若い台湾人の大半が、この「国語」を使いこなせるようになっています。

一方で、上の世代の人たちが小さい頃から家庭で使ってきた母語である台湾語や客家語などができない若者が増え、異なる世代間のコミュニケーションが上手くとれないというケースも生じています。

2000 年代になり、この「国語」という名称を改めようという動きが本格化してきました。北京語をベースとする言葉だけを「台湾の標準語」とみなすことが適切かどうか、そして外国人が学ぶ言葉に対する名称として「国語」がふさわしいのかどうかなどの議論やさま

ざまな試行を経て、2023年現在は、「台湾人が学ぶ標準中国語：" 國語／中文 "」「外国人が学ぶ標準中国語："（台灣）華語 "」という呼び分けが定着しつつあるようです。

将来的に「国語」と「台湾華語」の差がなくなる可能性もありますが、現時点では「国語」を外国人にとって学びやすい形で整理したものが「台湾華語」だと考えることができます。

2 台湾華語と中国の中国語との関係

日本で「中国語」と言えば、「中国で使われている言葉」という理解が大半かもしれません。大学などの中国語の授業や、書店に並んでいる中国語関係の書籍の大半は、中国の中国語を対象とするものです。では、私たちが学ぶ台湾華語と中国の標準中国語（「普通話」と呼ばれます）は、どのくらい似ていてどのくらい違うのでしょうか。

台湾華語と中国普通話は、同じ北京語をベースとする言葉なので、どちらを学んでも基本的なコミュニケーションは問題なくできます。台湾華語は中国でも通じますし、中国普通話は台湾でも通じます。その差は、「アメリカ英語とイギリス英語の違い」にたとえられることもあります。

しかし、戦後の数十年間、台湾と中国の間では人や情報の往来が途切れていたこともあり、台湾華語と中国普通話の間にもさまざまな違いが生まれています。台湾華語は、戦前から台湾で暮らす人々の母語である台湾語や客家語などの影響を受けるとともに、第二次世界大戦終了まで日本に統治されていたという経緯によって日本語の影響も受けています。一方、中国普通話は、中国政府によって高度な標準化が進み、それまでさまざまな方言を使っていた中国の人たちにとっても外国人にとっても、学びやすい形に整理されてきました。

台湾華語と中国普通話の違いをいくつかの側面からもう少し見てみましょう。

(1) 文字

台湾華語では、古くから使われてきた中国語の漢字がほぼ同じ形で使われていますが、中国普通話では、それを大胆に簡略化した「簡体字」が使われています。台湾で使われている漢字を日本では「繁体字」と呼びますが、台湾では「簡略化していない正式な漢字」という意味で「正体字」と呼んでいます。

(2) 発音の書き表し方

台湾の「国語」では、その音を象徴する漢字の一部を利用した "注音符號"（注音符号）が利用され、中国普通話ではローマ字を使った "漢語拼音"（ピンイン）が利用されています。台湾華語のテキストでは注音符号を利用する場合とピンインを利用する場合がありますが、台湾の語学学校や大学の中国語の授業では、ほとんどピンインを使って教えています。

我 有 兩 枝 筆。

ピンイン …… Wǒ yǒu liǎng zhī bǐ .

注音符号 …… 我 ㄨㄛˇ 有 ㄧㄡˇ 兩 ㄌㄧㄤˇ 枝 ㄓ 筆 ㄅㄧˇ。

---

(3) 発音

台湾華語のテキストやレッスンで学ぶ発音は、北京語がベースになっているので中国普通話とあまり変わりません。台湾の人たちに「国語」を教える先生や台湾のテレビ・ラジオのアナウンサーの発音も中国普通話に近いものです。

しかし、街中では、中国普通話とかなり違う発音が聞こえてくることもあります。その違いとして特徴的なことは次の3点です。

❶そり舌の音が少ない

"知 zhī ㄓ／吃 chī ㄔ／是 shì ㄕˋ／日 rì ㄖˋ" のようにつづりが "zh ㄓ／ch ㄔ／sh ㄕ／r ㄖ" で始まる音は「そり舌音」と呼ばれ、中国普通話では舌先を軽く奥にそり上げて発音します（▶ p. 025）。しかし、台湾では舌先を前に置いたまま発音する人が多いため、"z ㄗ／c ㄘ／s ㄙ／j ㄐ" に近い音になることがよくあります。

"兒子 érzi ㄦˊ・ㄗ／耳朵 ěrduo ㄦˇ・ㄉㄨㄛ" の "er ㄦ" も、舌先を前に置いたまま発音する人がたくさんいるので、"ézi ／ěduo" に近い音に聞こえることがあります。

❷軽声が少ない

台湾華語では "衣服 yīfú ㄧ ㄈㄨˊ" の "服" を、"fú ㄈㄨˊ" とはっきり2声で発音しますが、これを中国普通話では軽声にして、"yīfu" と発音します。中国普通話で軽声で発音される他の音も、台湾ではよく声調をつけて発音されます。

❸第三声の最後が上がらない

第三声で終わる場合、中国普通話では最後を軽く上げて発音されますが、台湾ではこの上がる部分を発音しない人が大半です。 ▶ p. 020

なお、❶のそり舌音と❷の軽声は、台湾華語・国語や中国普通話のベースとなった北京語の特徴的な発音で、中国国内でも南方地域には台湾と同じような発音の癖を持つ人がた

くさんいます。

3 本書で扱う台湾華語

「台湾らしさ」をできるだけ取り入れたいという思いから、本書で採用した発音、語彙、文型は、台湾の大学付属の語学学校でよく使われる台湾華語のテキストよりも、少しだけ街中で聞こえてくる言葉に近いものになっています。それでも、この本を手に取ってくださった方の中には、「周囲の台湾の人たちが使う言葉と違う」と感じる方もいらっしゃるかもしれません。それは、台湾の人たちが使う言葉にもさまざまなバリエーションがあり、その中でどんな発音、単語、文型を「台湾らしい」と考えるのか、そしてその使い方のルールをどうやってわかりやすく説明するのかというのは、とても難しい問題だからです。

より台湾らしい言葉をマスターしたいと願っている方には、まずは本書で台湾華語の基本的な仕組みをしっかり身につけ、その後、周囲の台湾の人たちから聞こえてくる言葉の特徴も取り入れるという方法をおすすめします。台湾語や客家語など、台湾華語以外の言葉を学ぶ場合にも、台湾華語の基礎を少し学んでおくと、きっと理解しやすくなるでしょう。

＊＊＊

台湾の人たちが使っている言葉が統一されていないことは、台湾の言葉を学びたいと考える日本人にとって少し不便な面もあります。でも、そんな言葉の多様性も台湾の魅力のひとつだと私たちは考えています。

言葉に関する「きれいな発音」「正しい言い方」という評価は、時にはとても政治的な意味合いをもってしまいます。どんな発音や言い回しが「標準」なのかは、誰かが決めることだからです。これまでさまざまな外来政権の支配を受けてきたという歴史的な背景によって、台湾の人たちが使う言葉は、北京語だけでなく中国の南方方言や日本語などの影響を受けています。そして、政権が変わるたびに、異なる「標準語」を押し付けられてきたという不幸な歴史もありました。今も、自分の母語であるはずの台湾語や客家語などが上手く使えないことに心を痛める人たちもいます。

ひとりの人が小さい頃から家庭や地域社会で使い慣れてきた言葉（母語）を、他の人が「正しくない」「きれいではない」と否定してよいのかという問題意識はとても大切です。言葉の多様性を認めることは、文化や価値観の多様性を認めることにつながるのだということを、標準化の進んでいない台湾華語が教えてくれているとも言えるでしょう。

「台湾華語とは」という問いは、そのまま「台湾とは」「台湾人とは」という問いにつながります。台湾華語をていねいに学ぶことは、きっと、台湾や台湾人をより深く理解することにもつながるに違いありません。

TOCFL（華語文能力測驗）について

1 TOCFLとは

　TOCFL（正式名称：華語文能力測驗）は、台湾政府公認の台湾華語検定試験で、「国家華語測驗推動工作委員会」によって、開発・運営されています。

　この試験の合格証書は、台湾の大学・大学院進学の合否判定や奨学金受給、学費減免審査の際に、台湾華語の能力証明として重視されているほか、台湾の就労ビザ申請の際にも、一定の条件をクリアすれば加点ポイントとなります。趣味で勉強している方にとっても、自身の台湾華語レベルを測る目安として利用できる試験です。

　台湾でも日本でも、一般公開の試験が毎年6～7回程度実施されています。

2 レベル

　TOCFLでは次のようにレベルが設定されています。

等級		学習時間数の目安		語彙数の目安
		中国語圏	中国語圏外	
準備級 本書の対応レベル	準備級	30～120 時間	60～240 時間	400 語
Band A	Level 1 [A1]：入門級	120～240 時間	240～480 時間	800 語
Band A	Level 2 [A2]：基礎級	240～360 時間	480～720 時間	1200 語
Band B	Level 3 [B1]：進階級	360～480 時間	720～960 時間	2500 語
Band B	Level 4 [B2]：高階級	480～960 時間	960～1920 時間	5000 語
Band C	Level 5 [C1]：流利級	960～1920 時間	1920～3840 時間	8000 語
Band C	Level 6 [C2]：精通級	1920 時間以上	3840 時間以上	8000 語

低 ／ 高

出典：「華語文能力測驗」公式サイト　https://tocfl.edu.tw/

　TOCFLの合格証書は、進学・就職の際に以下のように評価されています。

- ・**台湾の大学への出願**：多くの大学・学科でA2～B2が条件とされています。
  （中国語で学ぶ学科の場合）
- ・**教育部**（文科省に相当）**台湾奨学金**：B1以上で申請できます。（全英語課程以外）
- ・**台湾の大学卒業後の就労ビザ申請**：B1以上で加点要素となります。

3 実施方法

台湾と日本で実施される試験には、以下のような違いがあります。

		台湾	日本
種　類	リスニング＆リーディング 注1)	○	○
	ライティング	○	
	スピーキング	○	
等　級	準備級 注2)	○	△
	Band A	○	○
	Band B	○	○
	Band C	○	○
形　式	コンピューター利用 注2)	○	△
	ペーパーテスト		○
	簡体字での出題		○

注1）大学進学などで試験の種類が明確に指定されていない場合は、通常「リスニング＆リーディング」
　　　の成績を指します。
注2）日本でも、一部の会場で準備級を含むコンピューター利用の試験導入が計画されています。

4 本書との対応

　本書では、台湾華語を初めて学ぶ方が、TOCFL の A1（入門級）に合格できるレベルの力をつけることを目指しています。内容については、国家華語測験推動工作委員会から、「TOCFL 受験の準備に役立つ」との認定を受けています。

　とりあげている単語および文法事項は、TOCFL の公式教材である《華語八千詞》と『模擬試験問題』、並びに TOCFL の出題基準でもある《臺灣華語文能力基準》のデータを参照し、さらに留学や旅行で台湾にいらした際に、すぐに使っていただけるような語彙や表現も加えています。

　なお、2023 年から正式運用が始まった新しいバージョンの試験（TOCFL 2.0）では、A1レベルの基準とされる語彙数がそれまでの 500 語から 800 語に増えたため、本書の収録語彙数もそれを超える約 850 語としました。

　過去問が公開されていない TOCFL では、公式サイトで公開されている教材が出題傾向を知る大きな手がかりとなります。その教材の情報を徹底的に分析して編纂した本書を利用し、ぜひ A1 合格を果たしてください。

> ※TOCFLについては、TOCFL公式サイト（https://tocfl.edu.tw/）で公開されている、
> 2023 年5月末時点の情報に基づいて記載しています。
> 最新の情報は公式サイトでご確認ください。

台湾華語の発音

台湾華語の発音の基礎と、伝わりやすい音を出すためのポイントを学びましょう。

1 ピンインと注音符号

台湾華語の発音は、ローマ字を利用した"漢語拼音"（ピンイン）で表記される場合と、"注音符號"（注音符号）で表記される場合があります。音節の構造との対応を例にとって、ピンインと注音符号を比べてみましょう。

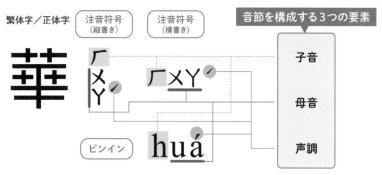

※注音符号は縦書きにする場合と、横書きにする場合があります。

台湾華語の発音を、ピンインで学ぶか注音符号で学ぶかは一長一短です。本書ではピンインと注音符号を併記していますので、以下の表を参考にしながら、ご自身の目的や学習環境によって選んでください。どちらを利用して学んでも、一方の読み方をある程度マスターすればもう一方を覚えるのもそれほど時間はかかりません。

	ピンインで学ぶ	注音符号で学ぶ
長所	・ローマ字が音を覚えるためのヒントになる ・中国普通話の教材も参考にしやすい	・台湾人がよく使うので、教えてもらうときに便利 ・つづり方に例外が少ない
短所	・台湾人がほとんど使えない ・つづり方のルールが少し複雑	・新しい文字を覚える負担が大きい ・教材が少ない
こんな方におすすめ	・短期間で一定の力をつけたい ・中国普通話を学んだことがある	・華語を使う機会が多い ・教えてくれる台湾人が身近にいる

2 声調

(1) 基本練習

🎧 001

　華語は、１つの漢字を１つの音節で発音します。それぞれの音節には音の高低変化があり、それによって意味が変わります。これが華語の発音の最大の特徴といわれる「声調（せいちょう）」です。声調には次のように、第一声から第四声の４種類があります。

第一声	第二声	第三声	第四声
高 ⟶ 低	↗	⌣	↘
「イーダ！」の「イー」のように、高く平らにのばす	不満そうに「エッ？」と聞き返すように、急激に上げる	がっかりして「あーぁ」とため息をつくように、低く	「まぁ大変！」の「まぁ」のように、高いところから急に下げる
媽 ㄇㄚ mā ㄇㄚ （お母さん）	麻 ㄇㄚˊ má ㄇㄚˊ （麻）	馬 ㄇㄚˇ mǎ ㄇㄚˇ （馬）	罵 ㄇㄚˋ mà ㄇㄚˋ （叱る）

※注音符号では第一声は記号が何もつきません。

★　第三声は、低く発音したあと、点線部分のように最後が少し上がることもありますが、台湾ではほとんど最後を上げません。第三声は「低い音」と覚えましょう。

★　日本語の音域の多くは、表のグレーのあたりの狭い範囲にありますが、華語はそれよりも高い音と低い音の差が大きくなります。これも華語の発音の特徴です。

> 高低差をしっかりつけて発音したほうが、伝わりやすいし、声調も記憶に残りやすいよ！

(2) 軽声

🎧 002

　他の音節に続けて軽く発音する声調を「軽声（けいせい）」といいます。軽声は声調の一種ですが、直前の音節の声調によって高さが変わります。代表例で練習してみましょう。

第一声＋軽声	第二声＋軽声	第三声＋軽声	第四声＋軽声
⟶ ●	↗ ●	⌣ ●	↘ ●
他的 ㄊㄚ ㄉㄜ tā de ㄊㄚ ㄉㄜ （彼の）	難的 ㄋㄢˊ ㄉㄜ nán de ㄋㄢˊ ㄉㄜ （難しいの）	我的 ㄨㄛˇ ㄉㄜ wǒ de ㄨㄛˇ ㄉㄜ （私の）	貴的 ㄍㄨㄟˋ ㄉㄜ guì de ㄍㄨㄟˋ ㄉㄜ （高いの）

※ピンインでは軽声は記号が何もつきません。

> 「第三声＋軽声」のときの第三声は、必ず低いままで終わってね！

(3) 変調

声調は漢字1文字1文字に固有のものですが、2文字以上を続けて読む際に、次の3つの場合だけは声調が変わります。これを「変調」といいます。

1) 第三声の変調　　🎧 003

第三声は、後に続く音の声調によって変調が起こります。

第三声の位置		変調	音のイメージ
単独のとき 第三声で終わるとき	mǎ　ㄇㄚˇ	なし	
第三声の前	mǎ mǎ ㄇㄚˇ ㄇㄚˇ	第二声に変わる	
第一声 第二声 第四声 } の前 軽声	mǎ mā ㄇㄚˇ ㄇㄚ	低いままで発音 （半三声に変わる）	
	mǎ má ㄇㄚˇ ㄇㄚˊ		
	mǎ mà ㄇㄚˇ ㄇㄚˋ		
	mǎ ma ㄇㄚˇ ·ㄇㄚ		

★ 台湾華語では第三声で終わるときも、ほとんど最後を上げません。

練習　　🎧 004

你 ㄋㄧˇ ㄋㄧˇ nǐ （あなた）	好 ㄏㄠˇ ㄏㄠˇ hǎo （元気である）	你好 ㄋㄧˇㄏㄠˇ ㄋㄧˇ ㄏㄠˇ nǐ hǎo （こんにちは）	小姐 ㄒㄧㄠˇㄐㄧㄝˇ ㄒㄧㄠˇ ㄐㄧㄝˇ xiǎo jiě （女性）	我家 ㄨㄛˇㄐㄧㄚ ㄨㄛˇ ㄐㄧㄚ wǒ jiā （私の家）	美國 ㄇㄟˇㄍㄨㄛˊ ㄇㄟˇ ㄍㄨㄛˊ Měi guó （アメリカ）	炒飯 ㄔㄠˇㄈㄢˋ ㄔㄠˇ ㄈㄢˋ chǎo fàn （チャーハン）

2)"不"の変調

🎧 005

否定を表す"不"は、第四声で「bù（ㄅㄨˋ）」と読む字ですが、後に第四声が続くときには第二声に変わり「bú（ㄅㄨˊ）」と読みます。

"不"の位置		変調	音のイメージ
単独のとき "不"で終わるとき	bù　　ㄅㄨˋ		
第一声 第二声 ｝ の前 第三声	bù mā　ㄅㄨˋ ㄇㄚ	なし	
	bù má　ㄅㄨˋ ㄇㄚˊ		
	bù mǎ　ㄅㄨˋ ㄇㄚˇ		
第四声の前	bú mà　ㄅㄨˊ ㄇㄚˋ	第二声に変わる	

★ "不"が変調する場合、もとの第四声の声調（bù）で書いてある場合と、変調後の声調（bú）で書いてある場合がありますが、本書では変調後の声調（bú）で書いています。

3)"一"の変調

数字の"一"は、本来は第一声で「yī（一）」と読みますが、数量を表すときは、後に続く音の声調によって第二声に変わる場合と、第四声に変わる場合があります。▶ **p.079**

3 母音

(1) 単母音

🎧 006

単母音は全部で7つあります。

①	a	ㄚ	口を大きく開けて明るい「ア」。
②	o	ㄛ	口を少し丸めて「オ」。
③	e	ㄜ	「エ」の口で「ウ」と「オ」の中間の音を出す。 上の歯と下の歯の間に、指が1本入るぐらい開けたままで。
④	i　(yi)※	ㄧ	口をしっかり横に引いて「イ」。
⑤	u　(wu)※	ㄨ	唇をしっかり丸めて突き出し、舌先を少し奥に引いて「ウ」。
⑥	ü　(yu)※	ㄩ	「ウ」の口で「イ」。 日本語の「イ」を発音しながら「ウ」の口にした時の音。
⑦	er	ㄦ	上の「ㄜ（e）」を発音したあと、素早く舌先を上にそらせる。

※ピンインの（ ）の中は、子音が何もつかない場合の表記です。▶ p.027

(2) 複合母音

🎧 007

母音には、以下のような複数の文字で表示される「複合母音」と呼ばれるものもあります。
単母音のそれぞれの口の形を意識しながら、つづりを全部順番に読むつもりで発音します。
ひとつの音になるようになめらかにつなげましょう。

①	ai	ㄞ	⑤	ia　(ya)	ㄧㄚ	⑩	iao　(yao)	ㄧㄠ
②	ei	ㄟ	⑥	ie　(ye)	ㄧㄝ	⑪	iou　(you) -iu※※	ㄧㄡ
③	ao	ㄠ	⑦	ua　(wa)	ㄨㄚ	⑫	uai　(wai)	ㄨㄞ
④	ou	ㄡ	⑧	uo　(wo)	ㄨㄛ	⑬	uei　(wei) -ui※※	ㄨㄟ
			⑨	üe　(yue)	ㄩㄝ			

※※印は、ピンインで前に子音がつくときの表記です。前に子音がつくと真ん中の母音の文字が消えます。▶ p.028

★ 複合母音の中の"e"は、単母音の"e"とは違い、日本語の「エ」に近い音です。
★ 注音符号では"ai / ei / ao / ou"を、"ㄞ／ㄟ／ㄠ／ㄡ"のように1文字で書きます。

(3) 鼻母音

日本語の「〜ン」に似た音で終わる母音を「鼻母音」といいます。華語の鼻母音には、ピンインで "-n" となるものと "-ng" となるものの2種類があります。

前鼻母音 -n (ㄢ／ㄣ)	発音の方法	「案内」の「ン」のように、"n"(ㄢ、ㄣの最後)のところで、舌先を上の歯の裏側にピッタリつけます。「ヌ」と言うつもりで発音するとよいでしょう。
	見分け方	日本語の音読みをしたときに「ン」で終わる漢字は、華語の発音ではほとんど "n／ㄢ、ㄣ" で終わる音になります。 　例:三「サン」sān／ㄙㄢ、本「ホン」běn／ㄅㄣˇ
後鼻母音 -ng (ㄤ／ㄥ)	発音の方法	「案外」の「ン」のように、"ng"(ㄤ、ㄥの最後)のところで舌先を上あごにつけずに発音します。 口を開けたまま「ン」と言ってみましょう。
	見分け方	日本語の音読みをしたときに「ン」で終わらない漢字は、華語の発音ではほとんど "ng／ㄤ、ㄥ" で終わる音になります。 　例:上「ジョウ」shàng／ㄕㄤˋ、冷「レイ」lěng／ㄌㄥˇ

1) "-n／ㄢ、ㄣ" で終わる音 (前鼻母音) 🎧008

① an	ㄢ	③ ian (yan)	一ㄢ	⑤ uan (wan)	ㄨㄢ	⑦ üan (yuan)	ㄩㄢ
② en	ㄣ	④ in (yin)	一ㄣ	⑥ uen (wen) -un	ㄨㄣ	⑧ ün (yun)	ㄩㄣ

2) "-ng／ㄤ、ㄥ" で終わる音 (後鼻母音) 🎧009

① ang	ㄤ	③ iang (yang)	一ㄤ	⑤ uang (wang)	ㄨㄤ		
② eng	ㄥ	④ ing (ying)	一ㄥ	⑥ ※※※ ueng (weng) ong	ㄨㄥ	⑦ iong (yong)	ㄩㄥ

※※※ 「ueng (weng)」と「ong」は、ピンインでは2種類のつづりになりますが、注音符号ではどちらも「ㄨㄥ」で表されます。録音の音声も1種類で読んでいます。

⑷ 母音を華語らしく読むためのコツ（その１）

1）"an"（ㄢ）の読み分け　🎧 010

"an" には次の３通りの読み方があります。注音符号では同じ文字で異なる読み方をするケースはほぼありませんが、"an" にあたる "ㄢ" は例外で、ピンインと同じように３通りの読み方をするので、一緒に覚えましょう。

	発音の方法	見分け方	例		
①	口を大きく開けて「アン」	②③以外	安 ㄢ ān	半 ㄅㄢ bàn	晚 ㄨㄢ wǎn
②	日本語の「エン」に近く	母音が "ian" のとき （yan／子音＋ian） ············ 母音が "ㄧㄢ" のとき	眼 ㄧㄢ yǎn	見 ㄐㄧㄢ jiàn	天 ㄊㄧㄢ tiān
③	日本語の「アン」と「エン」の中間の音	母音が "üan" のとき （yuan／juan／quan／xuan） ············ 母音が "ㄩㄢ" のとき	元 ㄩㄢ yuán	卷 ㄐㄩㄢ juàn	全 ㄑㄩㄢ quán

★ "y／j／q／x" の後の "ü" は、上の「¨」を省いて書かれます。▶ **p. 028**

2）"e" の読み分け　🎧 011

ピンインの "e" には、次の２通りの読み方があります。

	発音の方法	見分け方	例		
①	「エ」の口で「ウ」と「オ」の中間の音	母音が "e／er／eng／ueng" のとき （e／er／weng／子音＋e／子音＋eng） ············ "ㄜ"、"ㄦ／ㄥ" の出だし	的 ㄉㄜ de	二 ㄦ èr	生 ㄕㄥ shēng
②	日本語の「エ」に近く	①以外 ············ "ㄝ"、"ㄟ／ㄣ" の出だし	謝 ㄒㄧㄝ xiè	飛 ㄈㄟ fēi	本 ㄅㄣ běn

4 子音

(1) 子音の発音の三大特徴

華語の子音の発音を特徴づける次の 3 種類の発音方法をまず押さえておきましょう。

	発音の方法	表記
無気音	息をできるだけゆっくり出しながら発音する。日本語の濁音に近く聞こえることもあるが、濁音にはしない。	b（ㄅ）、d（ㄉ）、g（ㄍ）、j（ㄐ）、zh（ㄓ）、z（ㄗ）
有気音	破裂させるように一気に息を出す。息だけが先に出て後から母音がついてくるイメージ。	p（ㄆ）、t（ㄊ）、k（ㄎ）、q（ㄑ）、ch（ㄔ）、c（ㄘ）
そり舌音	舌先を少し奥にそり上げて。	zh（ㄓ）、ch（ㄔ）、sh（ㄕ）、r（ㄖ）

無気音は、子音から母音に直接つながるイメージです。

有気音は、子音を発音してから母音を発音するまでに、息の音だけが聞こえる時間があります。

口の前にかざした手にほとんど息は当たりません。

口の前にかざした手にしっかりと息が当たります。

無気音と有気音は、対になっているよ。

そり舌音で、舌先をどのようにそらせるかは人によって少しずつ違っています。舌先で上の歯の裏から上あごをなぞってみて、くぼんでいるあたりへ向かって舌先をそり上げるのをひとつの目安としてみましょう。

上あごに舌先をつけたままでは音が出にくいので、軽く離して発音します。

(2) 子音一覧

子音だけでは発音できないので、（　）の母音を加えて練習してみましょう。

			表記		発音方法
唇音	無気音	①	b (o)	ㄅ (ㄛ)	子音と母音の間に短い "u（ㄨ）"（ウ）を入れるつもりで。 "f（ㄈ）" は上の歯と下唇を軽くこすりながら発音する。 ※注音符号では、唇音は通常、母音 "e"（ㄜ）をつけて練習しますが、ここではピンインでよく使われる "o"（ㄛ）をつけて練習します。
	有気音	②	p (o)	ㄆ (ㄛ)	
	その他	③	m (o)	ㄇ (ㄛ)	
		④	f (o)	ㄈ (ㄛ)	
舌尖音	無気音	⑤	d (e)	ㄉ (ㄜ)	舌先を上の歯と歯茎の間につけた状態で始め、発音と同時に離す。 "l（ㄌ）" は発声時に舌先が前にあることを意識しよう。
	有気音	⑥	t (e)	ㄊ (ㄜ)	
	その他	⑦	n (e)	ㄋ (ㄜ)	
		⑧	l (e)	ㄌ (ㄜ)	
舌根音	無気音	⑨	g (e)	ㄍ (ㄜ)	のどの奥のほうから発音する。 "h（ㄏ）" は寒い時に手に「ハーッ」と息を吹きかけるイメージで。息で舌の付け根をこするような感じ。
	有気音	⑩	k (e)	ㄎ (ㄜ)	
	その他	⑪	h (e)	ㄏ (ㄜ)	
舌面音	無気音	⑫	j (i)	ㄐ (ㄧ)	"i（ㄧ）" のように口をしっかり横に引いて発音する。 有気音の "q（ㄑ）" は、舌打ちして「チッ」というイメージで。
	有気音	⑬	q (i)	ㄑ (ㄧ)	
	その他	⑭	x (i)	ㄒ (ㄧ)	
そり舌音	無気音	⑮	zh (i)	ㄓ	舌先を少し奥にそり上げ、その後少し離して発音する。 ピンインでは "i" がついているが、口は横に引かない。
	有気音	⑯	ch (i)	ㄔ	
	その他	⑰	sh (i)	ㄕ	
		⑱	r (i)	ㄖ	
舌歯音	無気音	⑲	z (i)	ㄗ	ピンインでは "i" がついているが「イ」ではなく、口を少し横に引いて「ウ」を発音する。
	有気音	⑳	c (i)	ㄘ	
	その他	㉑	s (i)	ㄙ	

(3) 母音を華語らしく読むためのコツ（その2）―"i"の読み分け 🎧013

ピンインの "i" は、子音との組み合わせによって、次の3通りの読み方になります。

	発音の方法	見分け方		例		
①	単母音の "i"（ー）のように口をしっかり横に引いて「イ」	②③以外	一 yī	筆 ㄅ bǐ	九 ㄐㄧ jiǔ	謝 ㄒㄧㄝ xiè
②	そり舌にした時の自然な口の開け方で「イ」っぽく	zhi / chi / shi / ri （ㄓ / ㄔ / ㄕ / ㄖ）	指 ㄓ zhǐ	吃 ㄔ chī	是 ㄕ shì	日 ㄖ rì
③	「イ」の口の形で「ウ」	zi / ci / si （ㄗ / ㄘ / ㄙ）	字 ㄗ zì	次 ㄘ cì	四 ㄙ sì	

注音符号の "ㄓㄔㄕㄖ" "ㄗㄘㄙ" の後には、"i" に相当する母音は書かないよ！

---

5 ピンインのつづりの書き替えと発音の注意

ピンインの母音のつづりは、子音との組み合わせによって書き替えられることがあります。次のようなつづりが出てきたら、もとの母音のつづりになおして読みましょう。

(1) "y / w" で始まる音節 🎧014

"i / u / ü" で始まる母音に子音がつかない時には、"y" や "w" を使って書き替えられています。

ピンインの読み替え		例	
"y"（"yu" 以外）、"yi" → "i"		一	有 ㄧㄡ
	教科書や辞書の表記	yī	yǒu
	実際に読む音	ī	iǒu
"w"、"wu" → "u"		五 ㄨ	我 ㄨㄛ
	教科書や辞書の表記	wǔ	wǒ
	実際に読む音	ǔ	uǒ
"yu" → "ü"		魚 ㄩ	雲 ㄩㄣ
	教科書や辞書の表記	yú	yún
	実際に読む音	ǘ	ǘn

"y" や "w" で始まる音節を見たら "i"、"u"、"ü" で始まる音節に読み替えよう！

(2) "j / q / x" + "u"

　子音 "j / q / x" に "ü" で始まる母音を組み合わせる場合、「¨」を省くというルールがあります。また、(1)の「"ü" で始まる母音に子音が何もつかない場合 "yu" と書き替える」というルールもあるので、ピンインの "u" には以下の 2 通りの読み方があることとなります。

	発音の方法	見分け方		例			
①	単母音の "u（ㄨ）" のように唇を丸めて突き出し「ウ」	②以外		五 ㄨˇ wǔ	我 ㄨˇ wǒ	不 ㄅㄨˋ bù	酸 ㄙㄨㄢ suān
		"ㄨ"					
②	単母音の "ü（ㄩ）" のように「ウ」の口で「イ」	"y / j / q / x" の後にある時		雨 ㄩˇ yǔ	君 ㄐㄩㄣ jūn	去 ㄑㄩˋ qù	學 ㄒㄩㄝˊ xué
		"ㄩ"					

> "y / j / q / x" の後の "u" は全部 "ü" で発音するよ！

(3) 子音 + "iu / ui / un"

　"iou / uei / uen" に子音がつくときは、真ん中の "o / e" を省略して書かれています。

	六 ㄌㄧㄡˋ	牛 ㄋㄧㄡˊ	對 ㄉㄨㄟˋ	會 ㄏㄨㄟˋ	孫 ㄙㄨㄣ	論 ㄌㄨㄣˋ
教科書や辞書の表記	liù	niú	duì	huì	sūn	lùn
実際に読む音	lioù	nioú	dueì	hueì	sūen	lùen

> 教科書や辞書に「子音＋iu」「子音＋ui」「子音＋un」の形が出てきたら、間に "o / e" を軽く補って発音してね！

華語学習のための文法用語

　本書で文の種類や組み立て方を説明するときには、次のような文法用語を使います。それぞれの用語については本文で詳しく説明しますが、わからないときに確認するなど、全体像を把握するために折々に振り返ってみてください。

1 文の種類

	主語	述語	
肯定文	我	是日本人	。
否定文	我	不是韓國人	。
疑問文	你	是台灣人嗎	？

"是"述語文	我	是日本人	。
一般動詞述語文	他	不來	。
形容詞述語文	今天	很熱	。

	節1		節2		
	主語1	述語1	主語2	述語2	
単文	我	是日本人			。
複文	我	是日本人	， 他	是台灣人	。
	我	買這個	，	也買那個	。

諾否疑問文	你	忙嗎			？
反復疑問文	你	忙不忙			？
疑問詞疑問文	他	是誰			？
選択疑問文	這	是你的	，	還是他的	？
付加疑問文	他	是學生	，	對嗎	？

029

2 文の成分

ひとつの文の中で、ある語句がどういう役割を果たしているかを表す用語です。文を組み立てる時の大きなヒントにもなります。

主題		主語	述語	
這些菜	,	他	都喜歡	。
學中文	,	我	覺得很有意思	。

主語		述語		
他	哥哥	不	是大學生	。
他的	帽子	非常	漂亮	。
日文	書	都	在那裡	。
連体修飾語	被修飾語 （名詞）	連用修飾語	被修飾語 （動詞／形容詞）	

主語	述語			
他們	下午	去	圖書館	。
我	今天早上	吃	麵包	。
	連用修飾語 （時間詞）	動詞	目的語	

主語	述語			
我	跑	得	很快	。
	動詞		補語	

なお、文法用語にはさまざまな考え方がありますので、同じ文法用語でも、日本語や英語と使い方が異なることがあるほか、中国語の中でもテキストや文法書によって少しずつ異なっています。

3 品詞

単語を文法的な役割によって分類したものを「品詞」と呼びます。この分類方法にも絶対的な基準はなく、教科書や辞書によって分け方や呼び名が少しずつ異なります。本書では、TOCFL の公式語彙集《華語八千詞（2022 年版）》の分類を参考にした上で、日本人学

習者の方にとってわかりやすいように整理し、以下の 12 種類に分けることにします。英語の略号は、《華語八千詞》や台湾で発行された華語テキストでよく使われるものです。

品詞	略号		下位分類	例
名詞	名	N		書、香蕉、咖啡、爸爸、教室
			人称代名詞	我、您、她、他們、大家
			固有名詞	日本、台北、孫文、龍山寺
			数詞	一、二、兩、百、半
			方位詞	上面、裡面、對面、左邊、旁邊
動詞	動	V		是、來、去、買、看、喜歡
形容詞	形	Vs		忙、大、貴、好吃、漂亮
副詞	副	Adv		不、也、都、很、一起、已經
助動詞	助動	Vaux		要、應該、會、能、可以
量詞	量	M	名量詞	個、本、張、枝、件
			動量詞	次、回、遍、下、頓
限定詞	限	Det		這、那、哪、每、幾
介詞	介	Prep		跟、從、到、離、往
接続詞	接	Conj		和、所以、可是、要是、那麼
助詞	助	Ptc		的、得、了、著、嗎、吧
			感嘆詞	唉、哎呀、喂、欸、嗯
接頭辞	接頭	Pref		小、老
接尾辞	接尾	Suf		子、化、性

　華語では、"要" が動詞になったり助動詞になったりするなど、単独では品詞が決まらない単語がたくさんあります。文の中でどのような働きをしているかによって品詞が変わるからです。そのため、ここに挙げた単語の例が、他の品詞になることもよくあります。

　また、"我的書""吃飯""非常忙" のように、複数の単語の組み合わせでできている語句（フレーズ）を「名詞句」「動詞句」「形容詞句」のように呼びますが、華語ではどこからどこまでがひとつの単語かを見分けるのが難しいものもたくさんあります。ただ、名詞と名詞句、動詞と動詞句、形容詞と形容詞句は、文法的な役割が似ていることも多いため、初級段階では、単語の区切りをあまり厳密に考える必要はありません。こうした背景に基づき、本書の説明では、「名詞」「形容詞」「動詞」という用語で、それぞれ「名詞句」「形容詞句」「動詞句」を含めて指すことがあります。

4 語句の種類

この他にも、文法的な役割や性質の共通点によって、語句を分類するための用語があります。

用語	略号		品詞（例）	例
疑問詞	疑問	QW	名詞	誰、什麼、哪裡
			形容詞	怎麼樣
			副詞	怎麼
			限定詞	幾
				什麼時候、什麼地方、怎麼了、多久
時間詞	時間	TW	名詞	今天、晚上、現在、以前
				1997年、上個月、下班後
指示詞	指示	DEM	限定詞	這、那、哪
			名詞	這裡、那裡、哪裡
			形容詞	這樣、那樣
			副詞	這麼、那麼
場所詞	場所	PW	名詞	台灣、上面、右邊、這裡、哪裡
				椅子上、杯子裡、桌子旁邊、我這裡
数量詞	数量	NU-M		一個、兩本、三張、一下、兩次
離合詞	離合	-sep		結婚、畢業、睡覺、洗澡、生氣

これらの用語は品詞と同様に「〜詞」と呼びますが、複数の品詞にまたがる単語をまとめたり、いくつかの単語を組み合わせたフレーズや複合語を指したりすることもあるので、品詞とは別の分類方法だと考える必要があります。

例えば「疑問詞」という用語は、「名詞」「形容詞」「副詞」など、いくつかの品詞に分類される単語と、"什麼時候""怎麼了""多久"などのフレーズや複合語をまとめて指します。これらには"嗎"をつけずに疑問文を作ることができるという、共通の性質があるからです。

品詞との関係が少し複雑に見えるかもしれませんが、これらの用語を覚えておくと、作文をする時に語順が理解しやすくなったり、文の中のある場所にその言葉を入れられるかどうかの判断も楽になったりしますので、ぜひ上手く利用してください。

Unit 1

台湾華語の
世界へようこそ!

簡単な会話文、文法の基礎、食べ物や
飲み物などの旅行や日常会話で
使いやすい単語を学びます。
単語と文法をひとつずつ積み上げることで、
「華語がわかる」おもしろさを
実感してください。

你好！
基本の会話

🎧 017

1 人に会った時

林先生

你好！

あなた

① 你ˇ好ˇ。 Nǐ hǎo.
こんにちは。

② 您ˊ好ˇ。 Nín hǎo.
こんにちは。（ていねいに）

③ 老ˇ師好ˇ。 Lǎoshī hǎo.
先生、こんにちは。

④ 林ˊ老ˇ師，您ˊ好ˇ。 Lín lǎoshī, nín hǎo.
林先生、こんにちは。

2 タイミングに合わせて

⑤ 早ˇ安。 Zǎo ān.
おはよう。／おはようございます。

⑥ 晚ˇ安。 Wǎn ān.
こんばんは。／おやすみなさい。

⑦ 再ˋ見ˋ。 Zàijiàn.
さようなら。

⑧ 明ˊ天見ˋ。 Míngtiān jiàn.
また明日。

3 お礼

⑨ 謝ˋ謝ˋ。 Xièxie.
ありがとう。／ありがとうございます。

不ˊ客ˋ氣ˋ。 Bú kèqì.

不ˊ會ˋ。 Bú huì.
どういたしまして。

会話で"不會"をよく使うのは、台湾の特徴だよ。

4　おわび

⑩ 對不起。 Duìbùqǐ.
ごめんなさい。

沒關係。 Méi guānxi.
気にしないで。

単語 & フレーズ　🎧 018

名 人称代名詞

	一人称	二人称	三人称
単数	我 wǒ／私	你 nǐ／あなた 妳 nǐ／（女性に）あなた※ 您 nín／（ていねいに）あなた	他 tā／彼 她 tā／彼女 它 tā／それ
複数	我們 wǒmen／私たち	你們 nǐmen／あなたたち	他們 tāmen／彼ら 她們 tāmen／彼女たち

※性別に関係なく、二人称単数はすべて "你" で書き表す人もいます。

その他

老師	lǎoshī	ㄌㄠˇ ㄕ	名 先生
明天	míngtiān	ㄇㄧㄥˊ ㄊㄧㄢ	名 明日
見	jiàn	ㄐㄧㄢˋ	動 会う
好	hǎo	ㄏㄠˇ	形 よい、元気である

ひとことコラム！

華語では、相手の名前などを呼ぶだけでもあいさつになります。
"你好" の代わりに、"林老師" のような呼びかけ語を使ってみましょう。

🎧 019

1. 次の発音が表す華語を日本語にしましょう。

① Xièxie. ㄒㄧㄝˋ・ㄒㄧㄝ.

② Wǎn ān. ㄨㄢˇ ㄢ.

③ Míngtiān jiàn. ㄇㄧㄥˊ ㄊㄧㄢ ㄐㄧㄢˋ.

④ Lǎoshī hǎo. ㄌㄠˇ ㄕ ㄏㄠˇ.

⑤ Duìbùqǐ. ㄉㄨㄟˋ ㄅㄨˋ ㄑㄧˇ.

2. 次のように言われたときの返事としてふさわしいものを、下のA〜Eの中から選んで言ってみましょう。なお、選択肢は一度しか使えません。

① 早安。

② 對不起。

③ 你好。（林先生からこのように声をかけられたら）

④ 謝謝。

⑤ 再見。

> A Zàijiàn. ㄗㄞˋ ㄐㄧㄢˋ.
>
> B Bú kèqì. ㄅㄨˊ ㄎㄜˋ ㄑㄧˋ.
>
> C Zǎo ān. ㄗㄠˇ ㄢ.
>
> D Lín lǎoshī, nín hǎo. ㄌㄧㄣˊ ㄌㄠˇ ㄕ, ㄋㄧㄣˊ ㄏㄠˇ.
>
> E Méi guānxi. ㄇㄟˊ ㄍㄨㄢ ・ㄒㄧ.

解答 ▶ p. 225

我叫鈴木陽子。

名前を呼ぶ、聞く、言う

🎧 020

名前の呼び方

	" 小 "	苗字	下の名前	敬称	
❶		王 ㄨㄤˊ Wáng	大文 ㄉㄚˋ ㄨㄣˊ Dàwén		
		王大文 (さん)			
❷	小 ㄒㄧㄠˇ Xiǎo	王 ㄨㄤˊ Wáng			親しい間柄
		王くん／王ちゃん			
❸		王 ㄨㄤˊ Wáng		先生 ㄒㄧㄢ ㄕㄥ xiānshēng	ていねいな呼び方
		王さん (男性)			

名前の言い方

	主語	述語			
		" 叫／姓 "	苗字	下の名前	
❹	我 ㄨㄛˇ Wǒ	姓 ㄒㄧㄥˋ xìng	鈴木 ㄌㄧㄥˊ ㄇㄨˋ Língmù		苗字だけ
		私の苗字は　鈴木です			
❺	他 ㄊㄚ Tā	叫 ㄐㄧㄠˋ jiào	吳 ㄨˊ Wú	安明 ㄢ ㄇㄧㄥˊ Ānmíng	フルネームまたは下の名前
		彼の名前は　呉安明です			

1 台湾には、1文字の苗字の人がたくさんいますが、"王"のように呼び捨てにするのは失礼です。フルネームにしたり、親しみをこめて呼びかけるときに使う"小〜"や**敬称**をつけたりして呼びかけましょう。

2 1文字の名前の前に"小"をつければ、「～くん、～ちゃん」となり、親しい間柄で呼びかけるときに使うことができます。
"鈴木"のような2文字の名前には、"小"をつけません。

⑥ 小ㄒㄠ陳ㄔㄣ xiǎo Chén

⑦ 小ㄒㄠ李ㄌㄧ xiǎo Lǐ ［読むときは xiáo Lǐ］

第三声が続いたら、最初の第三声は
第二声に変調するよ！▶p. 020

3 苗字の後に**敬称**をつければ、ていねいな呼び方になります。

⑧ 楊ㄧㄤ老ㄌㄠ師ㄕ Yáng lǎoshī

⑨ 林ㄌㄧㄣ先ㄒㄧㄢ生ㄕㄥ Lín xiānshēng

⑩ 黃ㄏㄨㄤ小ㄒㄠ姐ㄐㄧㄝ Huáng xiǎojiě

⑪ 張ㄓㄤ太ㄊㄞ太ㄊㄞ Zhāng tàitai

4 苗字を言うときには、動詞の"**姓**"を使います。⑫はていねいな聞き方です。

⑫ 請ㄑㄧㄥ問ㄨㄣ，您ㄋㄧㄣ貴ㄍㄨㄟ姓ㄒㄧㄥ？ Qǐngwèn, nín guì xìng?

　　— 我ㄨㄛ姓ㄒㄧㄥ王ㄨㄤ。 Wǒ xìng Wáng.

⑬ 他ㄊㄚ姓ㄒㄧㄥ什ㄕㄣ麼ㄇㄜ？ Tā xìng shénme? — 他ㄊㄚ姓ㄒㄧㄥ劉ㄌㄧㄡ。 Tā xìng Liú.

5 フルネームを言うときに使う動詞は"**叫**"です。

⑭ 您ㄋㄧㄣ叫ㄐㄧㄠ什ㄕㄣ麼ㄇㄜ名ㄇㄧㄥ字ㄗ？ Nín jiào shénme míngzi?

　　— 我ㄨㄛ叫ㄐㄧㄠ鈴ㄌㄧㄥ木ㄨ陽ㄧㄤ子ㄗ。 Wǒ jiào Língmù Yángzǐ.

★ "叫"を使って、下の名前だけを言うこともできます。

日本語では主語をあまり言
わないけど、華語でははっ
きり言うことが多いよ。

⑮ 我ㄨㄛ叫ㄐㄧㄠ陽ㄧㄤ子ㄗ。 Wǒ jiào Yángzǐ.

⑥ 陳くん／陳ちゃん	⑫ ちょっとお尋ねしますが、苗字を教えていただけますか
⑦ 李くん／李ちゃん	—王と申します。
⑧ 楊先生	⑬ 彼の苗字は何ですか。　—彼の苗字は劉です。
⑨ 林さん（男性）	⑭ お名前は何ですか。　—鈴木陽子です。
⑩ 黃さん（女性）	⑮ 私の名前は陽子です。
⑪ 張さんの奥さん	

名 代表的な苗字

王	Wáng	ㄨㄤˊ	王
林	Lín	ㄌㄧㄣˊ	林
陳	Chén	ㄔㄣˊ	陳
李	Lǐ	ㄌㄧˇ	李
張	Zhāng	ㄓㄤ	張
吳	Wú	ㄨˊ	呉
黃	Huáng	ㄏㄨㄤˊ	黃
謝	Xiè	ㄒㄧㄝˋ	謝
劉	Liú	ㄌㄧㄡˊ	劉
楊	Yáng	ㄧㄤˊ	楊

その他

先生	xiānshēng	ㄒㄧㄢ ㄕㄥ	名 (男性に対して)〜さん、男性
小姐	xiǎojiě	ㄒㄧㄠˇ ㄐㄧㄝˇ	名 (女性に対して)〜さん、女性
太太	tàitai	ㄊㄞˋ・ㄊㄞ	名 奥さん
什麼	shénme※	ㄕㄣˊ・ㄇㄜ※	名 何、何の、どんな
名字	míngzi	ㄇㄧㄥˊ・ㄗ	名 名前
姓	xìng	ㄒㄧㄥˋ	動 苗字を〜という
叫	jiào	ㄐㄧㄠˋ	動 名前を〜という
小	xiǎo	ㄒㄧㄠˇ	接頭 〜くん、〜ちゃん
請問	qǐngwèn	ㄑㄧㄥˇ ㄨㄣˋ	ちょっとお尋ねします
貴姓	guì xìng	ㄍㄨㄟˋ ㄒㄧㄥˋ	苗字の丁寧な聞き方("您貴姓？"のように使う)

※ "什麼" はよく "shénme ㄕㄣˊ・ㄇㄜ"（第三声＋軽声）と発音されます。本書の例文の音声でも、一部 "shénme ㄕㄣˊ・ㄇㄜ" と発音しているところがあります。

ひとことコラム！

台湾では、結婚後も姓が変わりません。また、同じ姓の人同士の結婚は好ましくないという伝統的な価値観を持つ人もいるため、"張太太"（張さんの奥さん）の姓は、"張" ではない可能性が高いと言えます。

1. 例を参考に語句を入れ替え、フレーズを作りましょう。
音読もしてみましょう。

① (例：張) くん ▶▶▶ 小 (例：張)

謝／劉／黄／呉 くん ▶▶▶ 小 [　　　　]

② (例：林) 先生 ▶▶▶ (例：林) 老師

陳／李／鈴木 先生 ▶▶▶ [　　　　] 老師

③ 王 (例：先生) ▶▶▶ 王 (例：老師)

楊 さん (男性)／さん (女性)／さんの奥さん ▶▶▶ 楊 [　　　　]

2. 次のように言われたときの返事としてふさわしいものを、下のA〜Eの中から選んで言ってみましょう。なお、選択肢は一度しか使えません。

① 您貴姓？（あなたが鈴木さんなら／あなた自身は）

② 您叫什麼名字？（あなたが鈴木美香さんなら／あなた自身は）

③ 他姓什麼？（謝さんを指して）

④ 李太太姓什麼？　　※台湾は夫婦別姓です

⑤ 張老師叫什麼名字？

A Tā xìng Wú. ㄊㄚ ㄒㄧㄥˋ ㄨˊ.

B Tā xìng Xiè. ㄊㄚ ㄒㄧㄥˋ ㄒㄧㄝˋ.

C Tā jiào Zhāng Míngměi. ㄊㄚ ㄐㄧㄠˋ ㄓㄤ ㄇㄧㄥˊ ㄇㄟˇ.

D Wǒ xìng [Língmù]. ㄨㄛˇ ㄒㄧㄥˋ [ㄌㄧㄥˊ ㄇㄨˋ].

E Wǒ jiào [Língmù Měixiāng].
ㄨㄛˇ ㄐㄧㄠˋ [ㄌㄧㄥˊ ㄇㄨˋ ㄇㄟˇ ㄒㄧㄤ].

這個八塊錢。

数字1：1〜99と金額

🎧 023

主語	述語		
	数	"塊"	"錢"
❶ 這ㄓㄜ個ㄍㄜ Zhè ge	多ㄉㄨㄛ少ㄕㄠˇ duōshǎo		錢ㄑㄧㄢˊ qián
これは　いくらですか			
❷ 這ㄓㄜ個ㄍㄜ Zhè ge	八ㄅㄚ bā	塊ㄎㄨㄞˋ kuài	（錢ㄑㄧㄢˊ） (qián)
これは　8元です			

1 2桁までの数は、日本語の読み方を漢数字にし、それを華語で読みます。

③ 一ㄧ　yī

④ 二ㄦˋ　èr

⑤ 十ㄕˊ一ㄧ　shíyī

⑥ 三ㄙㄢ十ㄕˊ五ㄨˇ　sānshíwǔ

⑦ 六ㄌㄧㄡˋ十ㄕˊ　liùshí

⑧ 九ㄐㄧㄡˇ十ㄕˊ七ㄑㄧ　jiǔshíqī

2 金額を言うときは、数字の後に"塊"をつけます。
質問するときは、数量を聞くための疑問詞"多少"を使います（疑問詞疑問文 ▶ p.070）。

⑨ 那ㄋㄚˋ個ㄍㄜ多ㄉㄨㄛ少ㄕㄠˇ錢ㄑㄧㄢˊ？ Nà ge duōshǎo qián?

　— 那ㄋㄚˋ個ㄍㄜ四ㄙˋ十ㄕˊ三ㄙㄢ塊ㄎㄨㄞˋ（錢ㄑㄧㄢˊ）。 Nà ge sìshísān kuài (qián).

> 「〇元です」と言うときの"錢"は、
> 言っても言わなくてもどちらでもいいよ！

※音声では"錢"も読んでいます。

---

⑨ あれはいくらですか。
　—あれは43元です。

名 数詞①

一	yī	ー	1
二	èr	ㄦˋ	2
三	sān	ㄙㄢ	3
四	sì	ㄙˋ	4
五	wǔ	ㄨˇ	5
六	liù	ㄌㄧㄡˋ	6
七	qī	ㄑㄧ	7
八	bā	ㄅㄚ	8
九	jiǔ	ㄐㄧㄡˇ	9
十	shí	ㄕˊ	10

その他

這個	zhè ge	ㄓㄜˋ·ㄍㄜ	これ、それ、この、その
那個	nà ge	ㄋㄚˋ·ㄍㄜ	それ、あれ、その、あの
多少	duōshǎo	ㄉㄨㄛ ㄕㄠˇ	名 いくつ、どのくらい
錢	qián	ㄑㄧㄢˊ	名 お金
塊	kuài	ㄎㄨㄞˋ	量 〜元（お金の単位／話し言葉）
圓	yuán	ㄩㄢˊ	量 〜元（お金の単位／正式な書き言葉）
元	yuán	ㄩㄢˊ	量 〜元（お金の単位／簡略化した書き言葉）

(ひとことコラム！)

お金の単位は以下のように使い分けます。2023年5月末のレートでは、1台湾ドルは約

4.5円です。

   A. 正式な表記（硬貨、紙幣、契約書等）： 圓 yuán

   B. 店舗等で商品価格を表示するとき： 元 yuán

   C. 話すとき： 塊 kuài

1. 次の発音が表す数字を、算用数字（アラビア数字）にしましょう。

① shíliù　ㄕˊ ㄌㄧㄡˋ

② jiǔshí　ㄐㄧㄡˇ ㄕˊ

③ sānshíèr　ㄙㄢ ㄕˊ ㄦˋ

④ qīshíbā　ㄑㄧ ㄕˊ ㄅㄚ

⑤ wǔshísì　ㄨˇ ㄕˊ ㄙˋ

2. 次の算用数字の読み方をピンインまたは注音符号で書きましょう。

① 40

② 63

③ 79

④ 81

⑤ 25

3. 例を参考に数字を入れ替え、文を完成させてください。
音読もしてみましょう。

これは （例：20） 元です。　▶▶▶　這個 （例：二十） 塊錢。

あれは　19 ／ 55 ／ 70 ／ 86　元です。▶▶▶　那個 ____ 塊錢。

我的書
連体修飾語1："的"の基本的な用法 🎧 026

連体修飾語		被修飾語	
名詞	"的"	名詞	
❶ 我 wǒ	的 de	書 shū	基本形
私　の　本			
❷ 他 tā		媽媽 māma	修飾語： 　人称代名詞 被修飾語： 　親族呼称
彼　の　お母さん			
❸ 王老師 Wáng lǎoshī	的 de	媽媽 māma	修飾語： 　人称代名詞以外 被修飾語： 　親族呼称
王先生　の　お母さん			
❹ 日本 Rìběn		人 rén	修飾語： 　国の名前
日本人			
❺ 我 wǒ	的 de	（書） (shū)	被修飾語の省略
私　の　（本）			

※音声では"書"を省略しています。

1 あるものごとについて詳しく説明したり、さらに細かく分類したりするための語句（修飾語）は、ふつう、修飾される語句（被修飾語）の前に置いて〈修飾語＋被修飾語〉の形にします。

連体修飾語 ⌒ **名詞**（被修飾語）

連用修飾語 ⌒ 動詞・形容詞（被修飾語）

> この課では、名詞を修飾する「連体修飾語」を学ぼう！

2 連体修飾語には"的"をつけて、被修飾語につなぐのが原則です。

⑥ 她 的 衣-服 　tā de yīfú

⑦ 張 老 師 的 電 腦 　Zhāng lǎoshī de diànnǎo

3 "的"を使わないケースがいくつかあります。ここではまず次の2種類を覚えましょう。

(1) 修飾語が**人称代名詞**で、被修飾語が親族を表す言葉（親族呼称）のとき

⑧ 你 妹 妹 　nǐ mèimei

⑨ 他 爸 爸 　tā bàba

> 「誰の」を強調したいときは、
> "你的妹妹""他的爸爸"のように
> 言うこともできるよ。

★ 修飾語が"我／你／他"のような人称代名詞ではないときには、"的"が必要です。

⑩ 陳 小 姐 的 哥 哥 　Chén xiǎojiě de gēge

⑪ 我 媽 媽 的 姐 姐 　wǒ māma de jiějie

(2) 国の名前を修飾語にして国籍を言うとき

⑫ 中 國 人 　Zhōngguó rén

⑬ 台 灣 朋 友 　Táiwān péngyǒu

⑭ 日 本 學 生 　Rìběn xuéshēng

> "台灣人的朋友""日本人的學生"
> とは言えないよ！

4 その場の状況や前後の文脈でわかるときは、被修飾語を省略します。

⑮ 她 的 手 機 　tā de shǒujī　▶　她 的 　tā de

⑯ 小 張 的 筆 　xiǎo Zhāng de bǐ　▶　小 張 的 　xiǎo Zhāng de

※音声では"手機""筆"を省略しています。

⑥ 彼女の服	⑩ 陳さん（女性）のお兄さん	⑭ 日本人の学生
⑦ 張先生のコンピューター	⑪ 母の姉	⑮ 彼女の携帯電話→彼女の
⑧ あなたの妹さん	⑫ 中国人	⑯ 〈張くん／張ちゃん〉のペン→
⑨ 彼のお父さん	⑬ 台湾人の友達	〈張くん／張ちゃん〉の

名 国の名前①

日本	Rìběn	ㄖˋ ㄅㄣˇ	日本
臺灣／台灣	Táiwān	ㄊㄞˊ ㄨㄢ	台湾
中國	Zhōngguó	ㄓㄨㄥ ㄍㄨㄛˊ	中国
美國	Měiguó	ㄇㄟˇ ㄍㄨㄛˊ	アメリカ

名 親族呼称①

爸爸	bàba	ㄅㄚˋ ·ㄅㄚ	お父さん
媽媽	māma	ㄇㄚ ·ㄇㄚ	お母さん
哥哥	gēge	ㄍㄜ ·ㄍㄜ	お兄さん
姐姐／姊姊	jiějie	ㄐㄧㄝˇ ·ㄐㄧㄝ	お姉さん
弟弟	dìdi	ㄉㄧˋ ·ㄉㄧ	弟
妹妹	mèimei	ㄇㄟˋ ·ㄇㄟ	妹
先生	xiānshēng	ㄒㄧㄢ ㄕㄥ	夫、ご主人
太太	tàitai	ㄊㄞˋ ·ㄊㄞ	妻、奥さん

名 学習①

課	kè	ㄎㄜˋ	授業
筆	bǐ	ㄅㄧˇ	ペン、書いたり描いたりする道具の総称
書	shū	ㄕㄨ	本
電腦	diànnǎo	ㄉㄧㄢˋ ㄋㄠˇ	コンピューター、パソコン

その他

人	rén	ㄖㄣˊ	名 人
衣服	yīfú	ㄧ ㄈㄨˊ	名 服
朋友	péngyǒu	ㄆㄥˊ ㄧㄡˇ	名 友達
學生	xuéshēng	ㄒㄩㄝˊ ㄕㄥ	名 学生
手機	shǒujī	ㄕㄡˇ ㄐㄧ	名 携帯電話、スマートフォン
的	de	·ㄉㄜ	助 ～の

ひとことコラム！

━ ✦ ━ ✦ ━ ✦ ━ ✦ ━ ✦ ━ ✦ ━ ✦ ━ ✦ ━ ✦ ━ ✦ ━ ✦ ━ ✦ ━ ✦ ━ ✦ ━

「Taiwan」の正式な漢字表記は"臺灣"ですが、"台灣"も認められています。"湾"は使い
ません。

━ ✦ ━ ✦ ━ ✦ ━ ✦ ━ ✦ ━ ✦ ━ ✦ ━ ✦ ━ ✦ ━ ✦ ━ ✦ ━ ✦ ━ ✦ ━ ✦ ━

1. 例を参考に語句を入れ替え、フレーズを作りましょう。
音読もしてみましょう。

① 彼女の [（例：お母さん）] ▶▶▶ 她 [（例：媽媽）]

　　私の [兄／妹／弟／夫] ▶▶▶ 我 [　　　　]

② 劉先生の [（例：お父さん）] ▶▶▶ 劉老師的 [（例：爸爸）]

　　楊先生の [お姉さん／授業／服／友達] ▶▶▶ 楊老師的 [　　　　]

③ [（例：日本,人,の）] 先生 ▶▶▶ [（例：日本）] 老師

　　[台湾人の／中国人の／アメリカ人の] 学生 ▶▶▶ [　　　　] 學生

2. 次の発音や漢字が表す華語を日本語にしましょう。

① nín gēge　　ㄋㄧㄣˊ ㄍㄜ・ㄍㄜ

② Táiwān de　　ㄊㄞˊ ㄨㄢ・ㄉㄜ

③ Měiguó lǎoshī　　ㄇㄟˇ ㄍㄨㄛˊ ㄌㄠˇ ㄕ

④ 李先生的筆

⑤ 謝小姐的書

⑥ 我爸爸的手機

⑦ 他太太叫什麼名字？

我是日本人。

"是"述語文と肯定文・否定文・疑問文

🎧 029

主語	述語			
	"不"	"是"	名詞	"嗎"
～は			～です	か
① 我 Wǒ		是 shì	日本人 Rìběn rén	肯定文
		私は　日本人です		
② 他 Tā	不 bú	是 shì	英國人 Yīngguó rén	否定文
		彼は　イギリス人ではありません		
③ 你 Nǐ		是 shì	韓國人 Hánguó rén	嗎 ma	疑問文
		あなたは　韓国人ですか		

1 「AはBです」と言うには、〈A是B〉の形にします。

④ 她是我姊姊的朋友。 Tā shì wǒ jiějie de péngyǒu.

⑤ 他媽媽是法國人。 Tā māma shì Fàguó rén.

2 否定文を作るときは、"是"の前に副詞の"不"をつけます。
"不"はふつう第四声 (bù)で読みますが、後に"是"のような第四声の音が続くと、第二声
(bú)に変調します。▶ **p. 021**

⑥ 我們不是留學生。 Wǒmen bú shì liúxuéshēng.

⑦ 她不是德國人。 Tā bú shì Déguó rén.

bú shì　"不"が変調したら、山型になるよ!

3 疑問文を作るときは、文末に"嗎"をつけます。
返事は、「はい」なら"是"、「いいえ」なら"不是"です。

⑧ 您是吳小姐的同事嗎？ Nín shì Wú xiǎojiě de tóngshì ma?

　— 是。 Shì. ／不是。 Bú shì.

⑨ 中山是你的同學嗎？ Zhōngshān shì nǐ de tóngxué ma?

★ ただし、次のような疑問詞疑問文では、"嗎"をつけません。▶ **p. 070**

⑩ 他是哪國人？ Tā shì nǎ guó rén?

　— 他是越南人。 Tā shì Yuènán rén.

疑問文を書くとき、華語では必ず文の終わりに"？"をつけるんだ。

4 "是"述語文の主語になる「これ」「あれ」は、"這個／那個"の"個"を省略することができます。▶ **p. 084**

⑪ 這（個）是我妹妹的衣服。 Zhè (ge) shì wǒ mèimei de yīfú.

⑫ 這（個）不是咖啡。 Zhè (ge) bú shì kāfēi.

⑬ 那（個）是我哥哥的。 Nà (ge) shì wǒ gēge de.

⑭ 那（個）是珍珠奶茶嗎？ Nà (ge) shì zhēnzhū nǎichá ma?

④ 彼女は姉の友達です。	⑩ 彼はどこの国の人ですか。
⑤ 彼のお母さんはフランス人です。	―彼はベトナム人です。
⑥ 私たちは留学生ではありません。	⑪ これは私の妹の服です。
⑦ 彼女はドイツ人ではありません。	⑫ これはコーヒーではありません。
⑧ あなたは呉さん（女性）の同僚の方でしょうか。	⑬ あれは兄のです。
―はい。／いいえ。	⑭ あれはタピオカミルクティーですか。
⑨ 中山さん（中山くん）は、あなたのクラスメイトですか。	

名 国の名前②

英國	Yīngguó	ーㄥ ㄍㄨㄛˊ	イギリス
法國	Fàguó/Fǎguó	ㄈㄚˋ ㄍㄨㄛˊ／ ㄈㄚˇ ㄍㄨㄛˊ	フランス
德國	Déguó	ㄉㄜˊ ㄍㄨㄛˊ	ドイツ
韓國	Hánguó	ㄏㄢˊ ㄍㄨㄛˊ	韓国
泰國	Tàiguó	ㄊㄞˋ ㄍㄨㄛˊ	タイ
越南	Yuènán	ㄩㄝˋ ㄋㄢˊ	ベトナム

名 飲み物①

飲料	yǐnliào	ーㄣˇ ㄌーㄠˋ	飲み物
水	shuǐ	ㄕㄨㄟˇ	水
咖啡	kāfēi	ㄎㄚ ㄈㄟ	コーヒー
茶	chá	ㄔㄚˊ	お茶
紅茶	hóngchá	ㄏㄨㄥˊ ㄔㄚˊ	紅茶
珍珠奶茶	zhēnzhū nǎichá	ㄓㄣ ㄓㄨ ㄋㄞˇ ㄔㄚˊ	タピオカミルクティー

その他

留學生	liúxuéshēng	ㄌーㄡˊ ㄒㄩㄝˊ ㄕㄥ	名 留学生
同學	tóngxué	ㄊㄨㄥˊ ㄒㄩㄝˊ	名 クラスメイト、同じ学校の学生・生徒、 名前のわからない学生への呼びかけ語
同事	tóngshì	ㄊㄨㄥˊ ㄕˋ	名 同僚
是	shì	ㄕˋ	動 ～は…です
不	bù	ㄅㄨˋ	副 ～ではない、～しない （第四声の前では第二声に変調する）
嗎	ma	·ㄇㄚ	助 ～か
哪國	nǎ guó	ㄋㄚˇ ㄍㄨㄛˊ	どこの国

ひとことコラム！

　台湾のドリンクショップの楽しさは、何といっても自分好みにカスタマイズできること。甘さや氷の量を自分で選べるのはごく普通。好きなお茶にタピオカやプリン、小豆などを組み合わせることができるお店もたくさんあります。

1. 例を参考に語句を入れ替え、文を作りましょう。
音読もしてみましょう。

① 彼女は陳さんの ［（例：妹）］ です。 ▶▶▶ 她是陳先生的 ［（例：妹妹）］ 。

　　彼は兄の ［同僚／クラスメイト／友達］ です。

　　　　　　　　　　　　　▶▶▶ 他是我哥哥的 ［　　　　　　　］ 。

② 私たちは ［（例：中国人）］ ではない。 ▶▶▶ 我們不是 ［（例：中國人）］ 。

　　彼らは ［ドイツ人／ベトナム人／留学生］ ではない。

　　　　　　　　　　　　　▶▶▶ 他們不是 ［　　　　　　　］ 。

2. 次の発音や漢字が表す華語を日本語にしましょう。

① Tā shì wǒmen de péngyǒu.　ㄊㄚ ㄕˋ ㄨㄛˇ ·ㄇㄣ ·ㄉㄜ ㄆㄥˊ ㄧㄡˇ.

② Nǐ shì Fàguó rén ma?　ㄋㄧˇ ㄕˋ ㄈㄚˋ ㄍㄨㄛˊ ㄖㄣˊ ·ㄇㄚ?

③ Tā bú shì wǒ dìdi.　ㄊㄚ ㄅㄨˊ ㄕˋ ㄨㄛˇ ㄉㄧˋ ·ㄉㄧ.

④ 黃先生是妳的同事嗎？

⑤ 他們是泰國留學生。

3. 次の語句を並べ替えて、日本語に合う文を完成させましょう。
句読点も加えてください。

① 父はイギリス人です。

　　爸爸 ‖ 我 ‖ 英國人 ‖ 是

② あなたのはこれですか。

　　這個 ‖ 嗎 ‖ 你的 ‖ 是

③ 楊先生の奥さんは韓国人です。

　　是 ‖ 太太 ‖ 楊老師的 ‖ 韓國人

④ 彼女は私の夫の姉です。

　　姐姐 ‖ 是 ‖ 我先生的 ‖ 她

⑤ 李さん（女性）はどこの国の人ですか。

　　小姐 ‖ 是 ‖ 哪國人 ‖ 李

今天是二月一號。

日付、曜日、時刻

🎧 032

日付

一月 yī yuè	二月 èr yuè	十一月 shíyī yuè	十二月 shíèr yuè	幾月 jǐ yuè
1月	2月	11月	12月	何月
一號 yī hào	二號 èr hào	十一號 shíyī hào	十二號 shíèr hào	幾號 jǐ hào
1日	2日	11日	12日	何日

曜日

禮拜一 lǐbài yī	禮拜二 lǐbài èr	禮拜三 lǐbài sān	禮拜天 lǐbài tiān （または） 禮拜日 lǐbài rì	禮拜幾 lǐbài jǐ
月曜日	火曜日	水曜日		
禮拜四 lǐbài sì	禮拜五 lǐbài wǔ	禮拜六 lǐbài liù		
木曜日	金曜日	土曜日	日曜日	何曜日

"禮拜"の代わりに"星期"も使えるよ！

時刻

一點 yì diǎn	兩點 liǎng diǎn	十一點 shíyī diǎn	十二點 shíèr diǎn	幾點 jǐ diǎn
1時	2時	11時	12時	何時
零一分 líng yī fēn	零二分 líng èr fēn	二十分 èrshí fēn	三十分 sānshí fēn	幾分 jǐ fēn
1分	2分	20分	30分	何分

1 日付の「～月」は数詞に"月"をつけます。「～日」は話し言葉では"號"を使います。書き言葉や少し硬い表現では、"日"を使うこともあります。

① 八月六號 bā yuè liù hào ／

八月六日 bā yuè liù rì

2 月曜日から土曜日までは、"禮拜"または"星期 xīngqí"の後に数字をつけて言います。日曜日は数字ではなく、"天"または"日"をつけます。

3 時刻を言うときは、以下の点に注意しましょう。

(1) "一點"の"一"だけは第四声に変調します。"十一點"の"一"は変調せずに第一声で読みます。▶ p. 079

(2) 「2時」だけは"兩點"と言います。「12時」は"十二點"です。▶ p. 079

(3) 「～分」の部分が一桁のときは、"零"を加えます。

(4) 「30分」は"三十分"のほかに、"半 bàn"とも言います。

"二點"とは
言わないよ！

4 時間を表す言葉は、"的"を入れずにつなぎます。

② 今天早上 jīntiān zǎoshàng

③ 上午九點 shàngwǔ jiǔ diǎn

④ 五月二十一號晚上 wǔ yuè èrshíyī hào wǎnshàng

5 日付、曜日、時刻は、"是"を使わずに、それだけで述語になることがあります。

⑤ 今天（是）二月一號。 Jīntiān (shì) èr yuè yī hào.

⑥ 明天（是）星期三。 Míngtiān (shì) xīngqí sān.

⑦ 現在（是）六點零四分。
Xiànzài (shì) liù diǎn líng sì fēn.

★ ただし、否定文にするときは、必ず"是"をつけます。

⑧ 今天不是三月三十號。　Jīntiān bú shì sān yuè sānshí hào.

> "今天不三月三十號"
> とは言わないよ！

6 「～です」に相当する"是"は、過去のことを言うときにも形は変わりません。▶ p. 140

⑨ 昨天（是）禮拜五。　Zuótiān (shì) lǐbài wǔ.

7 日付、曜日、時刻を聞きたいときは、数詞の部分を「いくつ」という意味の"幾"に置き換えます。

⑩ 你的生日是幾月幾號？　Nǐ de shēngrì shì jǐ yuè jǐ hào?

　— 我的生日是十一月二十八號。
　Wǒ de shēngrì shì shíyī yuè èrshíbā hào.

⑪ 今天是星期幾？　Jīntiān shì xīngqí jǐ?

　— 今天是星期四。　Jīntiān shì xīngqí sì.

⑫ 現在幾點（鐘）？　Xiànzài jǐ diǎn (zhōng)?

　— 現在七點（鐘）。　Xiànzài qī diǎn (zhōng).

　— 現在七點十分。　Xiànzài qī diǎn shí fēn.

> "鐘"は「〇時ちょうど」の
> ときにだけ使えるよ。

① 8月6日	⑨ 昨日は金曜日でした。
② 今日の朝	⑩ あなたの誕生日は何月何日ですか。
③ 午前9時	—私の誕生日は11月28日です。
④ 5月21日の夜	⑪ 今日は何曜日ですか。
⑤ 今日は2月1日です。	—今日は木曜日です。
⑥ 明日は水曜日です。	⑫ 今何時ですか。
⑦ 今6時4分です。	—今7時ちょうどです。
⑧ 今日は3月30日ではありません。	—今7時10分です。

 **単語 & フレーズ**

名 時間詞①

前天	qiántiān	ㄑㄧㄢˊ ㄊㄧㄢ	一昨日
昨天	zuótiān	ㄗㄨㄛˊ ㄊㄧㄢ	昨日
今天	jīntiān	ㄐㄧㄣ ㄊㄧㄢ	今日
明天	míngtiān	ㄇㄧㄥˊ ㄊㄧㄢ	明日
後天	hòutiān	ㄏㄡˋ ㄊㄧㄢ	明後日
每天	měitiān	ㄇㄟˇ ㄊㄧㄢ	毎日
現在	xiànzài	ㄒㄧㄢˋ ㄗㄞˋ	今
早上	zǎoshàng	ㄗㄠˇ ㄕㄤˋ	朝
晚上	wǎnshàng	ㄨㄢˇ ㄕㄤˋ	夜
上午	shàngwǔ	ㄕㄤˋ ㄨˇ	午前
中午	zhōngwǔ	ㄓㄨㄥ ㄨˇ	昼、正午
下午	xiàwǔ	ㄒㄧㄚˋ ㄨˇ	午後

その他

月	yuè	ㄩㄝˋ	名 ～月
日	rì	ㄖˋ	名 ～日
號	hào	ㄏㄠˋ	名 ～日、～番
禮拜／ 星期	lǐbài/ xīngqí	ㄌㄧˇ ㄅㄞˋ ／ ㄒㄧㄥ ㄑㄧˊ	名 週、曜日
點／ 點鐘	diǎn/ diǎnzhōng	ㄉㄧㄢˇ ／ ㄉㄧㄢˇ ㄓㄨㄥ	量 ～時（ちょうど）
分	fēn	ㄈㄣ	量 ～分
零	líng	ㄌㄧㄥˊ	名 0
半	bàn	ㄅㄢˋ	名 半、半分
兩	liǎng	ㄌㄧㄤˇ	名 2（数量、分量を言うときに使う）
幾	jǐ	ㄐㄧˇ	限 いくつ、何番目
生日	shēngrì	ㄕㄥ ㄖˋ	名 誕生日

台湾の学校では、高校まで"午休時間"（wǔxiū shíjiān ㄨˇ ㄒㄧㄡ ㄕˊ ㄐㄧㄢ／昼寝の時間）
があります。その間ちゃんと机に伏して目を閉じていなかったら、先生に怒られたりします。

1. 例を参考に語句を入れ替え、フレーズや文を作りましょう。
音読もしてみましょう。

① 今日は （例：9 月 20 日） です。　▶▶▶ 今天是 （例：九月二十號）。

明日は 4 月 18 日／日曜日／父の誕生日 です。

　　　　　　　　　　　　　　　　▶▶▶ 明天是 ＿＿＿＿＿＿＿＿＿。

② 一昨日の （例：朝）　▶▶▶ 前天 （例：早上）

昨日の 昼／午後／夜 ▶▶▶ 昨天 ＿＿＿＿＿

2. 次の時刻の読み方を、ピンインまたは注音符号で書きましょう。

① 2：53

② 4：07

③ 1：48

④ 16：25

⑤ 21：39

3. 次の発音や漢字が表す華語を日本語にしましょう。

① Hòutiān shì lǐbài jǐ?　ㄏㄡˋ ㄊㄧㄢ ㄕˋ ㄌㄧˇ ㄅㄞˋ ㄐㄧˇ?

② Wǒ māma de shēngrì shì qī yuè èrshísì hào.
ㄨㄛˇ ㄇㄚ˙ㄇㄚ˙ㄉㄜ ㄕㄥ ㄖˋ ㄕˋ ㄑㄧ ㄩㄝˋ ㄦˋ ㄕˊ ㄙˋ ㄏㄠˋ.

③ Xiànzài yì diǎn bàn.　ㄒㄧㄢˋ ㄗㄞˋ ㄧˊ ㄉㄧㄢˇ ㄅㄢˋ.

④ 昨天是幾月幾號？

⑤ 現在上午八點零五分。

我今天吃麵包。

一般動詞述語文

🎧 035

主語	述語					
	時間詞	"不"	動詞	目的語 ～を／に／が	"嗎"	
❶ 我 Wǒ	今天 jīntiān		吃 chī	麵包 miànbāo		肯定文
	私は　今日はパンを食べます					
❷ 他 Tā		不 bù	喝 hē	咖啡 kāfēi		否定文
	彼は　コーヒーを飲みません					
❸ 你 Nǐ			知道 zhīdào		嗎 ma	疑問文
	あなたは　知っていますか					

1 「～を／に／が」に相当する**目的語**は、**動詞**の後に置きます。

④ 我買這個，他買那個。　Wǒ mǎi zhè ge, tā mǎi nà ge.

⑤ 他太太來台灣嗎？　Tā tàitai lái Táiwān ma?

⑥ 你要水嗎？　Nǐ yào shuǐ ma?

⑦ 我喜歡她。　Wǒ xǐhuān tā.

2 否定文は、**動詞**の前に"**不**"をつけるのが原則ですが、"**有**"（ある、いる、持っている）は特別な動詞で、"**沒**"を使って否定します。（"有"の詳しい説明▶ p. 116）

⑧ 吳先生不來。　Wú xiānshēng bù lái.

⑨ 李老師不吃牛肉。　Lǐ lǎoshī bù chī niúròu.

⑩ 我沒有時間。 Wǒ méi yǒu shíjiān.

⑪ 他沒有弟弟。 Tā méi yǒu dìdi.

"我不有時間。""他不有弟弟。"
と言うことはできないんだ。

3 ある動作が行われたり、ある状態が発生したりする時間を表す言葉（時間詞）は、原則として、述語の先頭（主語の直後）に置きます。

⑫ 林小姐明天來嗎？ Lín xiǎojiě míngtiān lái ma?

⑬ 我今天下午沒有課。 Wǒ jīntiān xiàwǔ méi yǒu kè.

★ 時間詞は、文の先頭に置くこともあります。

⑭ 明天林小姐來嗎？ Míngtiān Lín xiǎojiě lái ma?

⑮ 今天下午我沒有課。 Jīntiān xiàwǔ wǒ méi yǒu kè.

4 疑問文に対して「はい」「いいえ」と答えるときは、述語に使われた動詞を利用して次のように答えます。"是"述語文に対する"是""不是"という返事との違いに注意してください。

⑯ 小張去嗎？ Xiǎo Zhāng qù ma?

　― 去。 Qù. ／不去。 Bú qù

⑰ 你有電腦嗎？ Nǐ yǒu diànnǎo ma?

　― 有。 Yǒu. ／沒有。 Méi yǒu.

"是""不是"で答える
のは、"是"を使って聞
かれたときだけだよ。

④ 私はこれを買い、彼はあれを買います。	⑫ 林さん（女性）は明日来ますか。
⑤ 彼の奥さんは台湾に来ますか。	⑬ 私は今日の午後授業がありません。
⑥ あなたは水が要りますか。	⑭ 明日林さん（女性）は来ますか。
⑦ 私は彼女が好きです。	⑮ 今日の午後私は授業がありません。
⑧ 呉さん（男性）は来ません。	⑯〈張くん／張ちゃん〉は行きますか。
⑨ 李先生は牛肉を食べません。	―はい。／いいえ。（行きます。／行きません。）
⑩ 私は時間がありません。	⑰ あなたはパソコンを持っていますか。
⑪ 彼は弟がいません。	―はい。／いいえ。（持っています。／持っていません。）

動 基本動詞①

來	lái	ㄌㄞˊ	来る
去	qù	ㄑㄩˋ	行く
吃	chī	ㄔ	食べる
喝	hē	ㄏㄜ	飲む
看	kàn	ㄎㄢˋ	見る、読む
有	yǒu	ㄧㄡˇ	ある、いる、持っている
要	yào	ㄧㄠˋ	要る、ほしい
買	mǎi	ㄇㄞˇ	買う
喜歡	xǐhuān	ㄒㄧˇ ㄏㄨㄢ	好きである
知道	zhīdào	ㄓ ㄉㄠˋ	知っている、わかる

名 食べ物①

飯	fàn	ㄈㄢˋ	ごはん、食事
料理	liàolǐ	ㄌㄧㄠˋ ㄌㄧˇ	(国名をつけて)○○料理
菜	cài	ㄘㄞˋ	料理、おかず
麵	miàn	ㄇㄧㄢˋ	麺
麵包	miànbāo	ㄇㄧㄢˋ ㄅㄠ	パン
炒飯	chǎofàn	ㄔㄠˇ ㄈㄢˋ	チャーハン
餃子	jiǎozi	ㄐㄧㄠˇ ·ㄗ	餃子
包子	bāozi	ㄅㄠ ·ㄗ	包子 (パオズ、具入りの中華まん)
牛肉	niúròu	ㄋㄧㄡˊ ㄖㄡˋ	牛肉

その他

時間	shíjiān	ㄕˊ ㄐㄧㄢ	名 時間
沒	méi	ㄇㄟˊ	副 〜ない (“有” や動作の完了などの否定に使う)

Unit

1

7

・・・

一般動詞述語文

ひとことコラム！

台湾には、牛肉を食べない人がたくさんいます。理由はさまざまですが、昔一緒に農作業をしていた牛を食べてはいけないと考える家庭も多いようです。

“你吃牛肉嗎？”（牛肉を食べますか）という質問は、できるようになっておいた方がよいでしょう。

練習

1. 例を参考に語句を入れ替え、フレーズを作りましょう。
音読もしてみましょう。

① (例：ご飯) を食べる　　　　　▶▶▶　吃　(例：飯)

　　麺／チャーハン／餃子／中華まん を食べる ▶▶▶ 吃 [　　　　]

② (例：タピオカミルクティー) を飲む ▶▶▶ 喝 (例：珍珠奶茶)

　　飲み物／水／紅茶／コーヒー を飲む ▶▶▶ 喝 [　　　　]

③ (例：買わ) ない　　　　　　　▶▶▶　不　(例：買)

　　行か／見／知ら／好きじゃ ない ▶▶▶ 不 [　　　　]

2. 次の発音や漢字が表す華語を日本語にしましょう。

① méi yǒu qián　ㄇㄟˊ ㄧㄡˇ ㄑㄧㄢˊ

② qù Yīngguó　ㄑㄩˋ ㄧㄥ ㄍㄨㄛˊ

③ Tāmen wǎnshàng bā diǎn lái.
ㄊㄚ ㄇㄣ ㄨㄢˇ ㄕㄤˋ ㄅㄚ ㄉㄧㄢˇ ㄌㄞˊ.

④ 我們禮拜一中午沒有時間。

⑤ 妳知道她先生的名字嗎？

3. 次の語句を並べ替えて、日本語に合う文を完成させましょう。
句読点も加えてください。

① 私は、夜はお茶を飲みません。

　　喝茶 ‖ 我 ‖ 不 ‖ 晚上

② 私は、今日は服を買いません。

　　買衣服 ‖ 不 ‖ 我 ‖ 今天

③ 陳先生は、金曜日の午前中は授業がない。

　　沒有 ‖ 星期五上午 ‖ 課 ‖ 陳老師

④ 今携帯をお持ちですか。

　　嗎 ‖ 現在 ‖ 您 ‖ 有手機

⑤ きみたちは、ベトナム料理が好きですか。

　　喜歡 ‖ 嗎 ‖ 越南料理 ‖ 你們

他媽媽也是老師。

連用修飾語：副詞の基本的な用法　🎧 038

主語	述語			
	時間詞	連用修飾語 （副詞）	動詞	目的語
❶ 他ㄊㄚ 媽ㄇㄚ 媽ㄇㄚ Tā māma		也ㄧㄝˇ yě	是ㄕˋ shì	老ㄌㄠˇ師ㄕ lǎoshī
	彼のお母さん　も先生です			
❷ 他ㄊㄚˊ 們ㄇㄣ Tāmen	明ㄇㄧㄥˊ天ㄊㄧㄢ míngtiān	先ㄒㄧㄢ xiān	去ㄑㄩˋ qù	台ㄊㄞˊ中ㄓㄨㄥ Táizhōng
	彼らは　明日先に台中に行きます			
❸ 我ㄨㄛˇ Wǒ		常ㄔㄤˊ常ㄔㄤˊ chángcháng	喝ㄏㄜ hē	水ㄕㄨㄟˇ shuǐ
	私は　よく水を飲みます			

1 連体修飾語の場合（▶ p. 044）と同様に、**動詞**や形容詞を修飾する**連用修飾語**も、動詞や形容詞の前に置いて〈**修飾語＋被修飾語**〉の形にします。

連体修飾語 ⌒ 名詞（被修飾語）

連用修飾語 ⌒ **動詞・形容詞**（被修飾語）

2 **連用修飾語**になる語句の代表が**副詞**です。**動詞**を修飾するときは、動詞の前に置きます。

④ 他ㄊㄚˊ們ㄇㄣ**常ㄔㄤˊ常ㄔㄤˊ**看ㄎㄢˋ電ㄉㄧㄢˋ影ㄧㄥˇ。 Tāmen chángcháng kàn diànyǐng.

⑤ 他ㄊㄚˊ的ㄉㄜ工ㄍㄨㄥ作ㄗㄨㄛˋ**不ㄅㄨˊ是ㄕˋ**護ㄏㄨˋ士ㄕˋ。 Tā de gōngzuò bú shì hùshì.

⑥ 我ㄨㄛˇ妹ㄇㄟˋ妹ㄇㄟ**沒ㄇㄟˊ有ㄧㄡˇ**電ㄉㄧㄢˋ腦ㄋㄠˇ。 Wǒ mèimei méi yǒu diànnǎo.

> 否定を表す“不”と“沒”も、副詞の一種だよ。

3 副詞だけでは述語は完成しないので、必ず後に**動詞**や**形容詞**を置きます。

⑦ 黃小姐也不知道。 Huáng xiǎojiě yě bù zhīdào.

⑧ 你們都是日本留學生嗎？
Nǐmen dōu shì Rìběn liúxuéshēng ma?

★「～も」という意味の副詞 "也" も、必ず後に動詞か形容詞をつけます。日本語なら「わたし**も**。」のように言うことができますが、華語では "我也。" だけにすることはできません。

⑨ A： 我喜歡台東。 Wǒ xǐhuān Táidōng.

B： 我也喜歡。 Wǒ yě xǐhuān.

★ "都" は、主語が指すものが複数である場合のほか、"每" のつく時間詞がある場合にもよく使われます。

⑩ 王先生和他哥哥都是醫生。
Wáng xiānshēng hé tā gēge dōu shì yīshēng.

⑪ 你每天都去他們公司嗎？
Nǐ měitiān dōu qù tāmen gōngsī ma?

4 時間詞は、原則として**副詞**より前に置きます。

⑫ 我們學校星期六也有課。
Wǒmen xuéxiào xīngqí liù yě yǒu kè.

⑬ 他們六月十五號晚上一起來我家。
Tāmen liù yuè shíwǔ hào wǎnshàng yìqǐ lái wǒ jiā.

★ "我們學校" "我家" "他們公司" のように、人称代名詞が所属先を修飾するときは "的" を入れません。

④ 彼らはよく映画を見ます。	⑨ A：私は台東が好きです。
⑤ 彼の仕事は看護師ではありません。	B：私も（好きです）。
⑥ 私の妹はパソコンを持っていません。	⑩ 王さん（男性）と彼のお兄さんは、どちらも医者です。
⑦ 黃さん（女性）も知りません。	⑪ きみは毎日彼らの会社に行きますか。
⑧ きみたちは〈みんな／ふたりとも〉日本人の留学生ですか。	⑫ 私たちの学校は土曜日も授業があります。
	⑬ 彼らは、6月15日の夜一緒に私の家に来ます。

単語 & フレーズ

副 基本副詞①

也	yě	一ㄝˇ	〜も
都	dōu	ㄉㄡ	みんな、すべて、どちらも
先	xiān	ㄒㄧㄢ	先に、まず
一起	yìqǐ	一ˋ ㄑㄧˇ	一緒に
常常	chángcháng	ㄔㄤˊ ㄔㄤˊ	よく、いつも

名 台湾の地名 （その他の台湾の地名 ▶ p. 088）

臺北／台北	Táiběi	ㄊㄞˊ ㄅㄟˇ	台北
臺中／台中	Táizhōng	ㄊㄞˊ ㄓㄨㄥ	台中
臺南／台南	Táinán	ㄊㄞˊ ㄋㄢˊ	台南
臺東／台東	Táidōng	ㄊㄞˊ ㄉㄨㄥ	台東
高雄	Gāoxióng	ㄍㄠ ㄒㄩㄥˊ	高雄

仕事

工作	gōngzuò	ㄍㄨㄥ ㄗㄨㄛˋ	名 動 仕事（をする）、働く
公司	gōngsī	ㄍㄨㄥ ㄙ	名 会社
警察	jǐngchá	ㄐㄧㄥˇ ㄔㄚˊ	名 警察官
醫生	yīshēng	一 ㄕㄥ	名 医者
護士	hùshì	ㄏㄨˋ ㄕˋ	名 看護師
老闆	lǎobǎn	ㄌㄠˇ ㄅㄢˇ	名 経営者、オーナー、社長

その他

家	jiā	ㄐㄧㄚ	名 家
學校	xuéxiào	ㄒㄩㄝˊ 一ㄠˋ	名 学校
電影	diànyǐng	ㄉㄧㄢˋ 一ㄥˇ	名 映画
和	hé/hàn	ㄏㄜˊ／ㄏㄢˋ	接 〜と

ひとことコラム！

華語で"水"（shuǐ ㄕㄨㄟˇ）と言う場合、冷たい水かどうかはわかりません。日本語では、温度によって「ミズ」と「ユ」で言い分けますが、華語にはそういう区別がないからです。

また、常温のものが身体にいいと考えられているので、学校や会社にあるウォーターサーバーには、冷水、熱湯と、もうひとつ常温のもの用の3つの蛇口がついています。訪問先でもよく常温の湯冷ましが出てきます。水道の水は直接飲めないことも注意してくださいね。

練 習

🎧 040

1. 例を参考に語句を入れ替え、フレーズを作りましょう。
音読もしてみましょう。

① 一緒に （例：ご飯を食べる）　　　▶▶▶ 一起 （例：吃飯）

　 一緒に 本を読む／高雄に行く／お茶を飲む ▶▶▶ 一起 ＿＿＿＿＿

② よく （例：服を買う）　　　　　　▶▶▶ 常常 （例：買衣服）

　 よく 台北に来る／タイに行く／パンを食べる ▶▶▶ 常常 ＿＿＿＿＿

③ 兄も （例：学生） です。　　　　▶▶▶ 我哥哥也是 （例：學生）。

　 姉も 看護師／警察官／医者 です。▶▶▶ 我姐姐也是 ＿＿＿＿＿。

2. 次の発音や漢字が表す華語を日本語にしましょう。

①
Wǒ jiā chángcháng chī jiǎozi.
ㄨㄛˇ ㄐㄧㄚ ㄔㄤˊ ㄔㄤˊ ㄔ ㄐㄧㄠˇ ·ㄗ.

②
Wǒ dìdi yě méi yǒu shǒujī.
ㄨㄛˇ ㄉㄧˋ ·ㄉㄧ ㄧㄝˇ ㄇㄟˊ ㄧㄡˇ ㄕㄡˇ ㄐㄧ.

③
Tāmen dōu shì Déguó liúxuéshēng ma?
ㄊㄚ ·ㄇㄣ ㄉㄡ ㄕˋ ㄉㄜˊ ㄍㄨㄛˊ ㄌㄧㄡˊ ㄒㄩㄝˊ ㄕㄥ ·ㄇㄚ?

④ 他爸爸也是公司老闆。

⑤ 林先生和他太太後天都去台南。

解答 ▶ p. 230

台灣的芒果很好吃。

形容詞述語文　🎧 041

主語	述語				
	時間詞	副詞	形容詞	"嗎"	
台灣的芒果 Táiwān de mángguǒ		很 hěn	好吃 hǎochī		肯定文
台湾のマンゴーは　おいしい					
高雄 Gāoxióng		不 bù	冷 lěng		否定文
高雄は　寒くない					
你 Nǐ	下午 xiàwǔ		忙 máng	嗎 ma	疑問文
あなたは　午後は　忙しいですか					

1 形容詞が述語になるときは、"是"をつけません。

④ 這個非常好喝。 Zhè ge fēicháng hǎohē.

　✕　這個是非常好喝。

2 形容詞を修飾する副詞も形容詞の前に置いて、〈連用修飾語＋被修飾語〉の形にします。

⑤ 台北最好。 Táiběi zuì hǎo.

⑥ 我的比較可愛。 Wǒ de bǐjiào kěài.

⑦ 這個和那個都不便宜。 Zhè ge hé nà ge dōu bù piányí.

3 肯定文では、**形容詞**の前によく**副詞**の"**很**"をつけます。形容詞に**修飾語**（副詞）を何も つけないと、他と比べるニュアンスが出てしまうのですが、"**很**"をつけることでそれを 消すことができるからです。
"**很**"がない場合と比較してみましょう。

⑧ 我ˇ忙ˊ。 Wǒ máng.
→「私は忙しい」…「は」を強く発音して、「他の人は暇そうだけど」のように対比を強調する感じ

⑨ 我ˇ很ˇ忙ˊ。 Wǒ hěn máng.
→「私は忙しい」…他と対比している感じはしない

このときの"很"には強調の意味が ないから、日本語には訳さないほう がいいよ。

⑩ 日ˋ本ˇ料ˋ理ˇ很ˇ好ˇ吃。 Rìběn liàolǐ hěn hǎochī.

⑪ 我ˇ的˙台ˊ灣ˊ朋ˊ友ˇ都ˉ很ˇ好ˇ。
Wǒ de Táiwān péngyǒu dōu hěn hǎo.

4 ただし、以下の場合には"**很**"をつけません。

(1) 否定文

⑫ 今ˉ天ˉ不ˊ熱ˋ。 Jīntiān bú rè.

(2) 疑問文

⑬ 珍ˉ珠ˉ奶ˇ茶ˊ貴ˋ嗎˙？ Zhēnzhū nǎichá guì ma?
— 很ˇ貴ˋ。 Hěn guì. ／不ˊ貴ˋ。 Bú guì.

(3) 比較したいとき（対比文）

⑭ 這ˋ個˙好ˇ吃。 Zhè ge hǎochī.

(4) 程度を表す副詞を使うとき

⑮ 陳ˊ小ˇ姐ˇ真ˉ漂ˋ亮ˋ。 Chén xiǎojiě zhēn piàoliàng.

⑯ 台ˊ灣ˇ的˙西ˉ瓜ˉ非ˉ常ˊ大ˋ。 Táiwān de xīguā fēicháng dà.

5 形容詞は、過去のことを表す場合も、現在のことを表す場合と同じ形で述語を作ります。

▶ p. 140

⑰ 今天不太冷。　Jīntiān bú tài lěng.

⑱ 昨天不太冷。　Zuótiān bú tài lěng.

我忙。
（彼はヒマそうだけど）私は忙しい。

我很忙。
私は忙しい。

④ これは非常においしい。	⑬ タピオカミルクティーは高いですか。
⑤ 台北が一番よい。	—はい。／いいえ。（高い。／高くない。）
⑥ 私のが比較的かわいい。	⑭ これはおいしい。
⑦ これとあれ、どちらも安くない。	⑮ 陳さん（女性）は本当にきれいだ。
⑩ 和食はおいしい。	⑯ 台湾のスイカはとても大きい。
⑪ 私の台湾人の友達はみんないい人だ。	⑰ 今日はあまり寒くない。
⑫ 今日は暑くない。	⑱ 昨日はあまり寒くなかった。

形 基本形容詞①

忙	máng	ㄇㄤˊ	忙しい
好	hǎo	ㄏㄠˇ	よい、元気である
好吃	hǎochī	ㄏㄠˇ ㄔ	(食べ物が) おいしい
好喝	hǎohē	ㄏㄠˇ ㄏㄜ	(飲み物が) おいしい
漂亮	piàoliàng	ㄆㄧㄠˋ ㄌㄧㄤˋ	きれいである、美しい、容姿がいい
可愛	kěài	ㄎㄜˇ ㄞˋ	かわいい
貴	guì	ㄍㄨㄟˋ	(値段が) 高い
便宜	piányí	ㄆㄧㄢˊ ㄧˊ	安い
熱	rè	ㄖㄜˋ	暑い、熱い
冷	lěng	ㄌㄥˇ	寒い、冷たい
大	dà	ㄉㄚˋ	大きい
小	xiǎo	ㄒㄧㄠˇ	小さい

名 果物 (その他の果物▶ p. 148)

水果	shuǐguǒ	ㄕㄨㄟˇ ㄍㄨㄛˇ	果物、フルーツ
蘋果	píngguǒ	ㄆㄧㄥˊ ㄍㄨㄛˇ	リンゴ
香蕉	xiāngjiāo	ㄒㄧㄤ ㄐㄧㄠ	バナナ
芒果	mángguǒ	ㄇㄤˊ ㄍㄨㄛˇ	マンゴー
西瓜	xīguā	ㄒㄧ ㄍㄨㄚ	スイカ
橘子	júzi	ㄐㄩˊ ˙ㄗ	オレンジ、みかん
鳳梨	fènglí	ㄈㄥˋ ㄌㄧˊ	パイナップル

副 程度を表す副詞 (句)

很	hěn	ㄏㄣˇ	(形容詞の肯定形につけて対比のニュアンスを消す)
非常	fēicháng	ㄈㄟ ㄔㄤˊ	非常に、とても
最	zuì	ㄗㄨㄟˋ	一番、最も
真	zhēn	ㄓㄣ	本当に
比較	bǐjiào	ㄅㄧˇ ㄐㄧㄠˋ	わりに、けっこう、比較的、〜のほうが…だ
不太	bú tài	ㄅㄨˊ ㄊㄞˋ	あまり〜でない

ひとことコラム！

台湾の果物屋さんは、カットしたスイカの皮も取ってくれます。2元ぐらいで「重くない」「ゴミがたまらない」という便利さと、「真っ赤な実だけ」という幸福感が買えるのです。

🎧 043

1. 例を参考に語句を入れ替え、フレーズや文を作りましょう。
　音読もしてみましょう。

① (例:とても) きれいだ ▶▶▶ (例:非常) 漂亮

　 [けっこう/本当に/一番] 暑い ▶▶▶ [　　　　　] 熱

② (例:よく) ない ▶▶▶ 不 (例:好)

　 [かわいく/忙しく/大きく] ない ▶▶▶ 不 [　　　　　]

③ 日本の (例:リンゴ) ▶▶▶ 日本的 (例:蘋果)

　 台湾の [果物/バナナ/パイナップル] ▶▶▶ 台灣的 [　　　　　]

④ これは (例:おいしい) 。 ▶▶▶ 這個很 (例:好吃/好喝)。

　 あれは [安い/(値段が) 高い/小さい] 。 ▶▶▶ 那個很 [　　　　　]。

2. 次の発音や漢字が表す華語を日本語にしましょう。

① Tāmen xuéxiào hěn dà.　ㄊㄚ・ㄇㄣ ㄒㄩㄝˊ ㄒㄧㄠˋ ㄏㄣˇ ㄉㄚˋ.

② Zuótiān wǎnshàng lěng ma?　ㄗㄨㄛˊ ㄊㄧㄢ ㄨㄢˇ ㄕㄤˋ ㄌㄥˇ・ㄇㄚ?

　－ Bù lěng.　ㄅㄨˋ ㄌㄥˇ.

③ Táiwān de yǐnliào zhēn hǎohē.
　ㄊㄞˊ ㄨㄢ・ㄉㄜ ㄧㄣˇ ㄌㄧㄠˋ ㄓㄣ ㄏㄠˇ ㄏㄜ.

④ 醫生和護士都非常忙。

⑤ 美國的橘子比較貴。

解答 ▶ p. 231

Unit
1
9
•••
形容詞述語文

他是誰？

疑問詞疑問文

🎧 044

主語	述語		
	時間詞	動詞／形容詞	目的語
❶ 他_{ㄊㄚ} Tā		是_{ㄕˋ} shì	誰_{ㄕㄟˊ} shéi
彼は　誰ですか			
❷ 你_{ㄋㄧˇ} Nǐ		吃_ㄔ chī	什_{ㄕㄣˊ}麼_{ㄇㄜ˙} shénme
あなたは　何を食べますか			
❸ 她_{ㄊㄚ} Tā	什_{ㄕㄣˊ}麼_{ㄇㄜ˙}時_{ㄕˊ}候_{ㄏㄡˋ} shénme shíhòu	來_{ㄌㄞˊ} lái	台_{ㄊㄞˊ}灣_{ㄨㄢ} Táiwān
彼女は　いつ台湾に来ますか			
❹ 這_{ㄓㄜˋ}個_{ㄍㄜ˙} Zhè ge		怎_{ㄗㄣˇ}麼_{ㄇㄜ˙}樣_{ㄧㄤˋ} zěnmeyàng	
これは　どうですか			

1 「誰」「何」「どんな」など、それだけで相手に何を質問しているかがわかる語句を「疑問詞」といい、これを使ってたずねる文を「疑問詞疑問文」といいます。

⑤ 您_{ㄋㄧㄣˊ}喜_{ㄒㄧˇ}歡_{ㄏㄨㄢ}哪_{ㄋㄚˇ}國_{ㄍㄨㄛˊ}料_{ㄌㄧㄠˋ}理_{ㄌㄧˇ}？ Nín xǐhuān nǎ guó liàolǐ?

✗ 您喜歡哪國料理嗎？

疑問詞疑問文には "嗎"
をつけないよ！

2 疑問詞（句）とその答えは、文中で同じ位置に置きます。

⑥ Q: 這_{ㄓㄜˋ}是_{ㄕˋ}誰_{ㄕㄟˊ}的_{ㄉㄜ˙}房_{ㄈㄤˊ}間_{ㄐㄧㄢ}？ Zhè shì shéi de fángjiān?

　 A: 這_{ㄓㄜˋ}是_{ㄕˋ}<u>我</u>_{ㄨㄛˇ}的_{ㄉㄜ˙}房_{ㄈㄤˊ}間_{ㄐㄧㄢ}。 Zhè shì wǒ de fángjiān.

⑦ Q: 你喝什麼飲料？ Nǐ hē shénme yǐnliào?

　　A: 我喝咖啡。 Wǒ hē kāfēi.

⑧ Q: 日本的冬天怎麼樣？ Rìběn de dōngtiān zěnmeyàng?

　　A: 日本的冬天比較冷。 Rìběn de dōngtiān bǐjiào lěng.

⑨ Q: 你每天幾點起床？ Nǐ měitiān jǐ diǎn qǐchuáng?

　　A: 我每天六點起床。 Wǒ měitiān liù diǎn qǐchuáng.

★ 時間詞には「述語の先頭」と、「文の先頭」のどちらにも置けるものがありますが（▶ p. 058）、時間をたずねるための疑問詞（表❸⑨⑩）は「文の先頭」には置けません。

⑩ 你們什麼時候去台東？ Nǐmen shénme shíhòu qù Táidōng?

　　✕ 什麼時候你們去台東？

> 時間詞は、「述語の先頭（主語の直後）」が基本」だと覚えよう！

3 同じ質問を繰り返すときは、"呢"を使って質問の内容を省略することができます。

⑪ A: 妳明天中午吃什麼？ Nǐ míngtiān zhōngwǔ chī shénme?

　　B: 我吃包子，你呢？ Wǒ chī bāozi, nǐ ne?

　　A: 我吃牛肉麵。 Wǒ chī niúròumiàn.

★ 疑問詞疑問文の最後に"呢"をつけると、口調がやわらかくなります。

⑫ 那是什麼呢？ Nà shì shénme ne?

⑬ 誰先洗澡呢？ Shéi xiān xǐzǎo ne?

⑤ どこの国の料理がお好きですか。	⑨ Q：毎日何時に起きますか。 　 A：毎日6時に起きます。
⑥ Q：これは誰の部屋ですか。 　 A：これは私の部屋です。	⑩ あなたたちはいつ台東に行きますか。
⑦ Q：あなたはどんな飲み物を飲みますか。 　 A：私はコーヒーを飲みます。	⑪ A：明日のお昼は何を食べますか。 　 B：包子を食べます。あなたは？ 　 A：牛肉麺を食べます。
⑧ Q：日本の冬はどう？ 　 A：日本の冬は比較的寒い。	⑫ あれは何ですか。
	⑬ 誰が先にシャワーを浴びますか。

疑問詞

什麼	shénme	ㄕㄣˊ・ㄇㄜ	名 何、何の、どんな
誰	shéi	ㄕㄟˊ	名 誰
怎麼樣	zěnmeyàng	ㄗㄣˇ・ㄇㄜ ㄧㄤˋ	形 どうであるか
幾	jǐ	ㄐㄧˇ	限 いくつ、何番目
多少	duōshǎo	ㄉㄨㄛ ㄕㄠˇ	名 いくつ、どのくらい
什麼時候	shénme shíhòu	ㄕㄣˊ・ㄇㄜ ㄕˊ ㄏㄡˋ	いつ

日常生活

起床	qǐchuáng	ㄑㄧˇ ㄔㄨㄤˊ	起きる
出	chū	ㄔㄨ	動 出る、出す、(事故などが)起こる
出門	chū mén	ㄔㄨ ㄇㄣˊ	出かける、(家を)出る
上課	shàngkè	ㄕㄤˋ ㄎㄜˋ	授業が始まる、授業を受ける、授業をする
下課	xiàkè	ㄒㄧㄚˋ ㄎㄜˋ	授業が終わる
上班	shàngbān	ㄕㄤˋ ㄅㄢ	出勤する、勤務する
下班	xiàbān	ㄒㄧㄚˋ ㄅㄢ	退勤する、仕事が終わる
回	huí	ㄏㄨㄟˊ	動 帰る、戻る
回家	huí jiā	ㄏㄨㄟˊ ㄐㄧㄚ	家に帰る
洗澡	xǐzǎo	ㄒㄧˇ ㄗㄠˇ	入浴する、シャワーを浴びる
睡	shuì	ㄕㄨㄟˋ	動 眠る、寝る
睡覺	shuìjiào	ㄕㄨㄟˋ ㄐㄧㄠˋ	眠る、寝る
早餐／早飯	zǎocān/zǎofàn	ㄗㄠˇ ㄘㄢ／ㄗㄠˇ ㄈㄢˋ	名 朝ごはん
午餐／午飯	wǔcān/wǔfàn	ㄨˇ ㄘㄢ／ㄨˇ ㄈㄢˋ	名 昼ごはん
晚餐／晚飯	wǎncān/wǎnfàn	ㄨㄢˇ ㄘㄢ／ㄨㄢˇ ㄈㄢˋ	名 晩ごはん

名 季節

春天	chūntiān	ㄔㄨㄣ ㄊㄧㄢ	春
夏天	xiàtiān	ㄒㄧㄚˋ ㄊㄧㄢ	夏
秋天	qiūtiān	ㄑㄧㄡ ㄊㄧㄢ	秋
冬天	dōngtiān	ㄉㄨㄥ ㄊㄧㄢ	冬

その他

時候	shíhòu	ㄕˊ ㄏㄡˋ	名 時、頃、とき
房間	fángjiān	ㄈㄤˊ ㄐㄧㄢ	名 部屋
呢	ne	・ㄋㄜ	助 〜は、〜ね、〜よ(質問の内容を省略したり、文末に置いて口調をやわらげる)

1. 例を参考に語句を入れ替え、文を作りましょう。
音読もしてみましょう。

① 〔（例：台湾の紅茶）〕はどうですか。 ▶▶▶ 〔（例：台灣的紅茶）〕怎麼樣？

〔今日の昼ごはん／韓国の服／あなたのお父さんの会社〕はどうですか。

▶▶▶ 〔　　　　　　　　　〕怎麼樣？

② 誰が先に 〔（例：起き）〕ますか。 ▶▶▶ 誰先〔（例：起床）〕？

誰が先に 〔出勤し／仕事が終わり／家に帰り〕ますか。

▶▶▶ 誰先〔　　　　　　〕？

2. 次の発音や漢字が表す華語を日本語にしましょう。

① Chǎofàn duōshǎo qián? ㄔㄠˇ ㄈㄢˋ ㄉㄨㄛ ㄕㄠˇ ㄑㄧㄢˊ?

② Nǐ xǐhuān shénme diànyǐng?
ㄋㄧˇ ㄒㄧˇ ㄏㄨㄢ ㄕㄣˊ ˙ㄇㄜ ㄉㄧㄢˋ ㄧㄥˇ?

③ Shéi de fángjiān zuì dà? ㄕㄟˊ ˙ㄉㄜ ㄈㄤˊ ㄐㄧㄢ ㄗㄨㄟˋ ㄉㄚˋ?

④ 媽媽，後天我們什麼時候出門？

⑤ 他們星期五幾點下課？

3. 次の質問に答えてみましょう。

① 你每天幾點吃早餐？ ▶▶▶ 我每天 ＿＿＿ 點吃早餐。

② 你每天幾點睡覺？ ▶▶▶ 我每天 ＿＿＿ 點睡覺。

③ 你們每天幾點上課？ ▶▶▶ 我們每天 ＿＿＿ 點上課。

④ 台灣的夏天怎麼樣？ ▶▶▶ 台灣的夏天 ＿＿＿＿＿＿＿ 。

⑤ 你喜歡哪國料理？ ▶▶▶ 我喜歡 ＿＿＿＿ 料理。

蛋炒飯好不好吃？

反復疑問文

🎧 047

主語	述語			
	動詞／形容詞 （肯定形）	否定の副詞	動詞／形容詞 （否定形）	目的語
❶ 他 Tā	是 shì	不 bú	是 shì	警察 jǐngchá
	彼は　警察官ですか			
❷ 你 Nǐ	要 yào	不 bú	要 yào	牛奶 niúnǎi
	あなたは　牛乳が要りますか			
❸ 電影票 Diànyǐng piào	貴 guì	不 bú	貴 guì	
	映画のチケットは　高いですか			

1 「はい」か「いいえ」で答えてほしいときに使う疑問文には、文末に"嗎"を加える形のほかに、「反復疑問文」と呼ばれるものがあります。

反復疑問文は、述語の中心になる動詞や形容詞を、**肯定形**と**否定形**にして並べます。

④ 她媽媽是醫生嗎？ Tā māma shì yīshēng ma?

她媽媽是不是醫生？ Tā māma shì bú shì yīshēng?

⑤ 日本的蘋果甜嗎？ Rìběn de píngguǒ tián ma?

日本的蘋果甜不甜？ Rìběn de píngguǒ tián bù tián?

⑥ 大家有問題嗎？ Dàjiā yǒu wèntí ma?

大家有沒有問題？ Dàjiā yǒu méi yǒu wèntí?

> "嗎"を使う疑問文と反復疑問文の和訳は、同じでいいよ！
> ただ文法的な役割はちょっと違うから、p. 122で確認してね。

2 2文字の動詞や形容詞を使った反復疑問文では、ふつう、**肯定形の2文字目を省略します**。

⑦ 你ˇ喜ˇ不ˋ喜ˇ歡ˊ台ˊ灣ˋ的˙便ˋ當ˋ？
Nǐ xǐ bù xǐhuān Táiwān de biàndāng?

　— 我ˇ很ˇ喜ˇ歡ˊ。 Wǒ hěn xǐhuān.

　／我ˇ不ˋ喜ˇ歡ˊ。 Wǒ bù xǐhuān.

⑧ 蛋ˋ炒ˇ飯ˋ好ˇ不ˋ好ˇ吃？ Dàn chǎofàn hǎo bù hǎochī?

　— 很ˇ好ˇ吃ˉ。 Hěn hǎochī.

　／不ˋ好ˇ吃ˉ。 Bù hǎochī.

★ "喜歡"（好きである）のような感情や心の動きを表す動詞には、"很""非常"などの程度副詞がつくことがあります。この場合の"很"は、形容詞の前に置かれた場合（▶ p. 066）と違って、「とても」という程度の強調の意味があります。

台灣的便當好不好吃？

Unit
1

11
•••
反復疑問文

---

④ 彼女のお母さんは医者ですか。

⑤ 日本のリンゴは甘いですか。

⑥ みなさん質問はありますか。

⑦ あなたは台湾のお弁当が好きですか。
　—とても好きです。／好きではありません。

⑧ 卵チャーハンはおいしいですか。
　—はい。／いいえ。（おいしい。／おいしくない。）

形 味覚

酸	suān	ㄙㄨㄢ	すっぱい
甜	tián	ㄊㄧㄢˊ	甘い
苦	kǔ	ㄎㄨˇ	苦い
辣	là	ㄌㄚˋ	辛い（一般に唐辛子で辛いことを指す）
鹹	xián	ㄒㄧㄢˊ	塩辛い

名 食べ物②

便當	biàndāng	ㄅㄧㄢˋ ㄉㄤ	弁当
湯	tāng	ㄊㄤ	スープ
肉	ròu	ㄖㄡˋ	肉
魚	yú	ㄩˊ	魚
蛋	dàn	ㄉㄢˋ	卵
青菜	qīngcài	ㄑㄧㄥ ㄘㄞˋ	葉物野菜

名 飲み物②

綠茶	lǜchá	ㄌㄩˋ ㄔㄚˊ	緑茶
烏龍茶	wūlóngchá	ㄨ ㄌㄨㄥˊ ㄔㄚˊ	ウーロン茶
豆漿	dòujiāng	ㄉㄡˋ ㄐㄧㄤ	豆乳
牛奶	niúnǎi	ㄋㄧㄡˊ ㄋㄞˇ	牛乳
啤酒	píjiǔ	ㄆㄧˊ ㄐㄧㄡˇ	ビール
紅酒	hóngjiǔ	ㄏㄨㄥˊ ㄐㄧㄡˇ	（赤）ワイン
酒	jiǔ	ㄐㄧㄡˇ	お酒

その他

票	piào	ㄆㄧㄠˋ	名 チケット、切符
大家	dàjiā	ㄉㄚˋ ㄐㄧㄚ	名 みんな
問題	wèntí	ㄨㄣˋ ㄊㄧˊ	名 問題、質問

ひとことコラム！

「いいですか。」という意味で"OK嗎？"と言うことがありますが、"OK"も2文字なので、これを反復疑問文にして、"O不OK?"と言う人もたくさんいます。

1. 例を参考に語句を入れ替え、反復疑問文を作りましょう。
音読もしてみましょう。

① これは [例：ウーロン茶] ですか。 ▶▶▶ 這個是不是 [例：烏龍茶] ？

あれは [マンゴー／緑茶／ドイツビール] ですか。

▶▶▶ 那個是不是 [　　　] ？

② 台湾の葉物野菜は [例：おいしい] ですか。

▶▶▶ 台灣的青菜 [例：好不好吃] ？

フランスワインは [おいしい／安い／（値段が）高い] ですか。

▶▶▶ 法國紅酒 [　　　] ？

③ 魚 [例：を食べます] か。 ▶▶▶ 你 [例：吃不吃] 魚？

豆乳 [を飲みます／が好きです／が要ります] か。

▶▶▶ 你 [　　　] 豆漿？

④ コーヒーは [例：苦い] ですか。 ▶▶▶ 咖啡 [例：苦不苦] ？

スープは [塩辛い／辛い／すっぱい] ですか。 ▶▶▶ 湯 [　　　] ？

2. 次の発音や漢字が表す華語を日本語にしましょう。

① Nǐ xiànzài yǒu méi yǒu shíjiān?
ㄋㄧˇ ㄒㄧㄢˋ ㄗㄞˋ ㄧㄡˇ ㄇㄟˊ ㄧㄡˇ ㄕˊ ㄐㄧㄢ？

② Gāoxióng de dōngtiān lěng bù lěng?
ㄍㄠ ㄒㄩㄥˊ ·ㄉㄜ ㄉㄨㄥ ㄊㄧㄢ ㄌㄥˇ ㄅㄨˋ ㄌㄥˇ？

③ 你知不知道她爸爸的名字？

④ 香蕉牛奶好不好喝？

Unit 1 · 11 · 反復疑問文

我家有四個人。

量詞、"一"の変調、"二"と"兩"

🎧 050

	数詞	量詞	名詞
❶	一 yí	個 ge	人 rén
		1人（の人）	
❷	兩 liǎng	本 běn	書 shū
		2冊の本	
❸	三 sān	張 zhāng	票 piào
		3枚のチケット	
❹	四 sì	杯 bēi	茶 chá
		4杯のお茶	

1 「2冊の本」の「冊」のように、ものごとの数量を数えるときの単位を表す言葉を「量詞」と呼びます。

⑤ 你家有幾個人？ Nǐ jiā yǒu jǐ ge rén?

　— 我家有四個人。 Wǒ jiā yǒu sì ge rén.

⑥ 我每天都喝三、四杯咖啡。

　Wǒ měitiān dōu hē sān、sì bēi kāfēi.

★ 名詞ごとにどんな量詞を使うかは決まっていますが、もしどれを使うかで悩んだら、とりあえず "個" を使っておきましょう。

> 何と何を同じ量詞で数えるかは、
> 日本語と違うことがあるよ。

2 量詞の前に置いてものごとの数量を言うとき、「1」＝"一"は声調が変わり、「2」＝"二"は"両"に変わります。「1」と「2」の言い方を整理してみましょう。

			1	2
A	(1) 単独で使うとき、語やフレーズの最後にくるとき		一 yī	二 èr
	(2) 並んだ数字をひとつずつ読むとき			
	(3) 年月日や順序を言うとき			
B	数量を言うとき	"個" 第四声 ｝の前	一 yí	両 liǎng
		第一声 第二声 第三声 ｝の前	一 yì	

※表の音声はありません。

英語の「first」や「second」はAに、「one」「two」はBに対応することが多いよ！

A(1) 単語やフレーズの最後にくるとき

⑦ 星期一 xīngqí yī

⑧ 星期二 xīngqí èr

A(2) 電話番号や部屋番号など、並んだ数字に「千」や「百」などの位を表す言葉（▶ p. 090）をつけずにひとつずつ読むとき

⑨ 我的房間號碼是 1 - 2 3 1 - 。
Wǒ de fángjiān hàomǎ shì yī èr sān yī.

⑩ 他的電話號碼是 0 9 0 1 - 2 3 4 3
2 1 - 。 Tā de diànhuà hàomǎ shì líng jiǔ líng yī èr sān sì sān èr yī.

A(3) 年月日や順序を言うとき

⑪ 一月一號 yī yuè yī hào

⑫ 二月二號 èr yuè èr hào

⑬ 第一次 dì yī cì

⑭ 第二次 dì èr cì

B 数量を言うとき

⑮ 一枝筆 yì zhī bǐ

⑯ 兩枝鉛筆 liǎng zhī qiānbǐ

⑰ 一種水果 yì zhǒng shuǐguǒ

⑱ 兩種茶 liǎng zhǒng chá

⑲ 一位客人 yí wèi kèrén

⑳ 兩位老師 liǎng wèi lǎoshī

㉑ 一個問題 yí ge wèntí

㉒ 兩個學生 liǎng ge xuéshēng

★ "個"の前の"一"は第二声で読みます（▶ 表❶㉑）。
これは、"個"が本来第四声で読む字だからです（たとえば「個人情報」を表す"個人資料 gèrén zīliào"のような単語では"個"は第四声で読みます）。

> この手順で覚えてみよう！
> ① "二"と"兩"の使い分けを覚える。漢字も発音もずいぶん違うから覚えやすいよ！
> ② "二"と第一声の"一"、"兩"と第二声・第四声に変わる"一"は対応している。
> ③ "一"を第二声で読むか第四声で読むかは、"不"と同じルール。▶ p. 021

⑤ あなたは何人家族ですか。	⑬ 1回目
― 4人家族です。	⑭ 2回目
⑥ 私は毎日 3、4 杯のコーヒーを飲みます。	⑮ 1本のペン
⑦ 月曜日	⑯ 2本の鉛筆
⑧ 火曜日	⑰ 1種類のフルーツ
⑨ 私の部屋番号は 1231 です。	⑱ 2種類のお茶
⑩ 彼の電話番号は 0901234321 です。	⑲ 1人のお客様
⑪ 1月1日	⑳ 2人の先生
⑫ 2月2日	㉑ 1つの問題／1つの質問
	㉒ 2人の学生

単 語 & フ レ ー ズ

量 基本量詞①

				（組み合わせる名詞の例）
個	ge	・ㄍㄜ	〜人、〜個	人 (人) 學生 (学生) 蘋果 (リンゴ)
位	wèi	ㄨㄟˋ	〜名様、〜人 (ていねいに数える)	老師 (先生) 客人 (お客様) 小姐 (女性)
本	běn	ㄅㄣˇ	〜冊	書 (本) 課本 (テキスト) 筆記本 (ノート)
張	zhāng	ㄓㄤ	〜枚	紙 (紙) 票 (チケット) 信用卡 (クレジットカード)
瓶	píng	ㄆㄧㄥˊ	〜瓶、〜本 (瓶やペットボトルに入ったもの)	水 (水) 可樂 (コーラ) 啤酒 (ビール)
碗	wǎn	ㄨㄢˇ	〜碗、〜杯 (お碗に入ったもの)	飯 (ご飯) 麵 (麺) 湯 (スープ)
杯	bēi	ㄅㄟ	〜杯 (コップに入ったもの)	茶 (お茶) 牛奶 (牛乳) 豆漿 (豆乳)
塊	kuài	ㄎㄨㄞˋ	〜元 (お金の単位の話し言葉)、〜個 (かたまり状のもの)	錢 (お金) 橡皮擦 (消しゴム) 麵包 (パン)
枝	zhī	ㄓ	〜本 (細長くて硬いもの)	筆 (ペン) 鉛筆 (鉛筆)
種	zhǒng	ㄓㄨㄥˇ	〜種類	水果 (フルーツ) 飲料 (飲み物) 咖啡 (コーヒー)
次	cì	ㄘˋ	〜回	

名 学用品

字典	zìdiǎn	ㄗˋ ㄉㄧㄢˇ	字典 (漢字の使い方をまとめたもの)
詞典／辭典	cídiǎn	ㄘˊ ㄉㄧㄢˇ	辞書、辞典 (単語の使い方をまとめたもの)
筆記本	bǐjìběn	ㄅㄧˇ ㄐㄧˋ ㄅㄣˇ	ノート
課本	kèběn	ㄎㄜˋ ㄅㄣˇ	教科書、テキスト
鉛筆	qiānbǐ	ㄑㄧㄢ ㄅㄧˇ	鉛筆
橡皮擦	xiàngpícā	ㄒㄧㄤˋ ㄆㄧˊ ㄘㄚ	消しゴム

その他

紙	zhǐ	ㄓˇ	名	紙
信用卡	xìnyòngkǎ	ㄒㄧㄣˋ ㄩㄥˋ ㄎㄚˇ	名	クレジットカード
客人	kèrén	ㄎㄜˋ ㄖㄣˊ	名	客
電話	diànhuà	ㄉㄧㄢˋ ㄏㄨㄚˋ	名	電話
號碼	hàomǎ	ㄏㄠˋ ㄇㄚˇ	名	番号
第	dì	ㄉㄧˋ	限	第〜、〜目

1. 例を参考に語句を入れ替え、フレーズを作りましょう。
音読もしてみましょう。

① 1人の ［(例：留学生)］ ▶▶▶ 一個 ［(例：留學生)］

　　1人の ［友達／弟／クラスメイト］ ▶▶ 一個 ［　　　　　］

② 1冊の ［(例：本)］ ▶▶▶ 一本 ［(例：書)］

　　1冊の ［ノート／教科書／辞書］ ▶▶ 一本 ［　　　　　］

③ 2杯の ［(例：タピオカミルクティー)］ ▶▶▶ 兩杯 ［(例：珍珠奶茶)］

　　2杯の ［紅茶／ウーロン茶／水］ ▶▶ 兩杯 ［　　　　　］

2. 次の華語をピンインまたは注音符号で表し、日本語に訳しましょう。
"一"は読むとおりの声調で書いてください。

① 一張信用卡

② 一杯豆漿

③ 一塊橡皮擦

④ 兩位醫生

⑤ 一碗湯

⑥ 七枝筆

⑦ 一瓶紅酒

⑧ 幾種麵包

3. 次の発音や漢字が表す華語を日本語にしましょう。

① liùshí zhāng zhǐ　ㄌㄧㄡˋ ㄕˊ ㄓㄤ ㄓˇ

② qī ge píngguǒ　ㄑㄧ ˙ㄍㄜ ㄆㄧㄥˊ ㄍㄨㄛˇ

③ 我爸爸每天都喝一瓶啤酒。

④ 五張電影票多少錢？

我買那個。

指示詞

🎧 053

主語			述語				
指示詞	量詞	名詞	副詞	動詞 形容詞	目的語		
					指示詞	量詞	名詞
❶		我ㄨㄛˇ的ㄉㄜ˙ Wǒ de		是ㄕˋ shì	這ㄓㄜˋ zhè	個ㄍㄜ˙ ge	
		私のは　これです					
❷ 那ㄋㄚˋ Nà	個ㄍㄜ˙ ge		很ㄏㄣˇ hěn	貴ㄍㄨㄟˋ guì			
		あれは　高い					
❸ 這ㄓㄜˋ Zhè	(個ㄍㄜ˙) (ge)			是ㄕˋ shì			我ㄨㄛˇ的ㄉㄜ˙ wǒ de
		これは　私のです					
❹ 哪ㄋㄚˇ Nǎ	本ㄅㄣˇ běn	(書ㄕㄨ) (shū)	最ㄗㄨㄟˋ zuì	好ㄏㄠˇ hǎo			
		どれ（どの本）が　一番いいですか					
❺		我ㄨㄛˇ Wǒ		買ㄇㄞˇ mǎi	這ㄓㄜˋ zhè	枝ㄓ zhī	(筆ㄅㄧˇ) (bǐ)
		私は　これ（このペン）を買います					

1 自分から近いところにあるものは "這" で指し、遠いところにあるものは "那" で指します。疑問は "哪" です。

華語	近い	遠い	疑問
	這ㄓㄜˋ zhè	那ㄋㄚˋ nà	哪ㄋㄚˇ nǎ

日本語	話し手のエリア	聞き手のエリア	その他	疑問
	こ	そ	あ	ど

※表の音声はありません。

2 「これ・それ・あれ・どれ」「この・その・あの・どの」と言いたいときは、次のように"這／那／哪"の後に**量詞**を加えます。

華語	近い	遠い	疑問
	" 這 "+量詞	" 那 "+量詞	" 哪 "+量詞
日本語	これ／この　　それ／その	あれ／あの	どれ／どの

(1)「これ／それ／あれ／どれ」が何を指しているかによって、"這／那／哪"の後に置く量詞が変わります。

⑥ （さまざまな場面で）　　　我ㄨˇ的ㄉㄜ是ㄕˋ這ㄓㄜˋ個ㄍㄜ。　Wǒ de shì zhè ge.

⑦ （例えば服を指して）　　　那ㄋㄚˋ件ㄐㄧㄢˋ最ㄗㄨㄟˋ可ㄎㄜˇ愛ㄞˋ。　Nà jiàn zuì kěài.

⑧ （例えば靴を選んでいる時に）　你ㄋㄧˇ喜ㄒㄧˇ歡ㄏㄨㄢ哪ㄋㄚˇ雙ㄕㄨㄤ？　Nǐ xǐhuān nǎ shuāng?

★ "個"は量詞の代表なので、この形のフレーズでも一番よく使われます。まず "個" でこの形に慣れて、それから他の量詞に置き換える練習をするとよいでしょう。

「 私のは　　これです 」

我的是 這｜個ㄍㄜ｜。
　　　　這｜台ㄊㄞ｜。
　　　　這｜杯ㄅㄟ｜。
　　　　這｜枝ㄓ｜。

同じ「これ」でも、指しているものによって量詞が変わります。

例

這ㄓㄜˋ台ㄊㄞ　　這ㄓㄜˋ杯ㄅㄟ　　這ㄓㄜˋ枝ㄓ

どんな量詞を使ったらいい かわからないときは、"個" を使って "這個／那個／哪個" と言えば通じるよ！

(2) 量詞の省略ルール

> 「これ／それ／あれ」に相当する言葉が"是"述語文の主語になるときだけ、"這／那"の後の量詞が省略できる。▶ p.049

⑨ 這ㄓㄜˋ（個ㄍㄜ）是ㄕˋ陳ㄔㄣˊ老ㄌㄠˇ師ㄕ的ㄉㄜ。　Zhè (ge) shì Chén lǎoshī de.

" 這個 " は " 是 " 述語文の主語 → 量詞が省略できる

⑩ 那ㄋㄚˋ個ㄍㄜˋ不ㄅㄨˋ太ㄊㄞˋ好ㄏㄠˇ。 Nà ge bú tài hǎo.

  "那個"は形容詞述語文の主語→量詞が省略できない

⑪ 哪ㄋㄚˇ個ㄍㄜˋ是ㄕˋ你ㄋㄧˇ的ㄉㄜ˙？ Nǎ ge shì nǐ de?

  "哪個"はどこにあっても量詞が省略できない

この「量詞の省略ルール」は、"個"以外の量詞を使うときにも応用できるよ！

3 「『この／その／あの／どの』＋名詞」は、〈"這／那／哪"＋量詞＋名詞〉の形で表します。

⑫ 這ㄓㄜˋ個ㄍㄜˋ手ㄕㄡˇ錶ㄅㄧㄠˇ zhè ge shǒubiǎo   ⑬ 這ㄓㄜˋ件ㄐㄧㄢˋ事ㄕˋ zhè jiàn shì

⑭ 那ㄋㄚˋ隻ㄓ狗ㄍㄡˇ nà zhī gǒu   ⑮ 哪ㄋㄚˇ雙ㄕㄨㄤ鞋ㄒㄧㄝˊ子ㄗˇ nǎ shuāng xiézi

★ 〈"這／那／哪"＋量詞〉は、〈"這／那／哪"＋"一"＋量詞〉の"一"が省略されたものです。

⑯ 這ㄓㄜˋ一ㄧˋ張ㄓㄤ票ㄆㄧㄠˋ zhè yì zhāng piào ▶ 這ㄓㄜˋ張ㄓㄤ票ㄆㄧㄠˋ zhè zhāng piào

⑰ 哪ㄋㄚˇ一ㄧˋ封ㄈㄥ信ㄒㄧㄣˋ nǎ yì fēng xìn ▶ 哪ㄋㄚˇ封ㄈㄥ信ㄒㄧㄣˋ nǎ fēng xìn

★ 指すものの数が2以上の場合は数詞が省略できません。

⑱ 這ㄓㄜˋ兩ㄌㄧㄤˇ種ㄓㄨㄥˇ茶ㄔㄚˊ zhè liǎng zhǒng chá →✕▶ 這種茶

⑲ 那ㄋㄚˋ四ㄙˋ個ㄍㄜˋ人ㄖㄣˊ nà sì ge rén →✕▶ 那個人

"一"が省略された場合、"這／那／哪"を"zhèi / nèi / něi"と発音することがあるよ。

4 "這／那／哪"に"裡"をつけると、**場所を表す指示詞**「ここ／そこ／あそこ／どこ」になります。

⑳ 你ㄋㄧˇ喜ㄒㄧˇ不ㄅㄨˋ喜ㄒㄧˇ歡ㄏㄨㄢ這ㄓㄜˋ裡ㄌㄧˇ？ Nǐ xǐ bù xǐhuān zhèlǐ?

㉑ 那ㄋㄚˋ裡ㄌㄧˇ的ㄉㄜ˙水ㄕㄨㄟˇ果ㄍㄨㄛˇ很ㄏㄣˇ便ㄆㄧㄢˊ宜ㄧˊ。 Nàlǐ de shuǐguǒ hěn piányí.

㉒ 他ㄊㄚ們ㄇㄣ˙明ㄇㄧㄥˊ天ㄊㄧㄢ去ㄑㄩˋ哪ㄋㄚˇ裡ㄌㄧˇ？ Tāmen míngtiān qù nǎlǐ?

⑥ 私のはこれです。	⑫ この腕時計	⑱ この2種類のお茶
⑦〈あれ／あの服〉がいちばんかわいい。	⑬ この事	⑲ あの4人（の人）
⑧ あなたは〈どれ／どの靴〉が好きですか。	⑭ あの犬	⑳ あなたはここが好きですか。
⑨ これは陳先生のです。	⑮ どの靴	㉑ あそこの果物は安い。
⑩ あれはあまりよくありません。	⑯ この（1枚の）チケット	㉒ 彼らは明日どこへ行きますか。
⑪ どれがあなたのですか。	⑰ どの（1通の）手紙	

指示詞

這	zhè	ㄓㄜˋ	限 「こそあど」の「こ・そ」
那	nà	ㄋㄚˋ	限 「こそあど」の「そ・あ」
哪	nǎ	ㄋㄚˇ	限 「こそあど」の「ど」
這裡	zhèlǐ	ㄓㄜˋ ㄌㄧˇ	名 ここ、そこ
那裡	nàlǐ	ㄋㄚˋ ㄌㄧˇ	名 そこ、あそこ
哪裡	nǎlǐ	ㄋㄚˇ ㄌㄧˇ	名 どこ

量 基本量詞②

				(組み合わせる名詞の例)
雙	shuāng	ㄕㄨㄤ	～対、～足	鞋子、襪子、手
隻	zhī	ㄓ	～匹、～つ（片方になったもの）	狗、貓、手
件	jiàn	ㄐㄧㄢˋ	～枚、～着、～件	衣服、褲子、事
台	tái	ㄊㄞˊ	～台	電腦、手機
封	fēng	ㄈㄥ	～通	信、（電子）郵件

服飾①

褲子	kùzi	ㄎㄨˋ ･ㄗ	名 ズボン
裙子	qúnzi	ㄑㄩㄣˊ ･ㄗ	名 スカート
鞋子	xiézi	ㄒㄧㄝˊ ･ㄗ	名 靴
襪子	wàzi	ㄨㄚˋ ･ㄗ	名 靴下
手錶	shǒubiǎo	ㄕㄡˇ ㄅㄧㄠˇ	名 腕時計
穿	chuān	ㄔㄨㄢ	動 着る、はく
戴	dài	ㄉㄞˋ	動 （帽子やアクセサリーなどの小物を）身に着ける

その他

狗	gǒu	ㄍㄡˇ	名 犬
貓	māo	ㄇㄠ	名 猫
手	shǒu	ㄕㄡˇ	名 手
信	xìn	ㄒㄧㄣˋ	名 手紙、メール
（電子）郵件	(diànzǐ) yóujiàn	（ㄉㄧㄢˋ ㄗˇ）ㄧㄡˊ ㄐㄧㄢˋ	名 電子メール
事	shì	ㄕˋ	名 事、事柄、用事

1. 例を参考に語句を入れ替え、フレーズや文を作りましょう。
音読もしてみましょう。

① (例：この) お客様 ▶▶▶ (例：這位) 客人

   この／あの／どの ペン ▶▶▶ [＿＿＿＿] 筆

② (例：この服) を着る ▶▶▶ 穿 (例：這件衣服)

   この靴／あのスカート／あのズボン をはく ▶▶▶ 穿 [＿＿＿＿]

③ あの (例：葉物野菜) はとても苦い。 ▶▶▶ 那種 (例：青菜) 非常苦。

   この ノート／字典／教科書 は本当に安い。

   ▶▶▶ 這本 [＿＿＿＿] 真便宜。

2. 次の発音や漢字が表す華語を日本語にしましょう。

① Nǎ ge zuì piàoliàng? ㄋㄚˇ ㄍㄜ ㄗㄨㄟˋ ㄆㄧㄠˋ ㄌㄧㄤˋ?

② Nǐ de shǒujī shì bú shì zhè tái?
ㄋㄧˇ ˙ㄉㄜ ㄕㄡˇ ㄐㄧ ㄕˋ ㄅㄨˊ ㄕˋ ㄓㄜˋ ㄊㄞˊ?

③ 這三張票不是今天的。

④ 那裡冷不冷？

3. 次の語句を並べ替えて、日本語に合う文を完成させましょう。
句読点も加えてください。

① 私はあの猫の名前を知りません。
那隻貓的 ‖ 不知道 ‖ 名字 ‖ 我

② この種類のバナナはどうですか。
怎麼樣 ‖ 種 ‖ 這 ‖ 香蕉

③ あなたはどの靴下が好きですか。
喜歡 ‖ 襪子 ‖ 哪雙 ‖ 妳

④ 陳くんはよくあの時計をつけています。
那個 ‖ 小陳 ‖ 手錶 ‖ 常常戴

Unit
1

13
•••
指示詞

台湾のことを話してみよう！ ①地名（市と県）

　「全然知らない単語が聞こえてきた！」と思ったら、実は固有名詞だったという経験はありませんか。台湾の地名は、旅行などで台湾を訪れたり、台湾の友達と台湾について語り合ったりするときのキーワードにもなる言葉なので、耳にすることも多いはず。華語で言えたり聞き取れたりするようになっておくと、きっと会話も弾みますよ。

★ 地図を見ながら、地名を置き換えて言ってみましょう。

你ニ明ニ天ニ去ニ哪ニ裡ニ？
Nǐ míngtiān qù nǎlǐ?
（明日はどこへ行きますか。）

— 我ニ去ニ 基ニ隆ニ 。
Wǒ qù Jīlóng.
（基隆に行きます。）

①	臺北ニ／台北	Táiběi	⑪	嘉義ニ		Jiāyì
②	新北ニ	Xīnběi	⑫	臺南ニ／台南		Táinán
③	基隆ニ	Jīlóng	⑬	高雄ニ		Gāoxióng
④	桃園ニ	Táoyuán	⑭	屏東ニ		Píngdōng
⑤	新竹ニ	Xīnzhú	⑮	宜蘭ニ		Yílán
⑥	苗栗ニ	Miáolì	⑯	花蓮ニ		Huālián
⑦	臺中ニ／台中	Táizhōng	⑰	臺東ニ／台東		Táidōng
⑧	彰化ニ	Zhānghuà	⑱	澎湖ニ		Pénghú
⑨	南投ニ	Nántóu	⑲	金門ニ		Jīnmén
⑩	雲林ニ	Yúnlín	⑳	連江ニ		Liánjiāng

Unit 2

台湾華語を
楽しもう！

少し長い文を理解したり組み立てたり、
趣味や交通機関などの単語も覚えて、
会話の幅を広げましょう。
日本語や英語とはちょっと違う
華語の仕組みを楽しんでください。

兩萬兩千兩百二十二

100以上の数

🎧 056

	万		千		百		十		
❶	一 yí	萬 wàn	一 yì	千 qiān	一 yì	百 bǎi	一 yī	十 shí	一 yī
					11,111				
❷	兩 liǎng	萬 wàn	兩 liǎng	千 qiān	兩 liǎng	百 bǎi	二 èr	十 shí	二 èr
					22,222				
❸	三 sān	萬 wàn			零 líng				九 jiǔ
					30,009				
❹	三 sān	萬 wàn	九 jiǔ	(千) qiān					
					39,000				

1 百、千、万、億の位が「1」のときは、必ず"一"を加えます（▶表❶）。
十の位が「1」のとき、先頭にあればそのまま"十"と言いますが（▶⑤⑦）、途中に出てくる場合は、"一十"と言います（▶表❶⑥⑧）。

⑤ 十八 shíbā

⑥ 五百一十二 wǔbǎi yīshí èr

⑦ 十三萬四千 shísān wàn sìqiān

⑧ 七百一十六萬 qībǎi yīshíliù wàn

"一十"の"一"は
変調せずに第一声で
読むよ。

⑨ 一億五千萬 yíyì wǔqiān wàn

★ 一、十の位が「2」のときは"二"、百、千、万、億の位が「2」のときは"兩"を使います。▶表❷

2 途中の位に「0」がある場合は、必ず"零"を加えます。0がいくつ続いても"零"は一度だけしか言いません。

⑩ 兩ㄌ一ㄤ萬ㄨ一ㄢ零ㄌ一ㄥ六ㄌ一ㄨ百ㄅ一ㄞ　liǎngwàn líng liùbǎi

⑪ 兩ㄌ一ㄤ萬ㄨ一ㄢ零ㄌ一ㄥ六ㄌ一ㄨ十ㄕ　liǎngwàn líng liùshí

⑫ 兩ㄌ一ㄤ萬ㄨ一ㄢ零ㄌ一ㄥ六ㄌ一ㄨ　liǎngwàn líng liù

時刻で「分」が1桁のときにも"零"をはさむんだね（▶ p.053）。
"零"は桁が飛ぶときに使う「とんで」のニュアンスなんだ。

3 最後の位が0の場合は、"千／百／十"などの位を表す言葉を省略することがあります。

⑬ 兩ㄌ一ㄤ萬ㄨ一ㄢ六ㄌ一ㄨ（千ㄑ一ㄢ）　liǎngwàn liù (qiān)

⑭ 三ㄙㄢ千ㄑ一ㄢ七ㄑ一（百ㄅ一ㄞ）　sānqiān qī (bǎi)

⑮ 六ㄌ一ㄨ百ㄅ一ㄞ一一（十ㄕ）　liùbǎi yī (shí)

⑫の"兩萬零六"の"零"を省略すると「26,000」になっちゃうよ！

★ この省略は金額を言うときによく使われますが、"塊"などの量詞を付けると、位を表す言葉が省略できなくなります。

⑯ 這ㄓㄜ些ㄒ一ㄝ東ㄉㄨㄥ西ㄒ一一一共ㄍㄨㄥ多ㄉㄨㄛ少ㄕㄠ錢ㄑ一ㄢ？　Zhè xiē dōngxi yígòng duōshǎo qián?

　— 四ㄙ千ㄑ一ㄢ九ㄐ一ㄨ（百ㄅ一ㄞ）。　sìqiān jiǔ (bǎi).

　— 四ㄙ千ㄑ一ㄢ九ㄐ一ㄨ百ㄅ一ㄞ塊ㄎㄨㄞ。　sìqiān jiǔ bǎi kuài.

⑰ 那ㄋ一ㄚ張ㄓㄤ椅一子ㄗ三ㄙㄢ千ㄑ一ㄢ兩ㄌ一ㄤ百ㄅ一ㄞ元ㄩㄢ。　Nà zhāng yǐzi sānqiān liǎng bǎi yuán.

"桌子、椅子、床、沙發"などの平たい家具の量詞も"張"だよ。

⑤ 18	⑬ 26,000
⑥ 512	⑭ 3,700
⑦ 134,000	⑮ 610
⑧ 7,160,000	⑯ これらのものは合計でいくらですか。
⑨ 150,000,000	—4,900。
⑩ 20,600	—4,900 元。
⑪ 20,060	⑰ あの椅子は 3,200 元です。
⑫ 20,006	

名 数詞②

百	bǎi	ㄅㄞˇ	百
千	qiān	ㄑㄧㄢ	千
萬	wàn	ㄨㄢˋ	万
億	yì	ㄧˋ	億

名 家具・家電

家具	jiājù	ㄐㄧㄚ ㄐㄩˋ	家具
桌子	zhuōzi	ㄓㄨㄛ ˙ㄗ	机、テーブル
椅子	yǐzi	ㄧˇ ˙ㄗ	椅子
床	chuáng	ㄔㄨㄤˊ	ベッド
沙發	shāfā	ㄕㄚ ㄈㄚ	ソファー
衣櫃	yīguì	ㄧ ㄍㄨㄟˋ	タンス
書架	shūjià	ㄕㄨ ㄐㄧㄚˋ	本棚
空調	kōngtiáo	ㄎㄨㄥ ㄊㄧㄠˊ	エアコン
冷氣(機)	lěngqì(jī)	ㄌㄥˇ ㄑㄧˋ (ㄐㄧ)	クーラー
冰箱	bīngxiāng	ㄅㄧㄥ ㄒㄧㄤ	冷蔵庫
洗衣機	xǐyījī	ㄒㄧˇ ㄧ ㄐㄧ	洗濯機
電視(機)	diànshì(jī)	ㄉㄧㄢˋ ㄕˋ (ㄐㄧ)	テレビ

その他

東西	dōngxi	ㄉㄨㄥ ˙ㄒㄧ	名 もの、品物、荷物
一共	yígòng	ㄧˊ ㄍㄨㄥˋ	副 合計で、全部で
些	xiē	ㄒㄧㄝ	量 (複数のものごとについて言うときの量詞)
一些	yì xiē	ㄧˋ ㄒㄧㄝ	いくつか、いくらか、少し
這些	zhè xiē	ㄓㄜˋ ㄒㄧㄝ	これら(の)、それら(の)
那些	nà xiē	ㄋㄚˋ ㄒㄧㄝ	それら(の)、あれら(の)
哪些	nǎ xiē	ㄋㄚˇ ㄒㄧㄝ	どれとどれ、どんな (答えが複数あると予想されるときの質問に使う)

 ひとことコラム！

冬もそれほど寒くならない台湾では、暖房機能のないクーラー専用機"冷氣"(lěngqì ㄌㄥˇ ㄑㄧˋ) が設置されているところが多く、真冬の2か月間ぐらいは室内でも結構寒いことがあります。夏は夏で、交通機関や飲食店、教室などのクーラーの設定温度がかなり低くて、寒く感じることがあります。台湾では意外に「寒さ対策」も重要です。

🎧 058

1. 例を参考に語句を入れ替え、文を作りましょう。音読もしてみましょう。

① この ┃ (例：机) ┃ はいくらですか。 ▶▶▶ 這張 ┃ (例：桌子) ┃ 多少錢?

　　 あの ┃ 椅子／ベッド／ソファー ┃ はいくらですか。

　　　　　　　　　　　　　　　　▶▶▶ 那張 ┃　　　　　┃ 多少錢?

② あの ┃ (例：エアコン) ┃ は 38,000 元です。

　　　　　　　　　　　▶▶▶ 那台 ┃ (例：空調) ┃ 三萬八千塊。

　　 この ┃ クーラー／冷蔵庫／洗濯機 ┃ は 22,100 元です。

　　　　　　　　　　　　▶▶▶ 這台 ┃　　　　　┃ 兩萬兩千一百塊。

③ これら全部で ┃ (例：210) ┃ 元です。 ▶▶▶ 這些一共 ┃ (例：兩百一十) ┃ 塊。

　　 あれら全部で ┃ 916／7,002／52,400 ┃ 元です。

　　　　　　　　　　　　▶▶▶ 那些一共 ┃　　　　　┃ 塊。

2. 次の発音が表す華語を算用数字にしましょう。

① sānbǎi wǔ　ㄙㄢ ㄅㄞˇ ㄨˇ

② yìqiān qībǎi èrshísān　ㄧˋ ㄑㄧㄢ ㄑㄧ ㄅㄞˇ ㄦˋ ㄕˊ ㄙㄢ

③ shíwàn sìqiān líng qīshísān　ㄕˊ ㄨㄢˋ ㄙˋ ㄑㄧㄢ ㄌㄧㄥˊ ㄑㄧ ㄕˊ ㄙㄢ

④ sìyì líng liùbǎi wàn　ㄙˋ ㄧˋ ㄌㄧㄥˊ ㄌㄧㄡˋ ㄅㄞˇ ㄨㄢˋ

3. 次の数字の読み方をピンインまたは注音符号で書きましょう。

① 970

② 6,310

③ 14,003

④ 20,157

⑤ 5,129,060

很可愛的狗

連体修飾語2："的"の用法の注意点　🎧 059

連体修飾語		被修飾語
名詞／形容詞／動詞／フレーズ	"的"	名詞
❶ 我媽媽 wǒ māma	的 de	信用卡 xìnyòngkǎ
母の　クレジットカード		
❷ 打電話 dǎ diànhuà	的 de	人 rén
電話をした人／電話をしている人		
❸ 他做 tā zuò	的 de	麵包 miànbāo
彼が作ったパン		
❹ 很可愛 hěn kěài	的 de	狗 gǒu
かわいい　犬		
❺ 很多 hěn duō		問題 wèntí
たくさんの　問題		

1 表❶のように連体修飾語（名詞を修飾する言葉）が名詞（句）の場合、日本語の「の」と華語の"的"の使い方はまったく同じように見えます（▶ p. 044）。

ところが、連体修飾語が次のような場合、日本語では「の」を使いませんが、華語では"的"が必要です。

(1) **動詞句**が連体修飾語になるとき（▶表❷）

⑥ 說話的人 shuō huà de rén

⑦ 上午買的東西 shàngwǔ mǎi de dōngxi

⑧ 昨ㄗㄨㄛˋ天ㄊㄧㄢ参ㄘㄢ加ㄐㄧㄚ的ㄉㄜ人ㄖㄣˊ　zuótiān cānjiā de rén

(2)「主語＋述語」のフレーズが連体修飾語になるとき（▶表❸）

⑨ 大ㄉㄚˋ家ㄐㄧㄚ點ㄉㄧㄢˇ的ㄉㄜ菜ㄘㄞˋ　dàjiā diǎn de cài

⑩ 他ㄊㄚ們ㄇㄣ˙賣ㄇㄞˋ的ㄉㄜ魚ㄩˊ　tāmen mài de yú

⑪ 我ㄨㄛˇ父ㄈㄨˋ母ㄇㄨˇ結ㄐㄧㄝˊ婚ㄏㄨㄣ的ㄉㄜ時ㄕˊ候ㄏㄡˋ　wǒ fùmǔ jiéhūn de shíhòu

修飾語の部分は、過去のことにも現在のことにもなるよ。

(3) 形容詞句が連体修飾語になるとき（▶表❹）

⑫ 很ㄏㄣˇ美ㄇㄟˇ的ㄉㄜ地ㄉㄧˋ方ㄈㄤ　hěn měi de dìfāng

⑬ 非ㄈㄟ常ㄔㄤˊ有ㄧㄡˇ名ㄇㄧㄥˊ的ㄉㄜ醫ㄧ生ㄕㄥ　fēicháng yǒumíng de yīshēng

⑭ 不ㄅㄨˋ容ㄖㄨㄥˊ易ㄧˋ的ㄉㄜ工ㄍㄨㄥ作ㄗㄨㄛˋ　bù róngyì de gōngzuò

★ 同じ形容詞（句）でも、特定の名詞と組みあわせる1文字の形容詞や"很多"など、"的"を使わずに修飾語になることができるものもあります。▶表❺

⑮ 好ㄏㄠˇ人ㄖㄣˊ　hǎo rén

⑯ 很ㄏㄣˇ多ㄉㄨㄛ家ㄐㄧㄚ具ㄐㄩˋ　hěn duō jiājù

日本語では「たくさんの家具」のように、逆に「の」が出てくるのも、おもしろいね。

2 日本語では「の」を使うのに華語では"的"を使わないケースは、他にもいろいろあります。これまでに学んだ条件を復習しておきましょう。

1）修飾語が人称代名詞で、被修飾語が親族を表す言葉（▶p. 045）や所属先（▶p. 062）のとき

2）国の名前を修飾語にして国籍を言うとき（▶p. 045）

3）時間詞を並べるとき（▶p. 053）

⑥ 話した人／話している人	⑫ 美しいところ
⑦ 午前中に買ったもの	⑬ 非常に有名な医者
⑧ 昨日参加した人	⑭ 簡単ではない仕事
⑨ みんなが注文した料理	⑮ いい人
⑩ 彼らが〈売った／売っている〉魚	⑯ たくさんの家具
⑪ 私の両親が結婚した時	

単語 & フレーズ

動 基本動詞②

說	shuō	ㄕㄨㄛ	話す、言う
做	zuò	ㄗㄨㄛˋ	作る、する
點	diǎn	ㄉㄧㄢˇ	注文する
打	dǎ	ㄉㄚˇ	打つ、(野球やテニスなどを) する、(電話を) かける
賣	mài	ㄇㄞˋ	売る
參加	cānjiā	ㄘㄢ ㄐㄧㄚ	参加する

形 基本形容詞②

多	duō	ㄉㄨㄛ	多い
少	shǎo	ㄕㄠˇ	少ない
美	měi	ㄇㄟˇ	美しい、きれいである
容易	róngyì	ㄖㄨㄥˊ ㄧˋ	易しい、簡単である
難	nán	ㄋㄢˊ	難しい
有名	yǒumíng	ㄧㄡˇ ㄇㄧㄥˊ	有名である
不錯	búcuò	ㄅㄨˊ ㄘㄨㄛˋ	なかなかよい

名 時間詞②

前年	qiánnián	ㄑㄧㄢˊ ㄋㄧㄢˊ	一昨年
去年	qùnián	ㄑㄩˋ ㄋㄧㄢˊ	去年
今年	jīnnián	ㄐㄧㄣ ㄋㄧㄢˊ	今年
明年	míngnián	ㄇㄧㄥˊ ㄋㄧㄢˊ	来年
後年	hòunián	ㄏㄡˋ ㄋㄧㄢˊ	再来年
每年	měinián	ㄇㄟˇ ㄋㄧㄢˊ	毎年

名 親族呼称②

家人	jiārén	ㄐㄧㄚ ㄖㄣˊ	家族
父母	fùmǔ	ㄈㄨˋ ㄇㄨˇ	親、両親
兒子	érzi	ㄦˊ ˙ㄗ	息子
女兒	nǚér	ㄋㄩˇ ㄦˊ	娘
孩子	háizi	ㄏㄞˊ ˙ㄗ	子ども (親子関係を言うときによく使う)

その他

藥	yào	ㄧㄠˋ	名 薬 (組み合わせる動詞は " 吃 ")
話	huà	ㄏㄨㄚˋ	名 話、言葉
地方	dìfāng	ㄉㄧˋ ㄈㄤ	名 場所、地方
結婚	jiéhūn	ㄐㄧㄝˊ ㄏㄨㄣ	結婚する

1. 例を参考に語句を入れ替え、フレーズを作りましょう。音読もしてみましょう。

① 　(例：昨日) 　はいたスカート 　▶▶▶ 　(例：昨天) 穿的裙子

　 今年／去年／一昨年 　買った本棚 　▶▶▶ 　　　　　　　買的書架

② 　(例：甘く) 　ない飲み物 　▶▶▶ 　不 (例：甜) 的飲料

　 塩辛く／辛く／酸っぱく 　ない料理 ▶▶▶ 不 　　　　　　的菜

2. 次の発音や漢字が表す華語を日本語にしましょう。

① hěn nán de wèntí　　ㄏㄣˇ ㄋㄢˊ ˙ㄉㄜ ㄨㄣˋ ㄊㄧˊ

② hěn duō yóujiàn　　ㄏㄣˇ ㄉㄨㄛ ㄧㄡˊ ㄐㄧㄢˋ

③ 看電視的時候

④ 這次參加的人很少。

⑤ 她戴的手錶很不錯。

3. 次の語句を並べ替えて、日本語に合う文を完成させましょう。
**　句読点も加えてください。**

① これは娘が去年の冬買ったズボンです。

　褲子 ‖ 這是我女兒 ‖ 買的 ‖ 去年冬天

② あなたが一昨日見た映画の名前は何ですか。

　叫 ‖ 電影 ‖ 你前天看的 ‖ 什麼名字

③ このすごくかわいい猫はあなたの家のですか。

　你家的嗎 ‖ 是 ‖ 非常可愛的貓 ‖ 這隻

④ お父さんが昨日飲んだのはどの種類の薬ですか。

　哪種藥 ‖ 昨天吃的 ‖ 爸爸 ‖ 是

⑤ あの大きめのタンスはどうですか。

　怎麼樣 ‖ 衣櫃 ‖ 那個 ‖ 比較大的

Unit

2

15
•••
連体修飾語2

我現在要寫信。

助動詞

🎧 062

主語	述語			
	時間詞	助動詞	動詞	目的語
① 我 Wǒ	明年 míngnián	想 xiǎng	去 qù	德國 Déguó
	私は　来年ドイツに行きたい			
② 我 Wǒ	現在 xiànzài	要 yào	寫 xiě	信 xìn
	私は　今から手紙を書く（つもりだ）			
③ 我 Wǒ		打算 dǎsuàn	買 mǎi	那台電腦 nà tái diànnǎo
	私は　あのコンピューターを買うつもりだ			
④ 你 Nǐ		應該 yīnggāi	吃 chī	藥 yào
	あなたは　薬を飲まなければならない			

1 動詞の前に置いて、予定、願望、可能性、必要性、能力などを表す言葉を「**助動詞**」と呼びます（意味に注目して「能願動詞」と呼ぶこともあります）。
ここではまず、そのうちの4種類の助動詞を学びましょう。

⑴ 想：「〜したい／〜するつもりだ」…（実現できそうかどうかを問わず）希望・願望に

⑤ 我想吃台灣的鳳梨。　Wǒ xiǎng chī Táiwān de fènglí.

⑥ 他的兩個孩子都想學華語。
Tā de liǎng ge háizi dōu xiǎng xué Huáyǔ.

⑦ 我也不想回日本。
Wǒ yě bù xiǎng huí Rìběn.

> ⑥のように主語が三人称の場合、日本語では「〜したがっている」のように言うけれど、華語は "想" のままでいいんだ。
> ⑦の "不想" は「〜したくない」という意味だよ！

(2) 要：「〜する（予定だ）／〜する（つもりだ）」
　　　　…実現することがほぼ確実な予定や意思表示に

⑧ 我兒子後天要去高雄。　Wǒ érzi hòutiān yào qù Gāoxióng.

⑨ 你現在要做什麼？　Nǐ xiànzài yào zuò shénme?

> ⑧⑨のような "要" は、「未来のことを表している」
> と理解した上で、日本語には訳さなくてもいいよ！

★ "不要" を他の人に対して使うと、「〜しないで」という禁止の表現になります。▶ p. 188

⑩ 你不要看我的手機。　Nǐ bú yào kàn wǒ de shǒujī.

(3) 打算：「〜する予定だ／〜するつもりだ」…仕事や旅行など、計画的に進めることに

⑪ 她弟弟打算做什麼工作？
Tā dìdi dǎsuàn zuò shénme gōngzuò?

⑫ 你家人打算去台南的哪裡？
Nǐ jiārén dǎsuàn qù Táinán de nǎlǐ?

(4) 應該：「〜しなければならない」

⑬ 你們應該先洗手。　Nǐmen yīnggāi xiān xǐ shǒu.

⑭ 你應該聽媽媽的話。　Nǐ yīnggāi tīng māma de huà.

★ "應該" には、「多分〜だろう」という推測の用法もあります。

⑮ 他的興趣是旅遊，他應該也有這本
書。　Tā de xìngqù shì lǚyóu, tā yīnggāi yě yǒu zhè běn shū.

4 反復疑問文にするときは、助動詞の部分を肯定形・否定形にして並べます。

⑯ 大家要不要一起來我家？
Dàjiā yào bú yào yìqǐ lái wǒ jiā?

⑰ 你想不想買這個手錶？
Nǐ xiǎng bù xiǎng mǎi zhè ge shǒubiǎo?

5 時間詞は助動詞の前に置くのが原則ですが、助動詞の後ろに置いたり主語の前に置いたりすることもあります。

⑱ 我ウォ今ジン年ニィェン夏シィァ天ティェン想シィァン去チュィ越ュェ南ナン。
Wǒ jīnnián xiàtiān xiǎng qù Yuènán.
→ 一般的な語順

⑲ 我ウォ想シィァン今ジン年ニィェン夏シィァ天ティェン去チュィ越ュェ南ナン。
Wǒ xiǎng jīnnián xiàtiān qù Yuènán.
→「ベトナムにいつ行くか」を主に伝えたいとき

⑳ 今ジン年ニィェン夏シィァ天ティェン我ウォ想シィァン去チュィ越ュェ南ナン。
Jīnnián xiàtiān wǒ xiǎng qù Yuènán.
→「今年の夏は何をするか」を主に伝えたいとき

助動詞には"要"のように動詞としても使えるものがあります。

㉑ 我ウォ要ヤォ一イ張ヂャン紙ヂ。　Wǒ yào yì zhāng zhǐ.　　　["要"は動詞]

㉒ 我ウォ今ジン天ティェン要ヤォ穿チュァン那ナ雙シュァン鞋シィェ子ズ。　　["要"は助動詞]
Wǒ jīntiān yào chuān nà shuāng xiézi.

⑤ 私は台湾のパイナップルが食べたい。	⑭ あなたはお母さんの言うことを聞かなければいけない。
⑥ 彼の2人の子どもは、どちらも華語を学びたがっている。	⑮ 彼の趣味は旅行だから、〈彼も多分この本を／彼は多分この本も〉持っているだろう。
⑦ 私も日本に帰りたくない。	⑯ みんな一緒に私の家に来る？
⑧ 私の息子は明後日高雄に行く。	⑰ この腕時計、あなたは買いたい？
⑨ あなたは今から何をするの？	⑱⑲ 私は、今年の夏ベトナムに行きたい。
⑩ 私の携帯を見ないで。	⑳ 今年の夏は、私はベトナムに行きたい。
⑪ 彼女の弟さんはどんな仕事をするつもりですか。	㉑ 私は紙が1枚ほしい。
⑫ あなたの家族は台南のどこに行かれる予定ですか。	㉒ 私は今日はあの靴をはきます。
⑬ あなたたちはまず手を洗わなければならない。	

単語 & フレーズ

助動 基本助動詞

想	xiǎng	ㄒㄧㄤˇ	～したい、～するつもりだ
要	yào	ㄧㄠˋ	～する（未然を表す）、～するつもりだ、～したい、～する必要がある
打算	dǎsuàn	ㄉㄚˇ ㄙㄨㄢˋ	～するつもりだ、～する予定だ
應該	yīnggāi	ㄧㄥ ㄍㄞ	～しなければならない、～だろう

動 基本動詞③

學（習）	xué(xí)	ㄒㄩㄝˊ（ㄒㄧˊ）	学ぶ、習う、練習する
寫	xiě	ㄒㄧㄝˇ	書く
聽	tīng	ㄊㄧㄥ	聞く
畫	huà	ㄏㄨㄚˋ	描く
跳	tiào	ㄊㄧㄠˋ	跳ぶ、（ダンスを）する
唱	chàng	ㄔㄤˋ	歌う
洗	xǐ	ㄒㄧˇ	洗う

趣味①

興趣	xìngqù	ㄒㄧㄥˋ ㄑㄩˋ	名 趣味、興味
音樂	yīnyuè	ㄧㄣ ㄩㄝˋ	名 音楽
歌	gē	ㄍㄜ	名 歌
畫	huà	ㄏㄨㄚˋ	名 絵
舞	wǔ	ㄨˇ	名 ダンス、踊り（組み合わせる動詞は"跳"）
旅遊	lǚyóu	ㄌㄩˇ ㄧㄡˊ	名 動 旅行（する）

名 言葉①

華語	Huáyǔ	ㄏㄨㄚˊ ㄩˇ	華語、中国語
中文	Zhōngwén	ㄓㄨㄥ ㄨㄣˊ	中国語
日文	Rìwén	ㄖˋ ㄨㄣˊ	日本語
英文	Yīngwén	ㄧㄥ ㄨㄣˊ	英語
法文	Fàwén/Fǎwén	ㄈㄚˋ ㄨㄣˊ／ㄈㄚˇ ㄨㄣˊ	フランス語
德文	Déwén	ㄉㄜˊ ㄨㄣˊ	ドイツ語
韓文	Hánwén	ㄏㄢˊ ㄨㄣˊ	韓国語
臺語／台語	Táiyǔ	ㄊㄞˊ ㄩˇ	台湾語

Unit
2

16
•••
助動詞

① (例：中国語を話さ) なければならない ▶▶▶ 應該 (例:說中文／華語)

　　授業を受け／起き／寝 なければならない ▶▶▶ 應該 ⬚

② (例：緑茶を飲み) たい ▶▶▶ 想 (例:喝綠茶)

　　ダンスをし／弁当を食べ／音楽を聞き たい ▶▶▶ 想 ⬚

③ (例：日本語) を学ぶ予定だ ▶▶▶ 打算學 (例:日文)

　　英語／フランス語／ドイツ語 を学ぶ予定だ ▶▶▶ 打算學 ⬚

① Wǒ jīntiān bù xiǎng hē kāfēi.
　　ㄨㄛˇ ㄐㄧㄣ ㄊㄧㄢ ㄅㄨˋ ㄒㄧㄤˇ ㄏㄜ ㄎㄚ ㄈㄟ.

② Nǐ yīnggāi chuān wàzi.　ㄋㄧˇ ㄧㄥ ㄍㄞ ㄔㄨㄢ ㄨㄚˋ ·ㄗ.

③ 我想說台語。

④ 你什麼時候要來我們公司？

① 私たちは先にチケットを買わなければならない。
　　我們 (　　) 先買 (　　)。

② 夜は出かけないで。
　　你晚上不 (　　) (　　)。

③ 再来年の春はタイに行く予定だ。
　　後年春天我 (　　) 去 (　　)。

④ 今は話をしたくない。
　　我現在不 (　　) (　　) 話。

出門　打算　應該　說　要　想　票　泰國　有　越南

我明天要去看電影。

連動文

🎧 065

主語	述語			
	時間詞	助動詞 副詞	動詞（句）1	動詞（句）2
❶ 我 ㄨㄛˇ Wǒ	明天 ㄇㄧㄥˊㄊㄧㄢ míngtiān	要 ㄧㄠˋ yào	去 ㄑㄩˋ qù	看電影 ㄎㄢˋㄉㄧㄢˋㄧㄥˇ kàn diànyǐng
	私は　明日映画を見に行く			
❷ 他 ㄊㄚ Tā	每年 ㄇㄟˇㄋㄧㄢˊ měinián	都 ㄉㄡ dōu	來日本 ㄌㄞˊㄖˋㄅㄣˇ lái Rìběn	旅遊 ㄌㄩˇㄧㄡˊ lǚyóu
	彼は　每年日本に旅行に来る			
❸ 我 ㄨㄛˇ Wǒ		想 ㄒㄧㄤˇ xiǎng	搭公車 ㄉㄚㄍㄨㄥㄔㄜ dā gōngchē	去 ㄑㄩˋ qù
	私は　バスで行きたい			

1 2つの動詞句を、動作の発生順に並べたものを「連動文」と呼びます。

④ 我 ㄨㄛˇ 想 ㄒㄧㄤˇ 騎 ㄑㄧˊ 腳 ㄐㄧㄠˇ 踏 ㄊㄚˋ 車 ㄔㄜ 去 ㄑㄩˋ。　Wǒ xiǎng qí jiǎotàchē qù.

" 騎腳踏車 "（自転車に乗り）それから " 去 "（行く）→「自転車に乗って行く／自転車で行く」

⑤ 我 ㄨㄛˇ 想 ㄒㄧㄤˇ 去 ㄑㄩˋ 騎 ㄑㄧˊ 腳 ㄐㄧㄠˇ 踏 ㄊㄚˋ 車 ㄔㄜ。　Wǒ xiǎng qù qí jiǎotàchē.

" 去 "（行って）それから " 騎腳踏車 "（自転車に乗る）→「自転車に乗りに（サイクリングに）行く」

> 同じ2つの動詞句を使っていても、並べる順番によって、
> 意味が違っているね！

★ この「動作の発生順」という並べ方は、華語の仕組み全体に関わる考え方で、これを応用できる文型が他にもたくさんあります。▶ **p. 197**

2 動詞句1と動詞句2の関係でよく見られるのは、次の2種類です。

(1) 動詞句2が動詞句1の「目的」を表す

⑥ 我下午要去學校準備考試。
Wǒ xiàwǔ yào qù xuéxiào zhǔnbèi kǎoshì.

⑦ 我父母今年秋天要再來台灣玩。
Wǒ fùmǔ jīnnián qiūtiān yào zài lái Táiwān wán.

⑧ 我現在要回家寫作業。 Wǒ xiànzài yào huí jiā xiě zuòyè.

(2) 動詞句1が動詞句2の「手段」を表す

⑨ 他打算開車來。 Tā dǎsuàn kāi chē lái.

⑩ 你想用什麼畫畫？ Nǐ xiǎng yòng shénme huà huà?

　— 我想用鉛筆畫。 Wǒ xiǎng yòng qiānbǐ huà.

⑪ 你要怎麼去他們公司？ Nǐ yào zěnme qù tāmen gōngsī?

　— 我要走路去。 Wǒ yào zǒu lù qù.

> 手段を聞くときの疑問詞 "怎麼" と、手段を表す動詞句1（"走路" など）は、同じ位置に置いてね！

④ 私は〈自転車に乗って／自転車で〉行きたい。	⑨ 彼は車で来る予定だ。
⑤ 私は〈自転車に乗りに／サイクリングに〉行きたい。	⑩ あなたは何を使って絵を描くつもり？
⑥ 私は午後は学校に行ってテストの準備をします。	— 鉛筆で描くつもり。
⑦ 私の両親が今年の秋また台湾に遊びに来る。	⑪ あなたはどうやって彼らの会社に行くの？
⑧ 私は今から家に帰って宿題をする。	— 歩いて行くよ。

動 基本動詞④

走	zǒu	ㄗㄡˇ	歩く、その場を離れる（行く、帰る）
搭	dā	ㄉㄚ	（他の人が運転する二輪車以外の乗り物に）乗る
坐	zuò	ㄗㄨㄛˋ	座る、（他の人が運転する乗り物に）乗る
騎	qí	ㄑㄧˊ	（二輪車に）乗る
用	yòng	ㄩㄥˋ	使う
玩	wán	ㄨㄢˊ	遊ぶ
開	kāi	ㄎㄞ	（二輪車以外の乗り物を）運転する
準備	zhǔnbèi	ㄓㄨㄣˇ ㄅㄟˋ	準備する

交通①

車（子）	chē(zi)	ㄔㄜ（·ㄗ）	名 車、自動車
公共汽車／公車	gōnggòng qìchē/gōngchē	ㄍㄨㄥ ㄍㄨㄥˋ ㄑㄧˋ ㄔㄜ／ㄍㄨㄥ ㄔㄜ	名 バス（主に路線バスを言う）
捷運	jiéyùn	ㄐㄧㄝˊ ㄩㄣˋ	名 MRT
火車	huǒchē	ㄏㄨㄛˇ ㄔㄜ	名 汽車、列車
腳踏車／自行車	jiǎotàchē/zìxíngchē	ㄐㄧㄠˇ ㄊㄚˋ ㄔㄜ／ㄗˋ ㄒㄧㄥˊ ㄔㄜ	名 自転車
機車／摩托車	jīchē/mótuōchē	ㄐㄧ ㄔㄜ／ㄇㄛˊ ㄊㄨㄛ ㄔㄜ	名 バイク、スクーター
輛	liàng	ㄌㄧㄤˋ	量 ～台（車両を数えるときに使う）
開車	kāi chē	ㄎㄞ ㄔㄜ	（車などを）運転する

学習②

作業	zuòyè	ㄗㄨㄛˋ ㄧㄝˋ	名 宿題（組み合わせる動詞は"寫／做"）
功課	gōngkè	ㄍㄨㄥ ㄎㄜˋ	名 勉強、宿題（組み合わせる動詞は"寫／做"）
考試	kǎoshì	ㄎㄠˇ ㄕˋ	名 テスト
留學	liúxué	ㄌㄧㄡˊ ㄒㄩㄝˊ	留学する

その他

路	lù	ㄌㄨˋ	名 道路、道
再	zài	ㄗㄞˋ	副 また、もう一度、再び
怎麼	zěnme	ㄗㄣˇ ·ㄇㄜ	副 どうやって、どのように、なぜ

Unit
2
17
•••
連動文

1. 例を参考に語句を入れ替え、フレーズを作りましょう。音読もしてみましょう。

① (例：留学に) 来る ▶▶▶ 來 (例：留學)

ダンスをしに／薬を買いに／コーヒーを飲みに 行く ▶▶▶ 去 ⬚

② (例：列車で) 来る ▶▶▶ (例：搭火車／坐火車) 來

バスで／MRT で／バイクで 行く ▶▶▶ ⬚ 去

③ (例：ドイツ語で) 書く ▶▶▶ (例：用德文) 寫

台湾語で／韓国語で／中国語で 言う ▶▶▶ ⬚ 說

2. 次の華語を日本語にしましょう。

① huí jiā shuìjiào　ㄏㄨㄟˊ ㄐㄚ ㄕㄨㄟˋ ㄐㄧㄠˋ

② zǒu lù lái　ㄗㄡˇ ㄌㄨˋ ㄌㄞˊ

③ 我同學下午兩點半要來我家玩。

④ 禮拜五要不要去唱歌？

⑤ 老闆打算坐七點的火車去台東。

3. 次の語句を並べ替えて、日本語に合う文を完成させましょう。
句読点も加えてください。

① 今からシャワーを浴びに行く。

洗澡 ‖ 去 ‖ 要 ‖ 我現在

② 楊くんは、イギリスに行って働く予定だ。

去英國 ‖ 工作 ‖ 小楊 ‖ 打算

③ きみたちはみんなスマホでチケットを買うのですか。

買票嗎 ‖ 用手機 ‖ 都 ‖ 你們

④ このパンはどうやって作るの？

麵包 ‖ 這種 ‖ 做呢 ‖ 怎麼

裡面的東西

方位詞と場所詞

🎧 068

方位詞 名

上 shàngmiàn	下 xiàmiàn	前 qiánmiàn	後 hòumiàn	對 duìmiàn
上、表面	下	前	後ろ、裏	向かい側
裡面 lǐmiàn	外面 wàimiàn	左邊 zuǒbiān	右邊 yòubiān	旁邊 pángbiān
中	外	左	右	となり、横、そば

1 人や物の位置関係を表す言葉を「**方位詞**」と呼びます。
方位詞は、"面"や"邊"などをつけて、2文字で使うのが原則です。

上/下/前/後/
對/裡/外/ 　面

左/右/旁 　邊

> "面/邊"のどちらと組み合わせるかは、習慣的にだいたい決まってるよ。
> 上の表の2文字のセットで覚えてね!

① <u>上面</u>的紙　shàngmiàn de zhǐ 　　［×上的紙］

② <u>裡面</u>的東西　lǐmiàn de dōngxi 　　［×裡的東西］

③ <u>外面</u>的狗　wàimiàn de gǒu 　　［×外的狗］

④ 郵局（的）<u>對面</u>　yóujú (de) duìmiàn 　　［×郵局（的）對］

⑤ 醫院（的）<u>旁邊</u>　yīyuàn (de) pángbiān 　　［×醫院（的）旁］

★ 方位詞と他の名詞は"的"でつなぎますが、④⑤のように方位詞を他の名詞の後に置くときは、"的"を省略できます。

2 "上面"または"裡面"を名詞の直後に置いて「～の上」「～の中」と言うときは、"面"を省略することができます。この場合、名詞の後に"的"を加えることができません。

⑥ 桌子上（面） zhuōzi shàng(miàn)　　×桌子的上

⑦ 書包裡（面） shūbāo lǐ(miàn)　　×書包的裡

3 華語では、ある名詞が場所を表すかどうかが厳密に区別されます。
日本語では、「冷蔵庫」を例にとると、この名詞ひとつで「冷蔵庫を買う」のように［もの］を表すことも、「ケーキは冷蔵庫にある」のように［場所］を表すこともできます。しかし華語では、次のように言い分けます。

| 日本語 | もの 冷蔵庫 | 場所 冷蔵庫 |
| 華　語 | もの 冰箱 | 場所 冰箱裡 | ※ "～裡" は「～の中」という意味 |

"冰箱裡"のような、場所を表すことができる語句を「場所詞」と呼びます。場所詞には、次の3種類があります。

	種類	例	注意点
I類	場所を表すための専用の語句	・方位詞 ・地名：台灣、台中など ・這裡、那裡、哪裡	後ろに"裡"や"上"がつけられない
II類	広い空間をもつ施設を指す語句	家（裡）、學校（裡）、公園（裡）、車站（裡）、機場（裡）	文型や表現したい内容によっては、"裡"が省略できる
III類	人や物事を表す語句に方位詞等を加えて「場所詞化」したもの	他前面、冰箱裡、杯子裡、桌子上、電腦旁邊	▶ **4**

4 "冰箱"のように、場所の意味を持たない人やものを表す名詞も、後に**方位詞**などをつけることによって、**場所詞（III類）**になります。これを「場所詞化」といいます。

⑧ 書架上 shūjià shàng

⑨ 捷運上 jiéyùn shàng

⑩ 錢包裡 qiánbāo lǐ

⑪ 陳小姐（的）左邊 Chén xiǎojiě (de) zuǒbiān

> ⑧〜⑪のような例も、"上""裡""左邊"などの方位詞がないと、単に［もの］や［人］を表す名詞になってしまい、場所を表すことができないんだ。

★ “～上”は「～の上」、“～裡”は「～の中」という意味ですが、日本語とはちょっと感覚が異なることがあります。

たとえば“書架上”は「本棚の上」ではなく、「本棚の中」「本棚全体」を指します。また、乗り物の中を指す時は、“公車上”(バスの中)“捷運上”(MRTの中)のように“～上”を使います。

✕書架上　書架上

✕公車上　公車上

5 場所詞を使わなければならない文型のひとつに、「AにあるB／AにいるB」という意味を表す〈場所詞（A）+“的”+存在する人やものごと（B）〉のフレーズがあります。

（A）		（B）
冷蔵庫 (の中)	の	牛乳
冰箱裡	的	牛奶

日本語は「～の中」を省略できるけど、華語は“裡”を省略できないよ！
Aは必ず場所詞にしてね！

⑫ 美ㄇㄟˇ國ㄍㄨㄛˊ的ㄉㄜ˙飯ㄈㄢˋ店ㄉㄧㄢˋ　Měiguó de fàndiàn　［“美國”はⅠ類］

⑬ 公ㄍㄨㄥ園ㄩㄢˊ裡ㄌㄧˇ的ㄉㄜ˙人ㄖㄣˊ　gōngyuán lǐ de rén　［“公園裡”はⅡ類、✕公園的人］

⑭ 黑ㄏㄟ板ㄅㄢˇ上ㄕㄤˋ的ㄉㄜ˙圖ㄊㄨˊ　hēibǎn shàng de tú　［“黑板上”はⅢ類、✕黑板的圖］

⑮ 盤ㄆㄢˊ子ㄗ˙裡ㄌㄧˇ的ㄉㄜ˙菜ㄘㄞˋ　pánzi lǐ de cài　［“盤子裡”はⅢ類、✕盤子的菜］

この文型で使う場合、Ⅱ類の場所詞にも⑬のように必ず“裡”をつけてね！

① 上の紙	⑤ 病院のとなり	⑨ MRT の中	⑬ 公園 (の中) の人
② 中のもの	⑥ 机の上	⑩ 財布の中	⑭ 黒板の図
③ 外の犬	⑦ 学生かばんの中	⑪ 陳さんの左側	⑮ お皿 (の中) の料理
④ 郵便局の向かい側	⑧ 本棚の中	⑫ アメリカのホテル	

単語 & フレーズ

名 街の施設①

車站	chēzhàn	ㄔㄜ ㄓㄢˋ	駅
站	zhàn	ㄓㄢˋ	～ (の) 駅、(バスの) 停留所
郵局	yóujú	ㄧㄡˊ ㄐㄩˊ	郵便局
銀行	yínháng	ㄧㄣˊ ㄏㄤˊ	銀行
飯店	fàndiàn	ㄈㄢˋ ㄉㄧㄢˋ	(比較的大型の) ホテル
旅館	lǚguǎn	ㄌㄩˇ ㄍㄨㄢˇ	ホテル、旅館
機場	jīchǎng	ㄐㄧ ㄔㄤˇ	空港
公園	gōngyuán	ㄍㄨㄥ ㄩㄢˊ	公園
醫院	yīyuàn	ㄧ ㄩㄢˋ	病院

名 袋物

袋子	dàizi	ㄉㄞˋ ·ㄗ	袋
包包	bāobāo	ㄅㄠ ㄅㄠ	(話し言葉) バッグ、かばん
皮包	píbāo	ㄆㄧˊ ㄅㄠ	バッグ、かばん、革財布
書包	shūbāo	ㄕㄨ ㄅㄠ	学生かばん、ランドセル
背包	bēibāo	ㄅㄟ ㄅㄠ	リュックサック
錢包	qiánbāo	ㄑㄧㄢˊ ㄅㄠ	財布

名 食器

杯子	bēizi	ㄅㄟ ·ㄗ	コップ、カップ、湯飲み
碗	wǎn	ㄨㄢˇ	碗、どんぶり、ボウル
盤子	pánzi	ㄆㄢˊ ·ㄗ	皿
筷子	kuàizi	ㄎㄨㄞˋ ·ㄗ	箸
湯匙	tāngchí	ㄊㄤ ㄔˊ	スプーン、れんげ
刀子	dāozi	ㄉㄠ ·ㄗ	ナイフ
叉子	chāzi	ㄔㄚ ·ㄗ	フォーク

その他

黑板	hēibǎn	ㄏㄟ ㄅㄢˇ	名 黒板
圖 (片)	tú(piàn)	ㄊㄨˊ (ㄆㄧㄢˋ)	名 図、イラスト、画像
間	jiān	ㄐㄧㄢ	量 ～軒 (店舗や会社などを数える)、～部屋
家	jiā	ㄐㄧㄚ	量 ～軒 (店舗や会社などを数える)

🎧 070

1. 例を参考に語句を入れ替え、フレーズを作りましょう。音読もしてみましょう。

① （例：MRTの駅） の向かい側 ▶▶▶ （例：捷運站） 的對面

　　公園／列車の駅／病院 の外 ▶▶▶ ［　　　　　　］ 的外面

② 裏の （例：公園） ▶▶▶ 後面的 （例：公園）

　　左側の 郵便局／銀行／ホテル ▶▶▶ 左邊的 ［　　　　　］

③ （例：机の上） のお箸 ▶▶▶ （例：桌子上） 的筷子

　　バッグの中／タンスの中／リュックの中 のもの

　　　　　　　　　　　　　　　　　　▶▶▶ ［　　　　　］ 的東西

2. 次の発音や漢字が表す華語を日本語にしましょう。

① qiánbāo lǐ de xìnyòngkǎ
　ㄑㄧㄢˊ ㄅㄠ ㄌㄧˇ ‧ㄉㄜ ㄒㄧㄣˋ ㄩㄥˋ ㄎㄚˇ

② xǐyījī lǐ de wàzi　ㄒㄧˇ ㄧ ㄐㄧ ㄌㄧˇ ‧ㄉㄜ ㄨㄚˋ ‧ㄗ

③ 後面的那位先生是不是你們公司的老闆？

④ 書架上的那些書都是你兒子的嗎？

3. 次の語句を並べ替えて、日本語に合う文を完成させましょう。
句読点も加えてください。

① テーブルの上の料理はいつ作ったものですか。
　是 ‖ 什麼時候 ‖ 做的 ‖ 桌子上的菜

② バスの中の人がとても多い。
　非常多 ‖ 的 ‖ 人 ‖ 公車上

③ 袋の中のナイフとフォークは誰が買ったものですか。
　刀子和叉子 ‖ 誰買的 ‖ 袋子裡的 ‖ 是

④ このホテルの向かい側は病院です。
　對面 ‖ 這間旅館的 ‖ 一間醫院 ‖ 是

這間餐廳在哪裡？

"在"の用法1：基本的な用法

🎧 071

主語	述語		
（特定の）人・もの	副詞	動詞 "在"	目的語 （場所詞）	
❶ 哥哥 Gēge		在 zài	東京 Dōngjīng	I類
兄は　東京にいる				
❷ 媽媽 Māma	不 bú	在 zài	家（裡） jiā (lǐ)	II類
母は　家にはいない				
❸ 那張票 Nà zhāng piào		在 zài	錢包裡 qiánbāo lǐ	III類
あのチケットは　財布にある				

1 「〜は…にある／いる」と言いたいときには、"在"を使います。

④ 這間餐廳在哪裡？ Zhè jiān cāntīng zài nǎlǐ?　 I類

⑤ 我們班的學生都在教室（裡）。 II類
Wǒmen bān de xuéshēng dōu zài jiàoshì lǐ.

⑥ 昨天買的那本書不在書架上。 III類
Zuótiān mǎi de nà běn shū bú zài shūjià shàng.

> 例文の後についている「I類」「II類」
> 「III類」は場所詞の分類を表している
> よ。分類方法は、p. 108で復習してね！

★ 話の流れで言わなくてもわかるときは、"在"の後の場所詞を省略することができます。

⑦ 妳姊姊在不在（家）？ Nǐ jiějie zài bú zài (jiā)?

2 "在"が「～にある／いる」という意味を表すとき、後に置く名詞（目的語）は、場所詞でなければなりません。（場所詞の分類と使い方の注意点▶ p. 108）

⑧ 這家百貨公司在哪裡？ Zhè jiā bǎihuò gōngsī zài nǎlǐ?

— 這家在西門。 Zhè jiā zài Xīmén. Ⅰ類

⑨ 您家人都在北海道嗎？ Ⅰ類
Nín jiārén dōu zài Běihǎidào ma?

⑩ 老師們都在體育館（裡）。 Ⅱ類
Lǎoshīmen dōu zài tǐyùguǎn (lǐ).

⑪ 其他人都在我的辦公室（裡）。 Ⅱ類
Qítā rén dōu zài wǒ de bàngōngshì (lǐ).

⑫ 那本字典在電視機右邊。 Ⅲ類
Nà běn zìdiǎn zài diànshìjī yòubiān.

⑬ 你的錢包在我這裡。 Nǐ de qiánbāo zài wǒ zhèlǐ. Ⅲ類

> 人やものを表す名詞の後に"這裡／那裡"を
> つけて、"我這裡""他那裡"のように言うと、
> 「～のところ」という意味の場所詞になるんだよ！

★ "在"の後に置く場合、Ⅱ類の場所詞の"裡"はよく省略されます（▶ 表❷⑤⑩⑪）。
一方、Ⅲ類の場所詞の"裡"は、人やものごとを表す語句を場所詞化するためのものなので、
省略することができません（▶ 表❸）。

④ このレストランはどこにありますか。	⑨ ご家族はみなさん北海道にいらっしゃいますか。
⑤ 私たちのクラスの学生はみんな教室にいます。	⑩ 先生方はみんな体育館にいらっしゃいます。
⑥ 昨日買ったあの本は本棚にありません。	⑪ 他の人はみんな私のオフィスにいます。
⑦ あなたのお姉さんは（家に）いますか。	⑫ その字典はテレビの右側にあります。
⑧ このデパートはどこにありますか。	⑬ あなたの財布は私のところにあります。
— 西門にあります。	

名 日本の地名

東京	Dōngjīng	ㄉㄨㄥ ㄐㄧㄥ	東京
大阪	Dàbǎn	ㄉㄚˋ ㄅㄢˇ	大阪
京都	Jīngdū	ㄐㄧㄥ ㄉㄨ	京都
北海道	Běihǎidào	ㄅㄟˇ ㄏㄞˇ ㄉㄠˋ	北海道

名 学校の施設

教室	jiàoshì	ㄐㄧㄠˋ ㄕˋ	教室
辦公室	bàngōngshì	ㄅㄢˋ ㄍㄨㄥ ㄕˋ	オフィス、事務室、(先生の) 研究室
廁所／ 洗手間	cèsuǒ/ xǐshǒujiān	ㄘㄜˋ ㄙㄨㄛˇ／ ㄒㄧˇ ㄕㄡˇ ㄐㄧㄢ	トイレ
圖書館	túshūguǎn	ㄊㄨˊ ㄕㄨ ㄍㄨㄢˇ	図書館
體育館	tǐyùguǎn	ㄊㄧˇ ㄩˋ ㄍㄨㄢˇ	体育館

名 街の施設②

商店	shāngdiàn	ㄕㄤ ㄉㄧㄢˋ	商店
店	diàn	ㄉㄧㄢˋ	～店、～屋
便利商店／ 超商	biànlì shāngdiàn/ chāoshāng	ㄅㄧㄢˋ ㄌㄧˋ ㄕㄤ ㄉㄧㄢˋ／ ㄔㄠ ㄕㄤ	コンビニ
超級市場／ 超市	chāojí shìchǎng/ chāoshì	ㄔㄠ ㄐㄧˊ ㄕˋ ㄔㄤˇ／ ㄔㄠ ㄕˋ	スーパー
百貨公司	bǎihuò gōngsī	ㄅㄞˇ ㄏㄨㄛˋ ㄍㄨㄥ ㄙ	デパート
飯館／ 餐廳	fànguǎn/ cāntīng	ㄈㄢˋ ㄍㄨㄢˇ／ ㄘㄢ ㄊㄧㄥ	レストラン、食堂
電影院	diànyǐngyuàn	ㄉㄧㄢˋ ㄧㄥˇ ㄩㄢˋ	映画館

その他

班	bān	ㄅㄢ	名 クラス
西門	Xīmén	ㄒㄧ ㄇㄣˊ	名 (地名) 西門
在	zài	ㄗㄞˋ	動 (～に) ある、いる
們	men	·ㄇㄣ	接尾 ～たち (人数が複数であることを表す)
其他／其它	qítā	ㄑㄧˊ ㄊㄚ	限 その他

🎧 073

1. 例を参考に語句を入れ替え、文を作りましょう。音読もしてみましょう。

① あのホテルは (例：郵便局の向かい側) にある。

▶▶▶ 那家旅館在 (例：郵局對面) 。

そのコンビニは 私たちの会社のとなり／MRT の駅の中／スーパーの右側

にある。　　　　▶▶▶ 那家便利商店在 ☐ 。

② (例：映画館) はあそこにあります。　▶▶▶ (例：電影院) 在那裡。

図書館／トイレ／体育館 はどこにありますか。

▶▶▶ ☐ 在哪裡？

③ あの鉛筆は (例：椅子の上) にある。▶▶▶ 那枝鉛筆在 (例：椅子上) 。

あのスカートは タンスの中／ベッドの上／袋の中 にある。

▶▶▶ 那件裙子在 ☐ 。

2. 次の発音や漢字が表す華語を日本語にしましょう。

①
Tā jiārén dōu bú zài Táiwān.
ㄊㄚ ㄐㄧㄚ ㄖㄣˊ ㄉㄡ ㄅㄨˊ ㄗㄞˋ ㄊㄞˊ ㄨㄢ.

②
Wǒ míngtiān yào qù shūdiàn mǎi zìdiǎn.
ㄨㄛˇ ㄇㄧㄥˊ ㄊㄧㄢ ㄧㄠˋ ㄑㄩˋ ㄕㄨ ㄉㄧㄢˋ ㄇㄞˇ ㄗˋ ㄉㄧㄢˇ.

③ 大家都在教室，你怎麼在這裡？

④ 我和吳先生在銀行前面，你呢？

3. 次の語句を並べ替えて、日本語に合う文を完成させましょう。

① 午前中に買った果物は全部冷蔵庫にある。
在冰箱裡 ‖ 水果 ‖ 上午買的 ‖ 都

② 彼は毎日図書館にいる。
每天都 ‖ 他 ‖ 圖書館 ‖ 在

③ 彼は昨日の午後病院にいた。
在 ‖ 昨天下午 ‖ 醫院 ‖ 他

④ 京都は大阪のとなりにある。
的旁邊 ‖ 在 ‖ 大阪 ‖ 京都

桌子上有三種蛋糕。

"有"の基本的な用法

🎧 074

主語	述語			
（場所詞）	副詞	動詞 "有"	目的語（不特定の人・もの）	
			数量	名詞
❶ 這裡 Zhèlǐ	沒 méi	有 yǒu		廁所 cèsuǒ	I類
	ここに　トイレはない				
❷ 教室裡 Jiàoshì lǐ		有 yǒu	兩個 liǎng ge	學生 xuéshēng	II類
	教室に　学生が2人いる				
❸ 桌子上 Zhuōzi shàng		有 yǒu	三種 sān zhǒng	蛋糕 dàngāo	III類
	テーブルの上に　ケーキが3種類ある				

1 「～に…がある／いる」と言いたいときには、"有"を使います。
"有"を使う文の主語には、よく場所詞が使われます。

④ 台中也有捷運。　Táizhōng yě yǒu jiéyùn.　I類

⑤ 公園裡有很多老人和小朋友。　II類
Gōngyuán lǐ yǒu hěn duō lǎorén hé xiǎopéngyǒu.

⑥ 捷運站附近有沒有小吃店？　II類
Jiéyùnzhàn fùjìn yǒu méi yǒu xiǎochīdiàn?

⑦ 我的錢包裡有兩千塊。　III類
Wǒ de qiánbāo lǐ yǒu liǎngqiān kuài.

> "在"の目的語になるときとは違って、"有"の文
> で主語になるときは、II類の場所詞でも表❷や
> ⑤のように "裡" を省略できないよ！

★ "有"は「〜がある／いる」以外に、「持っている」という所有も表します。この場合、所有者を示す主語は、場所詞でなくてもかまいません。比較してみましょう。

⑧ 他_{ター}有_ヨ很_ら多_{カヨ}書_ス。 Tā yǒu hěn duō shū.

主語の"他"は所有者→「彼はたくさん本を持っている」

⑨ 他_{ター}那_ナ裡_カ有_ヨ很_ら多_{カヨ}書_ス。 Tā nàlǐ yǒu hěn duō shū.

主語の"他那裡"は場所詞→「彼のところにはたくさんの本がある（彼のものではないかもしれない）」

2 この文型で目的語の位置に置くのは、特定されていない人やものです。
そのため目的語には、**数量を表す言葉**がよくつきます。

⑩ 我_メ的_カ包_ら包_ら裡_カ有_ヨ一_イ包_ら餅_ら乾_ガ。
Wǒ de bāobāo lǐ yǒu yì bāo bǐnggān.

⑪ 那_ナ家_ヤ餐_ち廳_ラ裡_カ每_メ天_た都_カ有_ヨ很_ら多_{カヨ}女_ラ生_ら。
Nà jiā cāntīng lǐ měitiān dōu yǒu hěn duō nǚshēng.

Lesson 19の"在"と、この課の"有"の基本文型を比較してみると、語順がちょうど逆になっていることがわかります。

人やものがどこにあるか／いるか（所在）を表現する		
（特定の）人・もの	"在"	場所詞
⑫ 我_メ的_カ腳_ヤ踏_た車_そ Wǒ de jiǎotàchē	在_{アガ} zài	那_ナ裡_カ nàlǐ 。

何かがあるかないか（有無）、あるとしたらどのくらいあるかを表現する		
場所詞	"有"	（不特定の）人・もの
⑬ 那_ナ裡_カ Nàlǐ	有_ヨ yǒu	一_イ輛_カ腳_ヤ踏_た車_そ yí liàng jiǎotàchē 。

〈"在"＋場所詞〉という語順は、この後出てくるもう少し複雑な場所表現でも応用できるよ（▶ p. 161、197）。
だから、まずこれをセットで覚えて、それから、"有"の場合はこの逆の〈場所詞＋"有"〉だと覚えるといいよ！

Unit
2

20

"有"の基本的な用法

117

名 人を表す言葉

老人	lǎorén	ㄌㄠˇ ㄖㄣˊ	高齢者、老人
大人	dàrén	ㄉㄚˋ ㄖㄣˊ	大人
小孩	xiǎohái	ㄒㄧㄠˇ ㄏㄞˊ	子ども
小朋友	xiǎopéngyǒu	ㄒㄧㄠˇ ㄆㄥˊ ㄧㄡˇ	子ども（親しみを込めて言うときに使う）
女孩	nǚhái	ㄋㄩˇ ㄏㄞˊ	女の子（幼児から中学生ぐらいまで）
男孩	nánhái	ㄋㄢˊ ㄏㄞˊ	男の子（幼児から中学生ぐらいまで）
女生	nǚshēng	ㄋㄩˇ ㄕㄥ	女子、女の子、若い女性
男生	nánshēng	ㄋㄢˊ ㄕㄥ	男子、男の子、若い男性

名 食べ物③

點心	diǎnxīn	ㄉㄧㄢˇ ㄒㄧㄣ	おやつ、軽食、お菓子
小吃	xiǎochī	ㄒㄧㄠˇ ㄔ	軽食、B級グルメ
蛋糕	dàngāo	ㄉㄢˋ ㄍㄠ	ケーキ
巧克力	qiǎokèlì	ㄑㄧㄠˇ ㄎㄜˋ ㄌㄧˋ	チョコレート
餅乾	bǐnggān	ㄅㄧㄥˇ ㄍㄢ	ビスケット、クッキー
冰淇淋	bīngqílín	ㄅㄧㄥ ㄑㄧˊ ㄌㄧㄣˊ	アイスクリーム
三明治	sānmíngzhì	ㄙㄢ ㄇㄧㄥˊ ㄓˋ	サンドイッチ
漢堡	hànbǎo	ㄏㄢˋ ㄅㄠˇ	ハンバーガー

名 飲み物③

果汁	guǒzhī	ㄍㄨㄛˇ ㄓ	ジュース
可樂	kělè	ㄎㄜˇ ㄌㄜˋ	コーラ
汽水	qìshuǐ	ㄑㄧˋ ㄕㄨㄟˇ	ソーダ水（甘いものを指す）
氣泡水	qìpàoshuǐ	ㄑㄧˋ ㄆㄠˋ ㄕㄨㄟˇ	炭酸水（無糖のものを指すことが多い）

その他

附近	fùjìn	ㄈㄨˋ ㄐㄧㄣˋ	名 付近、近く、そのあたり
包	bāo	ㄅㄠ	量 〜袋、〜パック（包んだものや袋に入ったものを数える）

---

④台中にもMRTがあります。

⑤公園にお年寄りと子どもがたくさんいます。

⑥MRTの駅の近くに軽食屋はありますか。

⑦私の財布には2千元入っています。

⑧彼は本をたくさん持っています。

⑨彼のところには本がたくさんあります。

⑩私のかばんの中にビスケットが1袋あります。

⑪あのレストランには毎日女の子がたくさんいます。

⑫私の自転車はあそこにあります。

⑬あそこに自転車が1台あります。

1. 例を参考に語句を入れ替え、文を作りましょう。音読もしてみましょう。

① あの店には2種類の （例：サンドイッチ） がある。

▶▶▶ 那家店有兩種 （例：三明治） 。

この店にはたくさんの種類の ジュース／ソーダ水／炭酸水 がある。

▶▶▶ 這家店有很多種 ⬚ 。

② この部屋には （例：洗濯機） がない。

▶▶▶ 這間房間裡沒有 （例：洗衣機） 。

私のオフィスには 冷蔵庫／テレビ／ソファー がない。

▶▶▶ 我的辦公室裡沒有 ⬚ 。

2. （ ）の中に"在"か"有"を入れて文を完成させ、日本語に訳してください。

① 袋子裡（　　　）兩個漢堡和一瓶可樂。

② 媽媽昨天做的香蕉蛋糕（　　　）哪裡？

③ 這間旅館裡（　　　）兩隻很可愛的貓。

④ 冰淇淋店前面（　　　）一個男孩。

⑤ 他家裡（　　　）很多點心。

⑥ 京都（　　　）機場嗎？

⑦ 我現在（　　　）船上，你呢？

⑧ 那本詞典（　　　）劉老師的辦公室裡。

⑨ 這個餅乾裡（　　　）巧克力。

⑩ 店裡現在（　　　）七個大人和兩個小孩。

這家店的滷肉飯，我非常喜歡。

主題、フレーズの埋め込み

🎧 077

主題	主語	述語		
		副詞	動詞	目的語（フレーズ）
❶ 這家店的滷肉飯 Zhè jiā diàn de lǔròufàn	我 wǒ	非常 fēicháng	喜歡 xǐhuān	
この店のルーローハン　私は　大好きです				
❷ 打網球和游泳 Dǎ wǎngqiú hé yóuyǒng	我 wǒ	都 dōu	喜歡 xǐhuān	
テニスと水泳　私は　どちらも好きです				
❸	我 Wǒ		愛 ài	吃豆花 chī dòuhuā
私は　豆花（トウファ）が大好きです				
❹	我 Wǒ	不 bù	知道 zhīdào	他去不去 tā qù bú qù
私は　彼が行くかどうかわからない				

1 文の先頭に置かれ、これから話すテーマを表す語句を「**主題**」と呼びます。

⑤ 你這件褲子，我很喜歡。

Nǐ zhè jiàn kùzi, wǒ hěn xǐhuān.

⑥ 這些菜，我今天都不想吃。

Zhè xiē cài, wǒ jīntiān dōu bù xiǎng chī.

⑦ 九月我要去北海道旅遊。

Jiǔ yuè wǒ yào qù Běihǎidào lǚyóu.

主語の前にある時間詞も「主題」だよ！

★ 「主題」という文法用語をどう使うかについてはさまざまな考え方がありますが、本書では、「文の先頭にテーマとなる語句があり、その後にさらに動作主などが置かれて主語が２つあるように見えるときに、先頭の語句を『主題』と呼ぶ」ことにします。

⑧ 那雙鞋子很不錯。Nà shuāng xiézi hěn búcuò. ["那雙鞋子"は**主語**]

⑨ 那雙鞋子，我覺得很不錯。
Nà shuāng xiézi, wǒ juéde hěn búcuò. ["那雙鞋子"は**主題**、"我"が**主語**]

2 名詞（句）がよく使われる場所に、他のフレーズ（動詞句・形容詞句・主述句など）を埋め込むことができます。

⑩ 我很喜歡<u>台灣</u>。Wǒ hěn xǐhuān Táiwān.

⑪ 我很喜歡<u>打籃球</u>。Wǒ hěn xǐhuān dǎ lánqiú.

"打籃球"という動詞句が、"台灣"という名詞と同じ目的語の位置に埋め込まれているね。

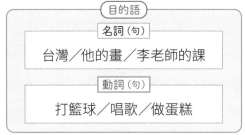

我很喜歡

目的語
名詞（句）
台灣／他的畫／李老師的課
動詞（句）
打籃球／唱歌／做蛋糕

台湾／
彼の絵／
李先生の授業

バスケットボールをする／
歌を歌う／
ケーキを作る

★ 「豆花が大好き」を、"愛吃豆花"（豆花を食べるのが大好き）と言うように（▶表❸）、日本語では名詞だけで言うことを、華語ではよく動詞も加えて表現します。

⑫ 我喜歡<u>踢足球</u>。Wǒ xǐhuān tī zúqiú.
「サッカー（をするの）が好き」

⑬ 我喜歡<u>看足球比賽</u>。Wǒ xǐhuān kàn zúqiú bǐsài.
「サッカー（の試合を見るの）が好き」

△ 我喜歡足球。

日本語の「サッカーが好き」は⑫⑬のどちらの意味も表すことができるけど、華語ではそれをはっきり言い分けるんだ。

★ その他の埋め込みの例

⑭ 我覺得**不太好**。　Wǒ juéde bú tài hǎo.　［目的語に形容詞句を埋め込み］

⑮ 我覺得**那個雞排太大了**。
Wǒ juéde nà ge jīpái tài dà le.　［目的語に主述句を埋め込み］

⑯ **走路去**比較方便。　Zǒu lù qù bǐjiào fāngbiàn.
［主語に動詞句を埋め込み］

⑰ **學中文**，我覺得**很有意思**。
Xué Zhōngwén, wǒ juéde hěn yǒu yìsi.　［主題に動詞句、目的語に形容詞句を埋め込み］

---

3 疑問詞疑問文や反復疑問文を利用した主述句も、他の文に埋め込むことができます。

(1) 疑問詞疑問文タイプの主述句の埋め込み

⑱ 我也不知道**他為什麼不來**。
Wǒ yě bù zhīdào tā wèishénme bù lái.

⑲ 我們都知道**她喜歡的男生是誰**。
Wǒmen dōu zhīdào tā xǐhuān de nánshēng shì shéi.

⑳ 你覺得**哪個最漂亮**？　Nǐ juéde nǎ ge zuì piàoliàng?

(2) 反復疑問文タイプの主述句の埋め込み

㉑ 我不知道**那家餐廳有沒有日文菜單**。
Wǒ bù zhīdào nà jiā cāntīng yǒu méi yǒu Rìwén càidān.

㉒ 我想知道**老闆明天要不要上班**。
Wǒ xiǎng zhīdào lǎobǎn míngtiān yào bú yào shàngbān.

★ ㉑㉒で埋め込まれたフレーズを、"嗎"を使った疑問文に入れ替えることはできません。

　　✕ 我不知道那家餐廳有日文菜單嗎。

　　✕ 我想知道老闆明天要上班嗎。

他の文の中に埋め込めるかどうかが、反復疑問文と
"嗎"を使った疑問文との一番大きな違いだよ！

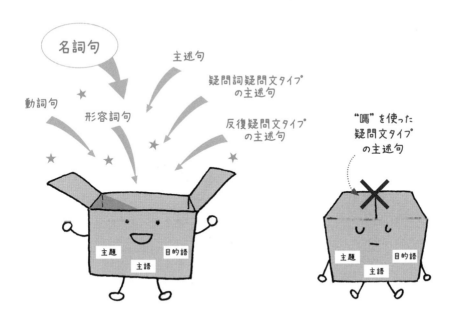

⑤ あなたのそのズボン、私はとても好きです。

⑥ これらの料理は、私は今日はどれも食べたくない。

⑦ 9月は、私は北海道へ旅行に行きます。

⑧ あの靴はなかなかいい。

⑨ あの靴、私はなかなかいいと思う。

⑩ 私は台湾がとても好きです。

⑪ 私はバスケットボールがとても好きです。

⑭ 私はあまりよくない気がする。

⑮ 私はあの鶏排は大きすぎると思う。

⑯ 歩いて行くほうが便利です。

⑰ 中国語を学ぶことは、私はおもしろいと思う。

⑱ 彼がなぜ来ないのかを私も知らない。

⑲ 彼女の好きな男の子が誰なのかを、私たちはみんな知っている。

⑳ あなたはどれが一番きれいだと思いますか。

㉑ 私はあのレストランに日本語のメニューがあるのかどうかわからない。

㉒ 私は社長が明日出勤するのかどうか知りたい。

動 基本動詞⑤

愛	ài	ㄞˋ	愛する、大好きである
覺得	juéde	ㄐㄩㄝˊ・ㄉㄜ	〜と思う、〜と感じる、〜気がする
踢	tī	ㄊㄧ	蹴る、（サッカーを）する
跑	pǎo	ㄆㄠˇ	走る

スポーツ

運動	yùndòng	ㄩㄣˋ ㄉㄨㄥˋ	名 動 スポーツ、運動（する）
比賽	bǐsài	ㄅㄧˇ ㄙㄞˋ	名 動 試合、競争（する）、競う
網球	wǎngqiú	ㄨㄤˇ ㄑㄧㄡˊ	名 テニス
棒球	bàngqiú	ㄅㄤˋ ㄑㄧㄡˊ	名 野球
籃球	lánqiú	ㄌㄢˊ ㄑㄧㄡˊ	名 バスケットボール
足球	zúqiú	ㄗㄨˊ ㄑㄧㄡˊ	名 サッカー
游泳	yóuyǒng	ㄧㄡˊ ㄩㄥˇ	水泳、泳ぐ
慢跑	mànpǎo	ㄇㄢˋ ㄆㄠˇ	ジョギングをする
跑步	pǎobù	ㄆㄠˇ ㄅㄨˋ	ランニングをする

名 食べ物④（その他の台湾グルメ ▶ p. 148）

滷肉飯	lǔròufàn	ㄌㄨˇ ㄖㄡˋ ㄈㄢˋ	滷肉飯（ルーローファン：豚バラごはん）
小籠包	xiǎolóngbāo	ㄒㄧㄠˇ ㄌㄨㄥˊ ㄅㄠ	小籠包
臭豆腐	chòudòufǔ	ㄔㄡˋ ㄉㄡˋ ㄈㄨˇ	臭豆腐
蛋餅	dànbǐng	ㄉㄢˋ ㄅㄧㄥˇ	蛋餅（タンピン：卵入りクレープ）
雞排	jīpái	ㄐㄧ ㄆㄞˊ	鶏排（ジーパイ：チキンカツ、鶏唐揚げ）
豆花	dòuhuā	ㄉㄡˋ ㄏㄨㄚ	豆花（トウファ：豆乳プリン）

その他

菜單	càidān	ㄘㄞˋ ㄉㄢ	名 メニュー
方便	fāngbiàn	ㄈㄤ ㄅㄧㄢˋ	形 便利である
為什麼	wèishénme	ㄨㄟˋ ㄕㄣˊ・ㄇㄜ	なぜ、どうして
有意思	yǒu yìsi	ㄧㄡˇ ㄧˋ・ㄙ	おもしろい、興味深い
太……了	tài......le	ㄊㄞˋ ……・ㄌㄜ	とても〜だ、〜すぎる

🎧 079

1. 例を参考に語句を入れ替え、フレーズや文を作りましょう。音読もしてみましょう。

① （例：ランニング）が好きだ ▶▶▶ 喜歡 （例：跑步）

スポーツ／野球をするの／音楽を聞くの が好きだ

▶▶▶ 喜歡 ⬚

② （例：この本）読む？ ▶▶▶ （例：這本書）你看嗎？

あのズボン／あのスカート／この靴 はく？ ▶▶▶ ⬚ 你穿嗎？

③ （例：彼女の仕事が何なのか）わからない。

▶▶▶ 我不知道 （例：她的工作是什麼）。

今何時か／彼がいつ来るのか／トイレがどこにあるのか わからない。

▶▶▶ 我不知道 ⬚ 。

2. 次の発音や漢字が表す華語を日本語にしましょう。

① Dā jiéyùn bǐjiào piányí.　ㄉㄚ ㄐㄧㄝˊ ㄩㄣˋ ㄅㄧˇ ㄐㄧㄠˋ ㄆㄧㄢˊ ㄧˊ.

② Wǒ juéde tā dìdi tài kěài le.
　ㄨㄛˇ ㄐㄩㄝˊ ˙ㄉㄜ ㄊㄚ ㄉㄧˋ ˙ㄉㄧ ㄊㄞˋ ㄎㄜˇ ㄞˋ ˙ㄌㄜ.

③ 滷肉飯我很喜歡，臭豆腐我不太喜歡。

④ 有牛奶的東西他都不吃。

⑤ 那間超市你覺得怎麼樣？

3. （　）の中に入れる語句として適切なものを右から選び、日本語に合う文を完成させましょう。

① タンピンと豆花、どちらも食べたい。
蛋餅（　）豆花，我（　）想吃。

② 彼が今どこにいるのか、私は知っています。
我知道他現在（　）（　）。

③ 彼はどんなスポーツが好きなのか、私もわかりません。
我（　）不知道他喜歡（　）運動。

④ ダンスを習うのは、おもしろいと思いますか。
（　）跳舞，你覺得（　）嗎？

學	哪裡
都	什麼
和	那裡
也	怎麼
在	有意思

解答 ▶ p. 241

125

他先回家了。

"了"の用法1 ―基本的な用法　　🎧 080

主語	述語						
	時間詞	副詞	**動詞**	目的語	"了"	"嗎／沒有"	
❶ 她 Tā			**來** lái		了 le		肯定文
	彼女は　来ました						
❷ 他 Tā		先 xiān	**回** huí	家 jiā	了 le		肯定文
	彼は　先に家に帰りました						
❸ 我 Wǒ	昨天 zuótiān	沒 méi	**吃** chī	藥 yào			否定文
	私は　昨日薬を〈飲まなかった／飲んでいない〉						
❹ 你 Nǐ			**買** mǎi	票 piào	了 le	嗎 ma ／沒有 méi yǒu	疑問文
	あなたは　チケットを買いましたか						

　動作の完了や状況の変化を表す"了"は、「～した」「～になる／なった」のような日本語に対応します。この課では、まずそのうちの「～した」に対応するものから学習しましょう。

1　"了"を置く場所は、組み合わせる語句や表現したい内容によって変わります。
　もし目的語がなければ、"了"は動詞の直後に置きます。

⑤ 我懂了。　Wǒ dǒng le.

⑥ 客人都到了。　Kèrén dōu dào le.

⑦ 林小姐已經走了。　Lín xiǎojiě yǐjīng zǒu le.

2 簡単な形の目的語がある場合、"了"は目的語の後に置き、〈動詞＋目的語＋"了"〉の語順にするのが原則です。

⑧ 我 ㄨㄛˇ 早 ㄗㄠˇ 上 ㄕㄤˋ 吃 ㄔ 蛋 ㄉㄢˋ 餅 ㄅㄧㄥˇ 了 ㄌㄜ 。　Wǒ zǎoshàng chī dànbǐng le.

⑨ 我 ㄨㄛˇ 已 ㄧˇ 經 ㄐㄧㄥ 寫 ㄒㄧㄝˇ 功 ㄍㄨㄥ 課 ㄎㄜˋ 了 ㄌㄜ 。　Wǒ yǐjīng xiě gōngkè le.

※目的語に修飾語がついて簡単な形ではなくなると、"了"を置く場所が変わります。▶ **p. 132**

3 〈動詞（＋目的語）＋"了"〉の否定は、〈"沒（有）"＋動詞（＋目的語）〉です。"了"のない場合と比較してみましょう。

⑩ 來 ㄌㄞˊ （来る）　　⇔　　不 ㄅㄨˋ 來 ㄌㄞˊ （来ない）bù lái

⑪ 來 ㄌㄞˊ 了 ㄌㄜ lái le（来た）　⇔　　沒 ㄇㄟˊ （有 ㄧㄡˇ ）來 ㄌㄞˊ méi (yǒu) lái（来なかった／来ていない）

★ "來了"の否定は"不來了"ではないことに注意しましょう。"不來了"という言い方そのものは間違いではありませんが、意味が異なります。▶ **p. 139**

"沒（有）"で否定するときは、"了"をつけないでね！

來

不來

來了

沒（有）來

4 否定の〈"沒(有)"+動詞（＋目的語）〉は、日本語の「～しなかった」や「～していない」に対応します。

⑫ 我ᵂᵒ昨ᶻᵘᵒ天ᵀᶦᵃⁿ沒ᴹᵉᶦ（有ᵞᵒᵘ）吃ᶜʰᶦ晚ᵂᵃⁿ餐ᶜᵃⁿ。　Wǒ zuótiān méi (yǒu) chī wǎncān.
→私は昨日晩ご飯を食べなかった／私は昨日晩ご飯を食べていない

⑬ 我ᵂᵒ上ˢʰᵃⁿᵍ個ᵍᵉ禮ᴸᶦ拜ᴮᵃᶦ沒ᴹᵉᶦ（有ᵞᵒᵘ）開ᴷᵃᶦ車ᶜʰᵉ。
Wǒ shàng ge lǐbài méi (yǒu) kāi chē.
→私は先週車を運転しなかった／私は先週車を運転していない

⑭ 他ᵀᵃ也ᵞᵉ沒ᴹᵉᶦ（有ᵞᵒᵘ）打ᴰᵃ掃ˢᵃᵒ房ᶠᵃⁿᵍ間ᴶᶦᵃⁿ。　Tā yě méi (yǒu) dǎsǎo fángjiān.
→彼も部屋を掃除しなかった／彼も部屋を掃除していない

「～しなかった」も「～していない」も〈"沒(有)"＋動詞（＋目的語）〉で表せることを覚えておくと便利だよ！

★ "沒"の前に"還"（まだ）をつけると、「まだ～していない」という意味になります。

⑮ 他ᵀᵃ們ᴹᵉⁿ都ᴰᵒᵘ還ᴴᵃᶦ沒ᴹᵉᶦ洗ˣᶦ澡ᶻᵃᵒ。　Tāmen dōu hái méi xǐzǎo.

⑯ 小ˣᶦᵃᵒ李ᴸᶦ怎ᶻᵉⁿ麼ᴹᵉ還ᴴᵃᶦ沒ᴹᵉᶦ來ᴸᵃᶦ呢ⁿᵉ？　Xiǎo Lǐ zěnme hái méi lái ne?

"洗澡"はひとつの単語のように使うことが多いけど、"洗"と"澡"を分けて使うこともできるから、〈動詞＋目的語〉の形とも言えるんだ。こういう、くっついたり離れたりする語のことを「離合詞」と呼ぶよ。

5 疑問文は、文末に"嗎"か"沒(有)"をつけます。

⑰ 警ᴶᶦⁿᵍ察ᶜʰᵃ來ᴸᵃᶦ了ᴸᵉ嗎ᴹᵃ？　Jǐngchá lái le ma?

警ᴶᶦⁿᵍ察ᶜʰᵃ來ᴸᵃᶦ了ᴸᵉ沒ᴹᵉᶦ（有ᵞᵒᵘ）？　Jǐngchá lái le méi (yǒu)?

— 來ᴸᵃᶦ了ᴸᵉ。　Lái le.　／沒ᴹᵉᶦ（有ᵞᵒᵘ）來ᴸᵃᶦ。　Méi (yǒu) lái.

／還ᴴᵃᶦ沒ᴹᵉᶦ來ᴸᵃᶦ。　Hái méi lái.

⑱ 你ᴺᶦ們ᴹᵉⁿ已ᵞᶦ經ᴶᶦⁿᵍ上ˢʰᵃⁿᵍ車ᶜʰᵉ了ᴸᵉ嗎ᴹᵃ？　Nǐmen yǐjīng shàng chē le ma?

⑲ 教ᴶᶦᵃᵒ室ˢʰᶦ裡ᴸᶦ的ᵈᵉ燈ᴰᵉⁿᵍ，你ᴺᶦ關ᴳᵘᵃⁿ了ᴸᵉ沒ᴹᵉᶦ（有ᵞᵒᵘ）？
Jiàoshì lǐ de dēng, nǐ guān le méi (yǒu)?

話し言葉では、反復疑問文の最後の"有"はよく省略されるよ！

★ "沒（有）" をつけると反復疑問文になるので、他の文の中に埋め込むこともできます。 ▶ **p. 122**

⑳ 我ㄨˇ不ㄅㄨˋ知ㄓ道ㄉㄠˋ警ㄐㄧㄥˇ察ㄔㄚˊ來ㄌㄞˊ了ㄌㄜ沒ㄇㄟˊ（有ㄧㄡˇ）。
Wǒ bù zhīdào jǐngchá lái le méi (yǒu).

他の文に埋め込めるかどうかが、反復疑問文と "嗎" を使った疑問文との一番大きな違いだったね！

6 連動文に "了" をつけるときは、 <u>2つめの動詞句の後</u>に置きます。

㉑ 上ㄕㄤˋ個ㄍㄜ˙星ㄒㄧㄥ期ㄑㄧˊ天ㄊㄧㄢ我ㄨˇ去ㄑㄩˋ<u>慢ㄇㄢˋ跑ㄆㄠˇ</u>了ㄌㄜ。
Shàng ge xīngqí tiān wǒ qù mànpǎo le.

㉒ 我ㄨˇ早ㄗㄠˇ上ㄕㄤˋ帶ㄉㄞˋ女ㄋㄩˇ兒ㄦˊ<u>去ㄑㄩˋ醫ㄧ院ㄩㄢˋ</u>了ㄌㄜ。
Wǒ zǎoshàng dài nǚér qù yīyuàn le.

⑤ 私は理解しました。	⑰ 警察は来ましたか。
⑥ お客さんはみんな到着しました。	─来ました。／来ませんでした・来ていません。／まだ来ていません。
⑦ 林さんはもう帰りました。	
⑧ 私は朝タンピンを食べた。	⑱ きみたちはもう乗った？
⑨ 私はもう宿題をしました。	⑲ 教室の電気は消した？
⑮ 彼らはみんなまだシャワーを浴びていない。	⑳ 私は警察が来たかどうかわかりません。
⑯ 〈李くん／李ちゃん〉はどうしてまだ来ていないの？	㉑ 先週の日曜日、私はジョギングに行きました。
	㉒ 私は朝娘を連れて病院へ行きました。

動 基本動詞⑥

開	kāi	ㄎㄞ	開ける、開く、機器のスイッチをオンにする、運転する
關	guān	ㄍㄨㄢ	閉める、閉まる、機器のスイッチをオフにする
上	shàng	ㄕㄤˋ	上がる、登る、乗る (乗り込む動作を表す)
下	xià	ㄒㄧㄚˋ	下りる、下る、降りる、(雨、雪が) 降る
懂	dǒng	ㄉㄨㄥˇ	わかる、理解する
到	dào	ㄉㄠˋ	着く、到着する
帶	dài	ㄉㄞˋ	連れる、携帯する、持つ
休息	xiūxí	ㄒㄧㄡ ㄒㄧˊ	休む、休憩する、(店舗等が) 閉まっている
煮	zhǔ	ㄓㄨˇ	煮る、沸かす、(ご飯などを) 作る

家事

打掃	dǎsǎo	ㄉㄚˇ ㄙㄠˇ	動 掃除をする
煮飯	zhǔ fàn	ㄓㄨˇ ㄈㄢˋ	ご飯を作る、料理をする
洗碗	xǐ wǎn	ㄒㄧˇ ㄨㄢˇ	食器を洗う
洗衣服	xǐ yīfú	ㄒㄧˇ ㄧ ㄈㄨˊ	洗濯する
買菜	mǎi cài	ㄇㄞˇ ㄘㄞˋ	食材を買う

時間詞③

上個月	shàng ge yuè	ㄕㄤˋ ·ㄍㄜ ㄩㄝˋ	先月
這個月	zhè ge yuè	ㄓㄜˋ ·ㄍㄜ ㄩㄝˋ	今月
下個月	xià ge yuè	ㄒㄧㄚˋ ·ㄍㄜ ㄩㄝˋ	来月
上個禮拜／ 上個星期	shàng ge lǐbài/ shàng ge xīngqí	ㄕㄤˋ ·ㄍㄜ ㄌㄧˇ ㄅㄞˋ／ ㄕㄤˋ ·ㄍㄜ ㄒㄧㄥ ㄑㄧˊ	先週
這個禮拜／ 這個星期	zhè ge lǐbài/ zhè ge xīngqí	ㄓㄜˋ ·ㄍㄜ ㄌㄧˇ ㄅㄞˋ／ ㄓㄜˋ ·ㄍㄜ ㄒㄧㄥ ㄑㄧˊ	今週
下個禮拜／ 下個星期	xià ge lǐbài/ xià ge xīngqí	ㄒㄧㄚˋ ·ㄍㄜ ㄌㄧˇ ㄅㄞˋ／ ㄒㄧㄚˋ ·ㄍㄜ ㄒㄧㄥ ㄑㄧˊ	来週

その他

燈	dēng	ㄉㄥ	名 (照明用) 電気、明かり、ランプ
還	hái	ㄏㄞˊ	副 まだ、さらに、もっと
已經	yǐjīng	ㄧˇ ㄐㄧㄥ	副 もう、すでに
了	le	·ㄌㄜ	助 ～た、～になる、～になった (完了や変化を表す)

🎧 082

1. 例を参考に語句を入れ替え、フレーズを作りましょう。音読もしてみましょう。

① もう （例：食器を洗っ） た　　▶▶▶ 已經 （例：洗碗） 了

　 もう 洗濯をし／弁当を作っ／出かけ た ▶▶▶ 已經 ⬚ 了

② （例：食材を買わ） なかった　▶▶▶ 沒 （例：買菜）

　 働か／休ま／結婚し なかった ▶▶▶ 沒 ⬚

③ まだ （例：出勤し） ていない　　　▶▶▶ 還沒 （例：上班）

　 まだ 寝／ご飯を作っ／テレビを買っ ていない ▶▶▶ 還沒 ⬚

2. 次の華語を日本語にしましょう。

① Wǒ yǐjīng mǎi kèběn le. ㄨㄛˇ ㄧˇ ㄐㄧㄥ ㄇㄞˇ ㄎㄜˋ ㄅㄣˇ ˙ㄌㄜ.

② Tā zuótiān méi huí jiā. ㄊㄚ ㄗㄨㄛˊ ㄊㄧㄢ ㄇㄟˊ ㄏㄨㄟˊ ㄐㄧㄚ.

③ 我知道你今天沒吃午餐。

④ 早安，你起床了嗎？

⑤ 你洗手了沒有？

3. 次の語句を並べ替えて、日本語に合う文を完成させましょう。

① 私はもう家に着きました。

　 我 ‖ 到家 ‖ 了 ‖ 已經

② 黄さんは帰りましたか。

　 嗎 ‖ 走 ‖ 了 ‖ 黃先生

③ 娘は買い物に行きました。

　 了 ‖ 買東西 ‖ 去 ‖ 我女兒

④ 彼がコンピュータを買ったのかどうかわかりません。

　 沒有 ‖ 了 ‖ 我不知道 ‖ 他買電腦

⑤ どうしてまだ料理を注文していないの？

　 你怎麼 ‖ 呢 ‖ 點菜 ‖ 還沒

Unit
2

22
•••
"了" の用法 1

我昨天喝了一瓶很甜的綠茶。

"了"の用法2 ─目的語の形と"了"の位置

🎧 083

主語	述語						
	時間詞 副詞	動詞	"了"	目的語			"了"
				数量詞	その他の修飾語	名詞	
① 我 Wǒ	已經 yǐjīng	買 mǎi				地圖 dìtú	了 le
私は　もう地図を買いました							
② 他 Tā		做 zuò	了 le	十個 shí ge		包子 bāozi	
彼は　包子を 10 個作りました							
③ 我 Wǒ	昨天 zuótiān	喝 hē	了 le	一瓶 yì píng	很甜的 hěn tián de	綠茶 lǜchá	
私は　昨日甘い緑茶を1瓶飲みました							

---

1 Lesson 22では、"了"の基本文型として、目的語が簡単な形の名詞の場合を学びました。〈動詞＋目的語＋"了"〉でしたね（▶ p. 127）。
ところが、目的語に数量を表す言葉（数量詞）がつくと、〈動詞＋"了"＋目的語（数量詞＋名詞）〉という語順になり、"了"が目的語の前に置かれます。比較してみましょう。

④ 我中午吃漢堡了。 Wǒ zhōngwǔ chī hànbǎo le.

[目的語が簡単な形の名詞なので、"了"は目的語の後に置く]

⑤ 我中午吃了兩個漢堡。

Wǒ zhōngwǔ chī le liǎng ge hànbǎo.

[目的語に数量詞がついているので、"了"は目的語の前（動詞の直後）に置く]

> 目的語が名詞だけの簡単な形か、それとも
> 数量などの修飾語がついているかどうかで、
> "了"の位置が変わるよ！

⑥ 哥哥又買了一支手機。 Gēge yòu mǎi le yì zhī shǒujī.

⑦ 他們今天學了幾個字？ Tāmen jīntiān xué le jǐ ge zì?

⑧ 我去年一共看了五十二本書。
Wǒ qùnián yígòng kàn le wǔshíèr běn shū.

⑨ 我們上個禮拜看了兩場棒球比賽。
Wǒmen shàng ge lǐbài kàn le liǎng chǎng bàngqiú bǐsài.

★ 目的語の名詞が省略されているときも、数量詞があれば"了"は動詞の直後（数量詞の前）に
　置いて、〈動詞＋"了"＋数量詞〉という語順にします。

⑩ 英文課的報告，我已經寫了三十行。
Yīngwén kè de bàogào, wǒ yǐjīng xiě le sānshí háng

⑪ 這家店的牛肉真好吃，我吃了十片。
Zhè jiā diàn de niúròu zhēn hǎochī, wǒ chī le shí piàn.

2 すでに終わった動作について言うときに、目的語に何か修飾語がついていたら、数量詞
も加えるのが普通です。そのとき"了"は、やはり目的語の前（動詞の直後）に置き、〈動詞
＋"了"＋目的語（数量詞＋修飾語＋名詞）〉という語順にします。

⑫ 我買了一條很好看的裙子。
Wǒ mǎi le yì tiáo hěn hǎokàn de qúnzi.

△ 我買了很好看的裙子。

✕ 我買很好看的裙子了。

133

⑬ 我聽了一個非常有趣的故事。

Wǒ tīng le yí ge fēicháng yǒuqù de gùshì.

⑭ 我前天看了一張很奇怪的畫。

Wǒ qiántiān kàn le yì zhāng hěn qíguài de huà.

⑮ 我寫了一些很短的句子。

Wǒ xiě le yì xiē hěn duǎn de jùzi.

⑯ 我早上買了兩條很新鮮的魚。

Wǒ zǎoshàng mǎi le liǎng tiáo hěn xīnxiān de yú.

数量が1のときは、日本語ではわざわざ数を言わないことが多いよね。

④ 私はお昼にハンバーガーを食べた。	⑩ 英語の授業のレポートは、もう30行書きました。
⑤ 私はお昼にハンバーガーを2つ食べた。	⑪ この店の牛肉は本当においしい。私は10切れ食べた。
⑥ 兄はまた携帯電話を1台買った。	⑫ 私はかわいいスカートを（1枚）買いました。
⑦ 彼らは今日字をいくつ学びましたか。	⑬ 私は非常におもしろい物語を（1つ）聞きました。
⑧ 私は去年本を全部で52冊読みました。	⑭ 私は一昨日奇妙な絵を（1枚）見ました。
⑨ 私たちは先週、野球の試合を2回見ました。	⑮ 私は短い文をいくつか書きました。
	⑯ 私は朝、新鮮な魚を2匹買った。

名 言葉②

語言	yǔyán	ㄩˇ ㄧㄢˊ	言語、言葉
字	zì	ㄗˋ	字
句子	jùzi	ㄐㄩˋ ・ㄗ	文
故事	gùshì	ㄍㄨˋ ㄕˋ	物語、ストーリー、話

形 基本形容詞③

長	cháng	ㄔㄤˊ	長い
短	duǎn	ㄉㄨㄢˇ	短い
新鮮	xīnxiān	ㄒㄧㄣ ㄒㄧㄢ	新鮮である
有趣	yǒuqù	ㄧㄡˇ ㄑㄩˋ	おもしろい、興味深い
好看	hǎokàn	ㄏㄠˇ ㄎㄢˋ	見た目がよい（きれいである、かわいい、かっこいい）、(本・映画などが) おもしろい
奇怪	qíguài	ㄑㄧˊ ㄍㄨㄞˋ	奇妙である、おかしい、不思議である

量 基本量詞③

條	tiáo	ㄊㄧㄠˊ	～本 (長さや幅のあるものを数える)
片	piàn	ㄆㄧㄢˋ	～切れ (スライスされたものやかけらを数える)
支	zhī	ㄓ	～個、～台
部	bù	ㄅㄨˋ	～部、～本 (映画・ドラマなどの作品を数える)
場	chǎng	ㄔㄤˇ	～回 (映画、試合、試験、自然現象などを数える)
份	fèn	ㄈㄣˋ	～セット、～人前、～部
道	dào	ㄉㄠˋ	～品 (料理の種類を数える)
歲	suì	ㄙㄨㄟˋ	～歳
行	háng	ㄏㄤˊ	～行

その他

地圖	dìtú	ㄉㄧˋ ㄊㄨˊ	名 地図
報告	bàogào	ㄅㄠˋ ㄍㄠˋ	名 レポート、報告書 動 報告する、(人前で) 発表する
又	yòu	ㄧㄡˋ	副 また

ひとことコラム！

台湾では甘いお茶がたくさん売られていて、"微糖"(wéitáng ㄨㄟˊ ㄊㄤˊ ／甘さ控え目)と書かれた緑茶やウーロン茶でも、知らずに飲むとその甘さにびっくりします。甘くないお茶がほしいときは、"無糖"(wútáng ㄨˊ ㄊㄤˊ)と書かれているものを選んでくださいね。

1. 例を参考に語句を入れ替え、文を作りましょう。音読もしてみましょう。

① （例：小籠包を2人前）食べた。 ▶▶▶ 我吃了 （例：兩份小籠包）。

牛肉麺を1杯／サンドイッチを2人前／アイスを3個 注文した。

▶▶▶ 我點了 _____ 。

② （例：料理を何品）作ったの？ ▶▶▶ 你做了 （例：幾道菜）？

ミカンを何個／肉を何切れ／クッキーを何袋 食べたの？

▶▶▶ 你吃了 _____ ？

③ （例：長い映画）を見た。 ▶▶▶ 我看了 （例：一部很長的電影）。

安い車／短いスカート／有名なケーキ を買った。

▶▶▶ 我買了 _____ 。

2. 次の発音や漢字が表す華語を日本語にしましょう。

① xiě le hěn duō xìn　ㄒㄧㄝˇ ·ㄌㄜ ㄏㄣˇ ㄉㄨㄛ ㄒㄧㄣˋ

② mǎi le yì tiáo kùzi　ㄇㄞˇ ·ㄌㄜ ㄧˋ ㄊㄧㄠˊ ㄎㄨˋ·ㄗ

③ 我看了一本很好看的書。

④ 我吃了一份非常好吃的雞排。

⑤ 今天參加的人比較多，我點了 20 杯飲料。

3. 次の語句を並べ替えて、日本語に合う文を完成させましょう。

① きみたちはビールを合計で何本飲みましたか。

了‖你們‖一共喝‖幾瓶啤酒

② 娘はもうバイクを買いました。

我女兒‖了‖機車‖已經買

③ 英語の授業の時、先生は2種類の言語を使いました。

老師用‖兩種語言‖了‖上英文課的時候

④ 私も彼も手を洗いました。

洗‖了‖我和他都‖手

沒有時間了。

"了"の用法3 —変化を表す"了"

🎧 086

主語	述語				
	時間詞	助動詞 副詞	動詞 形容詞	目的語	"了"
❶		沒 Méi	有 yǒu	時間 shíjiān	了 le
	時間がなくなった				
❷	兩點 Liǎng diǎn				了 le
	2時になった				
❸	我 Wǒ	想 xiǎng	哭 kū		了 le
	私は　泣きたくなった				
❹	我 Wǒ	不 bú	去 qù		了 le
	私は　行かなくなった、行かないことにする／行かないことにした、行くのをやめる／行くのをやめた				
❺	我 Wǒ	以前 yǐqián	常常 chángcháng	去 qù	大阪 Dàbǎn
	私は　以前はよく大阪に行っていた				

　この課では、"了"の用法のうち、「変化の"了"」と呼ばれるものについて学びます。
　変化の"了"には、日本語の「～になる／なった」に対応するものがたくさんありますので、それをヒントにして意味を考えるとよいでしょう。

1 まず、"了"がある場合とない場合とを比較しながら、"了"がどんな「変化」を表しているのかを見てみましょう。

⑥ 我沒有錢了。 Wǒ méi yǒu qián le.
「お金がある」という状態から「お金がない」という状態に変化した→お金がなくなった。

⑦ 我沒有錢。 Wǒ méi yǒu qián.
それまでお金があったかどうかはわからない→お金がない。

> 変化の"了"は、節や文の最後（"，"や"。"の直前）に置いてね。

我沒有錢了。

有錢　変化　沒有錢

？　我沒有錢。

★ このような違いがあるため、以下のような変化を伝えようとしている例では、どうしても"了"が必要になります。

⑧ 他本來不喜歡吃臭豆腐，後來喜歡了。 Tā běnlái bù xǐhuān chī chòu dòufǔ, hòulái xǐhuān le.

2 「変化の"了"」がよく使われる文型を見てみましょう。
以下の例の"了"は、いずれも「〜だった」という過去を表すものではなく、「〜になる／なった」という変化を表しています。

⑴ 〈時刻、年齢、季節など、時間の流れをイメージできる名詞句＋"了"〉

⑨ 你兒子今年幾歲了？ Nǐ érzi jīnnián jǐ suì le?
　　― 他六歲了。 Tā liù suì le.

⑩ 春天了。 Chūntiān le.

(2) 〈**形容詞／助動詞＋"了"**〉

⑪ 他ㄊㄚ 瘦ㄕㄡˋ 了ㄌㄜ 。 Tā shòu le.

⑫ 我ㄨㄛˇ 應ㄧㄥ 該ㄍㄞ 回ㄏㄨㄟˊ 家ㄐㄧㄚ 了ㄌㄜ 。 Wǒ yīnggāi huí jiā le.

⑬ 他ㄊㄚ 說ㄕㄨㄛ 那ㄋㄚˋ 裡ㄌㄧˇ 的ㄉㄜ 風ㄈㄥ 景ㄐㄧㄥˇ 很ㄏㄣˇ 美ㄇㄟˇ ，我ㄨㄛˇ 也ㄧㄝˇ 想ㄒㄧㄤˇ 去ㄑㄩˋ 了ㄌㄜ 。
Tā shuō nàlǐ de fēngjǐng hěn měi, wǒ yě xiǎng qù le.

(3) 〈**"不"＋動詞＋"了"**〉

⑭ 她ㄊㄚ 先ㄒㄧㄢ 生ㄕㄥ <u>不ㄅㄨˋ</u> <u>喝ㄏㄜ</u> <u>酒ㄐㄧㄡˇ</u> 了ㄌㄜ 。 Tā xiānshēng bù hē jiǔ le

⑮ 我ㄨㄛˇ 爸ㄅㄚˋ 爸ㄅㄚ <u>不ㄅㄨˋ</u> <u>開ㄎㄞ</u> <u>車ㄔㄜ</u> 了ㄌㄜ 。 Wǒ bàba bù kāi chē le.

⑯ 週ㄓㄡ 末ㄇㄛˋ 的ㄉㄜ 活ㄏㄨㄛˊ 動ㄉㄨㄥˋ ，他ㄊㄚ 為ㄨㄟˋ 什ㄕㄣˊ 麼ㄇㄜ <u>不ㄅㄨˋ</u> <u>參ㄘㄢ 加ㄐㄧㄚ</u> 了ㄌㄜ ？
Zhōumò de huódòng, tā wèishénme bù cānjiā le?

> ⑭～⑯は全部、「～しなかった」という意味
> ではなく、「～しなくなった、するのをやめた」と
> いう意味だよ！

★ "來了"の否定は"沒(有)來"で、"不來了"ではありません（▶ **p. 127**）。
しかし、"不來了"そのものが間違いというわけではなく、「変化の"了"」の文型としてなら使
えるのです。比較してみましょう。

⑰ 他ㄊㄚ 今ㄐㄧㄣ 天ㄊㄧㄢ <u>沒ㄇㄟˊ (有ㄧㄡˇ) 來ㄌㄞˊ</u> 。 Tā jīntiān méi (yǒu) lái.
→「彼は今日〈来なかった／来ていない〉」…"他今天來了"の否定

⑱ 他ㄊㄚ 今ㄐㄧㄣ 天ㄊㄧㄢ <u>不ㄅㄨˋ 來ㄌㄞˊ</u> 了ㄌㄜ 。 Tā jīntiān bù lái le.
→「彼は今日〈来なくなった／来るのをやめた〉」…「"不來"になった」という変化を表す

"了"には「〜た」と訳せるものがたくさんあるので、「過去」を表すものだと考えがちですが、そうではありません。過去のことでなくても"了"がつくことがよくある一方で、過去のことでも"了"がつかないこともよくあります。

過去のことでも"了"をつけないケースとして、まず次の3つの条件を覚えておきましょう。

---

1. 動作が繰り返し行われることを表現するとき
2. 形容詞述語文
3. "是"述語文

「完了」とも「変化」とも関係がない場合は、過去のことでも"了"がつかないんだ！

---

⑲ 我上個月每天都去慢跑。

Wǒ shàng ge yuè měitiān dōu qù mànpǎo.

⑳ 昨天很熱。 Zuótiān hěn rè.

㉑ 張先生以前是醫生。 Zhāng xiānshēng yǐqián shì yīshēng.

---

⑧ 彼はもともと臭豆腐が好きじゃなかったけれど、その後好きになった。	⑭ 彼女の旦那さんはお酒を飲むのをやめました。
⑨ 息子さんは今年でいくつになったの？ —6歳になったよ。	⑮ 私の父は車の運転をやめました。
	⑯ 週末のイベント、彼はなぜ参加するのをやめたのですか。
⑩ 春になった。	⑲ 私は先月、毎日ジョギングに行っていた。
⑪ 彼は痩せた。	⑳ 昨日は暑かった。
⑫ 私は家に帰らなければならなくなった。	㉑ 張さんは以前医者でした。
⑬ 彼があそこの景色は美しいと言うから、私も行きたくなった。	

形 基本形容詞④

飽	bǎo	ㄅㄠˇ	お腹がいっぱいである
餓	è	ㄜˋ	お腹がすいている
渇	kě	ㄎㄜˇ	のどが渇いている
胖	pàng	ㄆㄤˋ	太っている
痩	shòu	ㄕㄡˋ	痩せている
新	xīn	ㄒㄧㄣ	新しい
舊	jiù	ㄐㄧㄡˋ	古い
累	lèi	ㄌㄟˋ	疲れている

名 時間詞④

最近	zuìjìn	ㄗㄨㄟˋ ㄐㄧㄣˋ	最近、近いうちに
以前	yǐqián	ㄧˇ ㄑㄧㄢˊ	以前、〜までに
以後	yǐhòu	ㄧˇ ㄏㄡˋ	以後、〜以降、将来
後來	hòulái	ㄏㄡˋ ㄌㄞˊ	その後、それから
週末／周末	zhōumò	ㄓㄡ ㄇㄛˋ	週末

その他

風景	fēngjǐng	ㄈㄥ ㄐㄧㄥˇ	**名** 景色、風景
活動	huódòng	ㄏㄨㄛˊ ㄉㄨㄥˋ	**名** 活動、行事、イベント、キャンペーン
笑	xiào	ㄒㄧㄠˋ	**動** 笑う
哭	kū	ㄎㄨ	**動** 泣く
本來	běnlái	ㄅㄣˇ ㄌㄞˊ	**副** 本来、もともと

ひとことコラム！

— ★ — ★ — ★ — ★ — ★ — ★ — ★ — ★ —

華語の"活動"は、「活動／イベント／行事」の意味で使うほか、"促銷活動"（cùxiāo huódòng ㄘㄨˋ ㄒㄧㄠ ㄏㄨㄛˊ ㄉㄨㄥˋ／販促キャンペーン）のような使い方もあります。特によく見かけるのは、コンビニ。「1個買ったら1個無料！」「ポイントを集めて○○グッズをもらおう！」「抽選で割引！」のようなさまざまな販促キャンペーンが1年中行われているのです。お得に買い物ができる"活動"もたくさんあるので、上手に利用してくださいね。

★ — ★ — ★ — ★ — ★ — ★ — ★ — ★ — ★ — ★ —

Unit
2
24
●●●
"了"の用法3

1. 例を参考に語句を入れ替え、フレーズを作りましょう。音読もしてみましょう。

① もう （例：疲れ） た　　　　▶▶▶ 已經 （例：累） 了

　 もう お腹が空い／のどが渇い／古くなっ た ▶▶▶ 已經 ☐ 了

② （例：食べる） のをやめた　　▶▶▶ 不 （例：吃） 了

　 言う／歌う／着る のをやめた ▶▶▶ 不 ☐ 了

③ （例：新しい携帯電話を買い） たくなった ▶▶▶ 想 （例：買新的手機） 了

　 台湾語を学び／小籠包を食べ／タピオカミルクティーを飲み たくなった

　　　　　　　　　　　　　　　　　▶▶▶ 想 ☐ 了

2. 次の発音や漢字が表す華語を日本語にしましょう。

① Tā nǚér jīnnián shíbā suì le.
　 ㄊㄚ ㄋㄩˇ ㄦˊ ㄐㄧㄣ ㄋㄧㄢˊ ㄕˊ ㄅㄚ ㄙㄨㄟˋ ˙ㄌㄜ.

② Yǐjīng qī diǎn bàn le.　ㄧˇ ㄐㄧㄥ ㄑㄧ ㄉㄧㄢˇ ㄅㄢˋ ˙ㄌㄜ.

③ 我最近胖了，不想吃蛋糕了。

④ 他要上班，今天不來了。

⑤ 上個星期不太冷，這個星期比較冷。

3. 次の語句を並べ替えて、日本語に合う文を完成させましょう。

① あの車はきみのものになったよ。
　 是 ‖ 那輛車子 ‖ 你的 ‖ 了

② 兄はバイクに乗るのをやめた。
　 不 ‖ 了 ‖ 我哥哥 ‖ 騎摩托車

③ 最近辛いものを食べるのが好きになった。
　 了 ‖ 我 ‖ 吃辣的 ‖ 最近喜歡

④ 料理を練習しなければならなくなった。
　 了 ‖ 應該 ‖ 學煮飯 ‖ 我

⑤ 妻も台東へ旅行に行くことになった。
　 去台東旅遊 ‖ 我太太 ‖ 也要 ‖ 了

解答 ▶ p. 244

我想去台南，也想去花蓮。

複文、主語の省略

🎧 089

	節1		節2	
	主語1	**述語1**	**主語2**	**述語2**
❶	小明 Xiǎomíng	來了 lái le	大文 Dàwén	還沒來 hái méi lái
	小明は来たが、大文はまだ来ていない			
❷	我 Wǒ	頭痛 tóu tòng		要回家休息 yào huí jiā xiūxí
	私は　頭が痛いので、家に帰って休む			
❸	她 Tā	是醫生 shì yīshēng	她媽媽 tā māma	也是醫生 yě shì yīshēng
	彼女は医者で、彼女のお母さんも医者だ			
❹	我 Wǒ	想去台南 xiǎng qù Táinán		也想去花蓮 yě xiǎng qù Huālián
	私は　台南にも行きたいし、花蓮にも行きたい			

1 ひとつの文に〈主語＋述語〉のセットが1組しかないものが「単文」、2組以上あるものが「複文」です。複文の中のそれぞれの〈主語＋述語〉のセットは「節」と呼ばれます。複文の例を見てみましょう。

⑤ 她女兒五歲，兒子兩歲。 Tā nǚér wǔ suì, érzi liǎng suì.

⑥ 我怕熱，我姐姐怕冷。 Wǒ pà rè, wǒ jiějie pà lěng.

⑦ 我太太生病了，我現在要帶她去醫院看病。 Wǒ tàitai shēngbìng le, wǒ xiànzài yào dài tā qù yīyuàn kànbìng.

⑧ 這支湯匙真可愛，是誰的？
Zhè zhī tāngchí zhēn kěài, shì shéi de?

⑨ 我沒吃早餐，現在已經餓了。

Wǒ méi chī zǎocān, xiànzài yǐjīng è le.

⑩ 他剛剛起床，還沒洗臉。

Tā gānggāng qǐchuáng, hái méi xǐ liǎn.

短い文では、「だから」「しかし」などの意味を表す接続詞を入れずに節をつなぐことがよくあるよ。

2 中国語で文章を書くときは主語をつけるのが原則ですが、複文では、次のような省略のルールがあります。

1. 複数の節の主語が共通ならば、主語は一度だけ言えばよい
2. 複数の節の主語が異なれば、どの主語も原則として省略しない

⑪ 我感冒了，現在要去買藥。

Wǒ gǎnmào le, xiànzài yào qù mǎi yào.

どちらの節も主語が " 我 " なので、節2の主語を省略→薬を買いに行くのは " 我 "

⑫ 我兒子感冒了，**我**現在要去買藥。

Wǒ érzi gǎnmào le, wǒ xiànzài yào qù mǎi yào.

→節1の主語は " 我兒子 "、節2の主語は " 我 " なので、主語を省略できない

★ 主語がない節では、直前の節の主語と同じものが省略されていると考えましょう。

⑬ 他感冒了，現在要去買藥。

Tā gǎnmào le, xiànzài yào qù mǎi yào.

どちらの節も主語が " 他 " なので、節2の主語を省略→薬を買いに行くのは " 他 "

⑬は「彼が風邪をひいたので、(私が) 今から薬を買いに行く」ではないよ。誤解する人が多いから気をつけてね！

⑭ 他今天有點累，不想煮飯。

Tā jīntiān yǒudiǎn lèi, bù xiǎng zhǔ fàn.

⑮ 他眼睛不好，上課的時候都要戴眼鏡。 Tā yǎnjīng bù hǎo, shàngkè de shíhòu dōu yào dài yǎnjìng.

"也"は、前から「～も」と訳す場合（▶⑯）と、後ろから「～も」と訳す場合（▶⑰）があります。

⑯ 他_{ㄊㄚ}要_{ㄧㄠˋ}點_{ㄉㄧㄢˇ}漢_{ㄏㄢˋ}堡_{ㄅㄠˇ}，**我_{ㄨㄛˇ}**也_{ㄧㄝˇ}要_{ㄧㄠˋ}點_{ㄉㄧㄢˇ}漢_{ㄏㄢˋ}堡_{ㄅㄠˇ}。

Tā yào diǎn hànbǎo, wǒ yě yào diǎn hànbǎo.

⑰ 他_{ㄊㄚ}要_{ㄧㄠˋ}點_{ㄉㄧㄢˇ}蛋_{ㄉㄢˋ}餅_{ㄅㄧㄥˇ}，也_{ㄧㄝˇ}要_{ㄧㄠˋ}點_{ㄉㄧㄢˇ}漢_{ㄏㄢˋ}堡_{ㄅㄠˇ}。

Tā yào diǎn dànbǐng, yě yào diǎn hànbǎo.

25

複文、主語の省略

> ⑯は「私も」、⑰は「ハンバーガーも」という意味になるよ。複文と主語の省略のルールをあてはめて考えれば、⑰の節2の主語も "他" だということがわかるよね。

★ "也"がどの言葉と結びつくかによって、ひとつの文が複数の意味を持つこともあります。

⑱ 他_{ㄊㄚ}明_{ㄇㄧㄥˊ}天_{ㄊㄧㄢ}也_{ㄧㄝˇ}要_{ㄧㄠˋ}去_{ㄑㄩˋ}宜_{ㄧˊ}蘭_{ㄌㄢˊ}。 Tā míngtiān yě yào qù Yílán.

Ⓐ 彼も明日宜蘭に行く。
Ⓑ 彼は明日も宜蘭に行く。
Ⓒ 彼は明日宜蘭にも行く。

⑤ 彼女の娘は5歳で、息子は2歳です。

⑥ 私は暑がりで、姉は寒がりです。

⑦ 妻が病気になったので、私は今から彼女を連れて病院に行き診てもらいます。

⑧ このスプーンは本当にかわいいね。誰の？

⑨ 私は朝ご飯を食べていないので、今もうお腹がすいた。

⑩ 彼はさっき起きたばかりで、まだ顔を洗っていない。

⑪ 私は風邪をひいたので、今から薬を買いに行きます。

⑫ 息子が風邪をひいたので、（私は）今から薬を買いに行きます。

⑬ 彼は風邪をひいたので、今から薬を買いに行こうとしている。

⑭ 彼は今日少し疲れているので、ご飯を作りたくないと思っている。

⑮ 彼は目が良くないので、授業の時はいつもメガネをかける。

⑯ 彼はハンバーガーを頼み、私もハンバーガーを頼む。

⑰ 彼は蛋餅も頼むし、ハンバーガーも頼む。

単語 & フレーズ

名 身体①

身體	shēntǐ	ㄕㄣ ㄊㄧˇ	身体、体
頭	tóu	ㄊㄡˊ	頭
臉	liǎn	ㄌㄧㄢˇ	顔
眼睛	yǎnjīng	ㄧㄢˇ ㄐㄧㄥ	目
肚子	dùzi	ㄉㄨˋ ・ㄗ	お腹

体調

健康	jiànkāng	ㄐㄧㄢˋ ㄎㄤ	名 形 健康（である）
病	bìng	ㄅㄧㄥˋ	名 病気
病人	bìngrén	ㄅㄧㄥˋ ㄖㄣˊ	名 患者、病人
生病	shēngbìng	ㄕㄥ ㄅㄧㄥˋ	病気になる
看病	kàn bìng	ㄎㄢˋ ㄅㄧㄥˋ	診察してもらう、診察する
感冒	gǎnmào	ㄍㄢˇ ㄇㄠˋ	動 風邪をひく
舒服	shūfú	ㄕㄨ ㄈㄨˊ	形 気持ちがいい、心地よい、快適である
痛	tòng	ㄊㄨㄥˋ	形 痛い

その他

眼鏡	yǎnjìng	ㄧㄢˇ ㄐㄧㄥˋ	名 メガネ
怕	pà	ㄆㄚˋ	動 苦手である、恐れる、弱い
剛剛／剛	gānggāng/gāng	ㄍㄤ ㄍㄤ／ㄍㄤ	副 さっき、〜したばかり
有點	yǒudiǎn	ㄧㄡˇ ㄉㄧㄢˇ	副 ちょっと、少し（マイナスの評価を表すことが多い）

ひとことコラム！

台湾でぜひ利用していただきたいのが、街中にたくさんある"早餐店"（zǎocāndiàn ㄗㄠˇ ㄘㄢ ㄉㄧㄢˋ／朝ごはん屋さん）。家で朝ごはんを食べずに、通勤通学の途中で食べたり、買ったものを学校や職場に持ち込んで食べたりする人が多いので、朝ごはん屋さんは地元の人にとって必須のお店です。作り立てのサンドイッチや蛋餅（タンピン）など、安くておいしいものがたくさんあります。実は、ハンバーガーも朝ごはん屋さんの定番メニュー。「朝からハンバーガー?!」と思うかもしれませんが、お店ごとに具やソースの味がちょっとずつ違っているのが、大手のチェーン店にはない魅力です。

🎧 091

1. 例を参考に語句を入れ替え、フレーズを作りましょう。音読もしてみましょう。

① ┌─────────┐ ┌─────────┐
　　 (例：手) がちょっと痛い ▶▶▶ (例：手) 有點痛

　　 お腹／頭／目 がちょっと痛い ▶▶▶ [　　　　　] 有點痛

② さっき (例：授業が終わった) ばかり ▶▶▶ 剛剛 (例：下課)

　　さっき シャワーを浴びた／掃除した／駅に着いた ばかり

　　　　　　　　　　　　　　 ▶▶▶ 剛剛 [　　　　　]

2. 次の発音や漢字が表す華語を日本語にしましょう。

① Wǒ hěn è, yě hěn kě. ㄨㄛˇ ㄏㄣˇ ㄜˋ, ㄧㄝˇ ㄏㄣˇ ㄎㄜˇ.

② Nà jiā diàn rén bǐjiào duō, wǒ bù xiǎng qù.
　 ㄋㄚˋ ㄐㄧㄚ ㄉㄧㄢˋ ㄖㄣˊ ㄅㄧˇ ㄐㄧㄠˋ ㄉㄨㄛ, ㄨㄛˇ ㄅㄨˋ ㄒㄧㄤˇ ㄑㄩˋ.

③ 他每天都去運動，身體很健康。

④ 我非常喜歡吃臭豆腐，你呢？

⑤ 房間裡太熱了，我們要不要開冷氣？

3. (　) の中に入れる語句として適切なものを下から選び、日本語に合う文を完成させましょう。

① 外は寒いから私は出かけたくない。
　　（　　）很冷，我不想（　　）。

② 台北にはMRTがあるしバスもあるから、便利だ。
　　台北有捷運，（　　）有公車，很（　　）。

③ 台東は景色がきれいだと妹が言っていたので、明日娘を連れて遊びに行きます。
　　我妹妹說台東的風景很（　　），我明天要（　　）女兒去玩。

④ 日本人の友達が来月台湾に来るので、一緒に高雄に遊びに行く予定です。
　　我的日本朋友（　　）要來台灣，我們（　　）一起去高雄玩。

⑤ 私は体調が少し良くないので、午後診察してもらいに行きます。
　　我（　　）有點不舒服，下午要去（　　）。

┌─────────────────────────────────┐
│　方便　應該　下個月　出門　看病　身體　上個月　│
│　也　打算　漂亮　帶　外面　　　　　　　　　　　│
└─────────────────────────────────┘

　おいしいものがあり過ぎて困ってしまう台湾。その中でもぜひ食べていただきたいものや、お土産に持って帰っていただきたいものなど、おすすめの「おいしいもの」を集めてみました。

芒果冰

★ いろいろな食べ物に置き換えて言ってみましょう。

你ニˇ喜ニˇ歡ヘˋ吃ˋ什ˊ麼˙？
Nǐ xǐhuān chī shénme?
（何が好きですか。）

ー 我ˇ喜ニˇ歡ヘˋ吃ˋ 芒ㄇˊ果ㄍˇ冰ㄅ 。
Wǒ xǐhuān chī mángguǒbīng.
（マンゴーかき氷が好きです。）

食事・デザート　　　　　　　　　　　　　　（その他の台湾グルメ ▶ L21）

① 蔥ち油ˊ餅ˇ cōngyóubǐng
（小麦粉にネギを練り込んで焼いた軽食）

② 鹽ˊ酥ㄙ雞ㄐ yánsūjī
（鶏肉や野菜などを選んで揚げてもらう軽食）

③ 滷ㄌˇ味ˋ lǔwèi
（肉、野菜、練り物などを選んで煮込んでもらう軽食）

④ 番ㄈ茄ˊ牛ㄋˊ肉ˋ麵ㄇˋ fānqié niúròumiàn
（トマト牛肉麺）

⑤ 大ˋ腸ˊ麵ㄇˋ線ㄒ dàcháng miànxiàn
（大腸入り煮込み麺）

⑥ 茶ˊ葉ˋ蛋ˋ cháyèdàn
（茶葉煮タマゴ）

⑦ 芒ㄇˊ果ㄍˇ冰ㄅ mángguǒbīng
（マンゴーかき氷）

⑧ 地ˋ瓜ㄍ球ㄑˊ dìguāqiú
（さつまいもボール）

フルーツ　　　　　　　　　　　　　　　　（その他の果物 ▶ L9）

① 火ㄏˇ龍ㄌˊ果ㄍˇ huǒlóngguǒ
（ドラゴンフルーツ）

② 木ㄇˋ瓜ㄍ mùguā
（パパイヤ）

③ 芭ㄅ樂ㄌˋ bālè
（グアバ）

④ 荔ㄌˋ枝ㄓ lìzhī
（ライチ）

おみやげ

① 鳳ㄈˋ梨ㄌˊ酥ㄙ fènglísū
（パイナップルケーキ）

② 太ˋ陽ˊ餅ˇ tàiyángbǐng
（餡入りパイ）

③ 牛ㄋˊ軋ㄍˊ糖ㄊˊ niúgátáng
（ヌガー）　※"軋"を"zhá""gā"と発音する人もいます。

④ 果ㄍˇ乾ㄍ guǒgān
（ドライフルーツ）

⑤ 烏ㄨ魚ˊ子ˇ wūyúzǐ
（からすみ）

⑥ 牛ㄋˊ舌ˊ餅ˇ niúshébǐng
（牛舌餅）

✦ Unit 3 ✦

台湾華語の
基礎力を固めよう！

少し複雑な文を理解したり組み立てたり、
台湾の観光地やインターネット用語なども覚えて、
台湾の人たちとのコミュニケーションが
楽しめる力をつけます。
文法用語を上手く使って、
基礎の学習を完成させてください。

我會説一點中文。

"會"の用法

🎧 092

主語	述語			
	時間詞	副詞 ("不")	助動詞 "會"	動詞(句)
❶ 我 Wǒ			會 huì	説一點中文 shuō yìdiǎn Zhōngwén
	私は　中国語が少し話せます			
❷ 我 Wǒ		不 bú	會 huì	游泳 yóuyǒng
	私は　泳げません			
❸ 他 Tā	明年 míngnián	不 bú	會 huì	參加 cānjiā
	彼は　来年は参加しません			

　日本語の「〜できる」に相当する言い方はたくさんありますが、ここでは、そのうちの助動詞"會"の使い方を学びましょう。

1 "會"は、外国語を話すことやスポーツ、音楽などについて「できる」かどうかを表現したいときによく使われる助動詞です。学習や練習を経て、その方法やコツをマスターしていることを表します。

④ 他們都會煮菜。　Tāmen dōu huì zhǔ cài.

⑤ 我不會跳舞。　Wǒ bú huì tiào wǔ.

⑥ 我太太只會説日文，不會説英文。
Wǒ tàitai zhǐ huì shuō Rìwén, bú huì shuō Yīngwén.

★〈"會"＋名詞〉の形で、「できる」という意味の動詞として使うこともあります。

⑦ 他們都會法文。　Tāmen dōu huì Fǎwén.

★ "很會"で「〜が上手だ」という意味を表します。

⑧ 我ㄨˇ覺ㄐㄩㄝˊ得ㄉㄜ˙楊ㄧㄤˊ先ㄒㄧㄢ生ㄕㄥ很ㄏㄣˇ會ㄏㄨㄟˋ說ㄕㄨㄛ話ㄏㄨㄚˋ。

Wǒ juéde Yáng xiānshēng hěn huì shuō huà.

2 「はい／いいえ」で答えてほしいときの疑問文は、文末に "嗎" をつける形のほか、"會" を肯定形と否定形にして並べる反復疑問文があります。

⑨ 他ㄊㄚ會ㄏㄨㄟˋ寫ㄒㄧㄝˇ你ㄋㄧˇ先ㄒㄧㄢ生ㄕㄥ的ㄉㄜ˙名ㄇㄧㄥˊ字ㄗˋ嗎ㄇㄚ˙？

Tā huì xiě nǐ xiānshēng de míngzi ma?

⑩ 那ㄋㄚˋ個ㄍㄜ˙男ㄋㄢˊ生ㄕㄥ會ㄏㄨㄟˋ不ㄅㄨˊ會ㄏㄨㄟˋ踢ㄊㄧ足ㄗㄨˊ球ㄑㄧㄡˊ？

Nà ge nánshēng huì bú huì tī zúqiú?

— 會ㄏㄨㄟˋ。 Huì. ／ 不ㄅㄨˊ會ㄏㄨㄟˋ。 Dú huì.

動動詞を使った文を反復疑問文にするときは、助動詞の部分を肯定形と否定形にするんだったね。▶ p. 099

3 "會"を使ったフレーズについた"了"は、「変化」を表します。

⑪ 我ㄨˇ會ㄏㄨㄟˋ唱ㄔㄤˋ台ㄊㄞˊ語ㄩˇ歌ㄍㄜ了ㄌㄜ˙。 Wǒ huì chàng Táiyǔ gē le.

⑫ 我ㄨˇ女ㄋㄩˇ兒ㄦˊ一ㄧˊ歲ㄙㄨㄟˋ了ㄌㄜ˙，已ㄧˇ經ㄐㄧㄥ會ㄏㄨㄟˋ走ㄗㄡˇ路ㄌㄨˋ了ㄌㄜ˙。

Wǒ nǚér yí suì le, yǐjīng huì zǒu lù le.

"了" は「過去」を表すわけではないから注意してね。⑪⑫は「〜になる／なった」という意味を表しているよ！

4 "會"は「〜できる」を表す以外に、未来のことや一定の条件の下で常に発生することを表すことがあります。

(1)「〜できる」を表す

⑬ 他ㄊㄚ們ㄇㄣ˙好ㄏㄠˇ像ㄒㄧㄤˋ都ㄉㄡ不ㄅㄨˊ會ㄏㄨㄟˋ騎ㄑㄧˊ腳ㄐㄧㄠˇ踏ㄊㄚˋ車ㄔㄜ。

Tāmen hǎoxiàng dōu bú huì qí jiǎotàchē.

⑭ 這ㄓㄜˋ家ㄐㄧㄚ醫ㄧ院ㄩㄢˋ的ㄉㄜ˙醫ㄧ生ㄕㄥ和ㄏㄜˊ護ㄏㄨˋ士ㄕˋ都ㄉㄡ會ㄏㄨㄟˋ說ㄕㄨㄛ台ㄊㄞˊ語ㄩˇ。

Zhè jiā yīyuàn de yīshēng hé hùshì dōu huì shuō Táiyǔ.

(2) 未来のことや一定の条件の下で常に発生することを表す

⑮ 我今天晚上六點以後都會在家。
Wǒ jīntiān wǎnshàng liù diǎn yǐhòu dōu huì zàijiā.

⑯ 下午可能不會下雨。 Xiàwǔ kěnéng bú huì xià yǔ.

⑰ 天氣變冷了，你吃冰會生病。
Tiānqì biàn lěng le, nǐ chī bīng huì shēngbìng.

⑱ 洗澡的時候，我哥哥都會唱歌。
Xǐzǎo de shíhòu, wǒ gēge dōu huì chàng gē.

> "會" の後の動詞句が学習や練習の結果できる
> かどうかが決まることを表していれば(1)、そうでな
> ければ(2)と考えよう！

④ 彼らはみんな料理ができる。	⑪ 私は台湾語の歌が歌えるようになりました。
⑤ 私はダンスができない。	⑫ 私の娘は1歳になり、もう歩けるようになった。
⑥ 私の妻は日本語しか話せません。英語は話せません。	⑬ 彼らはみんな自転車に乗れないようです。
⑦ 彼らはみんなフランス語ができる。	⑭ この病院の医師と看護師は、みんな台湾語を話せる。
⑧ 楊さんは口がうまいと思う。	
⑨ 彼はあなたのご主人の名前が書けますか。	⑮ 私は今晩6時以降はずっと家にいます。
⑩ あの男の子はサッカーができますか。	⑯ 午後は雨は降らないだろう。
―はい。／いいえ。（できます。／できません。）	⑲ 寒くなったから、アイスを食べたら体を壊すよ。
	⑳ シャワーを浴びる時、兄はいつも歌を歌う。

副 基本副詞②

一定	yídìng	ㄧˊ ㄉㄧㄥˋ	必ず、きっと
可能	kěnéng	ㄎㄜˇ ㄋㄥˊ	〜だろう
好像	hǎoxiàng	ㄏㄠˇ ㄒㄧㄤˋ	〜のようだ、〜らしい、〜の気がする
當然	dāngrán	ㄉㄤ ㄖㄢˊ	もちろん、当然
真的	zhēnde	ㄓㄣ ˙ㄉㄜ	本当に
只	zhǐ	ㄓˇ	ただ〜、〜だけ、〜しか
這麼	zhème	ㄓㄜˋ ˙ㄇㄜ	こんなに、そんなに
那麼	nàme	ㄋㄚˋ ˙ㄇㄜ	そんなに、あんなに

天気

天氣	tiānqì	ㄊㄧㄢ ㄑㄧˋ	名 天気
雨	yǔ	ㄩˇ	名 雨
下雨	xià yǔ	ㄒㄧㄚˋ ㄩˇ	雨が降る
雪	xuě	ㄒㄩㄝˇ	名 雪
下雪	xià xuě	ㄒㄧㄚˋ ㄒㄩㄝˇ	雪が降る
變熱	biàn rè	ㄅㄧㄢˋ ㄖㄜˋ	暑くなる
變冷	biàn lěng	ㄅㄧㄢˋ ㄌㄥˇ	寒くなる

その他

會	huì	ㄏㄨㄟˋ	動 (学習や練習を経て) できる 助動 (学習や練習を経て)〜できる、 (未来のことや一定の条件で常に発生することを表す)
冰	bīng	ㄅㄧㄥ	名 氷、アイス　形 氷のように冷たい
一點	yìdiǎn	ㄧˋ ㄉㄧㄢˇ	少し

　台湾語は台湾で大切にされている言葉のひとつです。たとえば、台湾語しか話せない患者さんに対応するために、台湾語のできる医者や看護師を採用したり、スタッフに台湾語の研修の機会を提供したりしている病院もたくさんあります。その他の仕事でも台湾語力を求める分野がたくさんあるため、人材バンクの登録フォームには、英語や日本語などの外国語力とともに台湾語のレベルを記入する欄が設けられています。

🎧 094

1. 例を参考に語句を入れ替え、フレーズを作りましょう。音読もしてみましょう。

① ┌(例：バスケットボール)┐ ができる ▶▶▶ 會 ┌(例：打籃球)┐

┌野球／テニス／サッカー┐ ができる ▶▶▶ 會 [_____]

② もちろん ┌(例：歌え)┐ ない ▶▶▶ 當然不會 ┌(例：唱)┐

本当に ┌書け／話せ／作れ┐ ない ▶▶▶ 真的不會 [_____]

③ きっと ┌(例：雨が降る)┐ ▶▶▶ 一定會 ┌(例：下雨)┐

たぶん ┌雪が降る／寒くなる／暑くなる┐ ▶▶▶ 可能會 [_____]

2. 次の発音や漢字が表す華語を日本語にしましょう。

① Nǐ huì zuò bǐnggān ma? ㄋㄧˇ ㄏㄨㄟˋ ㄗㄨㄛˋ ㄅㄧㄥˇ ㄍㄢ˙ㄇㄚ?

② Tāmen bú huì zhīdào. ㄊㄚ˙ㄇㄣ ㄅㄨˊ ㄏㄨㄟˋ ㄓ ㄉㄠˋ.

③ 他下個星期會不會來你們公司？

④ 我不會開車，也不會騎機車。

3. ( )の中に入れる語句として適切なものを下から選び、日本語に合う文を完成させましょう。

① 彼は4種類の言語が話せる。

他會說四( )( )。

② 彼は料理が上手ですよ。これらの料理は全部彼が作ったんです。

他很會( )飯，這些( )都是他做的。

③ この字少し難しいけど、きみは書ける？

這個字( )難，你會( )嗎？

④ こんなに寒いんだから、彼は歩いて来ないよ。

( )這麼( )，他不會走路來。

┌ 話 寫 菜 冷 有點 語言 書 天氣 煮 種 ┐

這裡可以上網嗎？

"能"と"可以"の用法

🎧 095

主語	述語1			
	時間詞	副詞 （"不"）	助動詞 "能／可以"	動詞句
❶ 他 Tā	明天 míngtiān	不 bù	能 néng	參加 cānjiā	

彼は　明日は参加できません

| ❷ 我
Wǒ | 以後
yǐhòu | | 可以
kěyǐ | 去留學
qù liúxué | 嗎
ma |

私は　将来留学に行ってもいいですか

| ❸ 這裡
Zhèlǐ | | | 可以
kěyǐ | 上網
shàngwǎng | 嗎
ma |

ここは　ネットが使えますか

| ❹ 你
Nǐ | | | 可以
kěyǐ | 坐飛機去
zuò fēijī qù | |

あなたは　飛行機で行ったらいいよ

　日本語の「～できる」に相当する言い方のうち、助動詞の"能"と"可以"の使い方を学びましょう。

1 "能"は、身体的・社会的条件（体力や体調、自分の都合や環境、ルールなど）が整っていて「できる」ということを表します。

⑤ 他今天要開車，不能喝酒。
Tā jīntiān yào kāi chē, bù néng hē jiǔ.

⑥ 你肚子痛，不能喝牛奶。
Nǐ dùzi tòng, bù néng hē niúnǎi.

⑦ 他怎麼了？為什麼不能來了？

Tā zěnme le? Wèishénme bù néng lái le?

2 "**可以**"は、条件、ルール、許可などによってできるかどうかが決まることに使います。
"**能**"と入れ替えできるものも多く、次の⑧〜⑩はすべて"**能**"でも表せます。

⑧ 我可以用洗手間嗎？ Wǒ kěyǐ yòng xǐshǒujiān ma?

⑨ 我們兩點可以到九份嗎？

Wǒmen liǎng diǎn kěyǐ dào Jiǔfèn ma?

⑩ 醫生說你不可以吃辣的東西。

Yīshēng shuō nǐ bù kěyǐ chī là de dōngxi.

3 "**可以**"を使った文を反復疑問文にするときは、"**可不可以**"とします。

⑪ 我可不可以開電視？ Wǒ kě bù kěyǐ kāi diànshì?

　 — 可以。 Kěyǐ. ／不行。 Bù xíng.

「ダメ！」と言いたいときは"不行"を使ってね！

★ "能"を使って聞かれたときの「はい／いいえ」も、"可以"のときと同じように"可以／不行"
を使います。

⑫ 他今年能不能來台灣玩？

Tā jīnnián néng bù néng lái Táiwān wán?

　 — 可以。 Kěyǐ. ／不行。 Bù xíng.

4 "**可以**"には以下のような、"**能**"と入れ替えられない用法もあります。

(1)「〜したらいい」という提案を表す場合

⑬ 你可以帶他們去早餐店。

Nǐ kěyǐ dài tāmen qù zǎocān diàn.

⑭ 看電影的時候，你可以買學生票。

Kàn diànyǐng de shíhòu, nǐ kěyǐ mǎi xuéshēng piào.

⑮ 你好像太累了，可以先休息了。

Nǐ hǎoxiàng tài lèi le, kěyǐ xiān xiūxí le.

変化の "了" は「もう」を使って訳すこともできるよ！

(2)「かまわない」「まあまあいい」という意味を表す場合（形容詞）

⑯ 午餐你想吃什麼？ Wǔcān nǐ xiǎng chī shénme?

－ 我都可以。 Wǒ dōu kěyǐ.

⑰ 這個包子的味道怎麼樣？ Zhè ge bāozi de wèidào zěnmeyàng?

－ 還可以。 Hái kěyǐ.

"會"と"能"は同じ動詞句の前に置かれることもありますが、表す意味は異なります。

⑱ 他不會開車。 Tā bú huì kāi chē.
→運転する方法がわからない、技能を習得していないために「できない」

⑲ 他不能開車。 Tā bù néng kāi chē.
→体調が悪かったり、お酒を飲んでいたり、有効な免許証を持っていないなどの理由で「できない」

華語では、「できる／できない」が、どんな理由で決まるのかを考えて言い分けるんだ。
日本語と発想が違うところがおもしろいね！

⑤ 彼は今日車を運転するので、お酒を飲めない。	⑬ 彼らを連れて朝ごはん屋さんに行ったらいいよ。
⑥ あなたはお腹が痛いのだから、牛乳を飲んだらだめよ。	⑭ 映画を見るときは学生チケットを買ったらいいよ。
⑦ 彼はどうしたの？ なぜ来られなくなったの？	⑮ あなたはすごく疲れているようだから、もう先に休んだらいいよ。
⑧ トイレを使ってもいいですか。	
⑨ 私たち2時に九份に着けるかな？	⑯ 昼ごはんはあなたは何を食べたい？ —何でもいいよ。
⑩ お医者さんが、きみは辛いものを食べてはいけないと言ってたよ。	⑰ この包子の味はどう？ —まあまあだね。
⑪ テレビをつけてもいいですか。 —はい。／だめです。	⑱ 彼は（運転の方法がわからないため）車を運転できない。
⑫ 彼は今年台湾に遊びに来ることができますか。 —できます。／できません。	⑲ 彼は（身体的・社会的条件により）車を運転できない。

名 観光地（その他の観光地 ▶ p. 218）

夜市	yèshì	一せˋ　ㄕˋ	夜市、ナイトマーケット
台北 101	Táiběi Yīlíngyī	ㄊㄞˊ　ㄅㄟˇ　一　ㄌ一ㄥˊ　一	台北 101
故宮博物院	Gùgōng Bówùyuàn	ㄍㄨˋ　ㄍㄨㄥ　ㄅㄛˊ　ㄨˋ　ㄩㄢˋ	故宮博物院
龍山寺	Lóngshānsì	ㄌㄨㄥˊ　ㄕㄢ　ㄙˋ	龍山寺
淡水	Dànshuǐ	ㄉㄢˋ　ㄕㄨㄟˇ	淡水
九份	Jiǔfèn	ㄐ一ㄡˇ　ㄈㄣˋ	九份

名 交通②

計程車	jìchéngchē	ㄐ一ˋ　ㄔㄥˊ　ㄔㄜ	タクシー
飛機	fēijī	ㄈㄟ　ㄐ一	飛行機
船	chuán	ㄔㄨㄢˊ	船
高鐵	gāotiě	ㄍㄠ　ㄊ一ㄝˇ	（台湾の）新幹線、高速鉄道
地鐵	dìtiě	ㄉ一ˋ　ㄊ一ㄝˇ	地下鉄

インターネット

網路	wǎnglù	ㄨㄤˇ　ㄌㄨˋ	名 インターネット、ネットワーク
網站	wǎngzhàn	ㄨㄤˇ　ㄓㄢˋ	名 ウェブサイト
網頁	wǎngyè	ㄨㄤˇ　一ㄝˋ	名 ウェブページ
密碼	mìmǎ	ㄇ一ˋ　ㄇㄚˇ	名 パスワード
上網	shàngwǎng	ㄕㄤˋ　ㄨㄤˇ	ネットにつなぐ、ネットサーフィンをする

その他

能	néng	ㄋㄥˊ	助動 （身体的・社会的条件が整って）〜できる
可以	kěyǐ	ㄎㄜˇ　一ˇ	助動 （社会的条件が整って）〜できる、〜してもいい、〜したらいい 形 （そうしても）かまわない、（" 還可以 " の形で）まあまあである
行	xíng	ㄒ一ㄥˊ	形 （許可を表す）よろしい
門	mén	ㄇㄣˊ	名 ドア
味道	wèidào	ㄨㄟˋ　ㄉㄠˋ	名 味、におい
怎麼了	zěnme le	ㄗㄣˇ・ㄇㄜ・ㄌㄜ	どうしたの、どうしましたか

練 習

🎧 097

1. 例を参考に語句を入れ替え、フレーズや文を作りましょう。音読もしてみましょう。

① (例：パスワードの入力) ができない ▶▶▶ 不能 (例：打密碼)

　掃除／洗濯／働くこと ができない ▶▶▶ 不能 ＿＿＿＿＿

② (例：新幹線) で行ってもいい? ▶▶▶ 我可不可以搭 (例：高鐵) 去?

　タクシー／船／地下鉄 で行ってもいい?

　　　　　　　　　▶▶▶ 我可不可以搭 ＿＿＿＿ 去?

③ (例：台北 101) に行ったらいいよ。 ▶▶▶ 你可以去 (例：台北 101)。

　故宮博物院／龍山寺／淡水 に行ったらいいよ。

　　　　　　　　　▶▶▶ 你可以去 ＿＿＿＿。

2. 次の発音や漢字が表す華語を日本語にしましょう。

① Xiǎohái bù néng cānjiā. ㄒㄧㄠˇ ㄏㄞˊ ㄅㄨˋ ㄋㄥˊ ㄘㄢ ㄐㄧㄚ.

② Nǐ kěyǐ xǐzǎo le. ㄋㄧˇ ㄎㄜˇ ㄧˇ ㄒㄧˇ ㄗㄠˇ ˙ㄌㄜ.

③ 現在可以開門了。

④ 捷運上不能吃東西。

⑤ 那家餐廳好吃嗎?　 — 還可以。

3. ( )の中に入れる語句として適切なものを右から選び、日本語に合う文を完成させましょう。

① もちろん運転しちゃだめだよ。

　你（　）不能（　）車。

② 夜市ではいろいろな種類の軽食が食べられる。

　夜市（　）可以吃很多種（　）。

③ あなたは夜、彼らを九份に連れて行ったらいいよ。

　你晚上（　）（　）他們去九份。

④ あの患者は体の調子が悪く、果物を少ししか食べられない。

　那位病人（　）不舒服，

　（　）能吃一點水果。

帶	可以
能	身體
開	當然
裡	只
中	小吃

從這裡到車站怎麼走？

介詞

🎧 098

主語	述語				
	助動詞 副詞	介詞	名詞	動詞	目的語
❶ 我 Wǒ	想 xiǎng	在 zài	客廳 kètīng	看 kàn	電視 diànshì
私は　リビングでテレビを見たい					
❷ 他 Tā		到 dào	哪裡 nǎlǐ	去 qù	了 le
彼は　どこに行ったの					
❸ 他 Tā	沒 méi	跟 gēn	我 wǒ	說 shuō	他的想法 tā de xiǎngfǎ
彼は　自分の考えを僕に言わなかった					

1 「〜で／から／まで／へ／に」などを表す言葉を「介詞」と呼びます（「前置詞」と呼ばれることもあります）。
基本的な語順は〈**介詞**＋**名詞**＋**動詞**〉です。

④ 我們學校從八點開始上課。
Wǒmen xuéxiào cóng bā diǎn kāishǐ shàngkè.

⑤ 從這裡到車站怎麼走？
Cóng zhèlǐ dào chēzhàn zěnme zǒu?

⑥ 我可以跟妳一起去嗎？　Wǒ kěyǐ gēn nǐ yìqǐ qù ma?

⑦ 我們不在家吃早餐。　Wǒmen bú zài jiā chī zǎocān.

> "不"や"沒"は、介詞の前に
> 置くのが基本だよ！

2 介詞には、動詞としても使えるものがたくさんあります。例として介詞の"**在**"と動詞の"**在**"を比較してみましょう。

⑧ 明德 **在** 門口。 Míngdé zài ménkǒu. 　[動詞]

　"在門口"は述語の中心になる動詞句→「明德は入口にいる」

⑨ 明德 **在** <u>門口</u> **等** 你。 Míngdé zài ménkǒu děng nǐ. 　[介詞]

　"在門口"は述語の中心になる動詞句"等你"を修飾する介詞句→「明德は入口できみを待っている」

★ 介詞の"在"の後の名詞も、動詞の"在"の場合と同じように場所詞にします。▶ **p. 113**

⑩ 我 姊姊 最近 **在** <u>大阪</u> **找** 房子。

　Wǒ jiějie zuìjìn zài Dàbǎn zhǎo fángzi.

⑪ 他們 常常 **在** <u>公園裡</u> **跳** 舞。

　Tāmen chángcháng zài gōngyuán lǐ tiào wǔ.

⑫ 小貓 **在** <u>沙發上</u> **睡** 覺。 Xiǎo māo zài shāfā shàng shuìjiào.

　✕ 小貓在沙發睡覺。

		[場所詞]		
A	小貓	**在**	沙發上	。	子猫はソファー（の上）にいる。
B	小貓	**在**	沙發上	睡覺。	子猫はソファーで寝ている。

<"在"＋場所詞>をワンセットにして覚えるといいよ！

3 "**跟**"は、次の3通りの日本語に対応します。

(1) ～と

⑬ 你 每天 都 **跟** <u>台灣朋友</u> **聊** 天 嗎？

　Nǐ měitiān dōu gēn Táiwān péngyǒu liáotiān ma?

⑭ 我 昨天 沒 **跟** <u>他</u> **見** 面。 Wǒ zuótiān méi gēn tā jiànmiàn.

⑵ ～に：後に"說""說明"などの動詞を組み合わせる

⑮ 他跟我說：「我的錢不夠。」

Tā gēn wǒ shuō: "Wǒ de qián bú gòu."

⑯ 你能不能跟我說明？　Nǐ néng bù néng gēn wǒ shuōmíng?

⑶ ～から：後に"學""借"などの動詞を組み合わせる

⑰ 我打算跟陳老師學唱歌。

Wǒ dǎsuàn gēn Chén lǎoshī xué chàng gē.

⑱ 姐姐想跟她的朋友借車。

Jiějie xiǎng gēn tā de péngyǒu jiè chē.

④ 私たちの学校は8時から授業が始まる。	⑬ あなたは毎日台湾人の友達とチャットしているの？
⑤ ここから駅まではどう行きますか。	⑭ 私は昨日彼と〈会わなかった／会っていない〉。
⑥ あなたと一緒に行ってもいい？	⑮ 彼は私に、「お金が足りない」と言った。
⑦ 私たちは家で朝ご飯を食べない。	⑯ 私に説明してもらえますか。
⑩ 姉は最近大阪で〈家／部屋〉を探している。	⑰ 私は陳先生から歌を習うつもりだ。
⑪ 彼らはよく公園でダンスをしています。	⑱ 姉は友達から車を借りたいと思っている。
⑫ 子猫はソファーで寝ている。	

単 語 & フ レ ー ズ

介 基本介詞

在	zài	ㄗㄞˋ	～で、～に
從	cóng	ㄘㄨㄥˊ	～から
到	dào	ㄉㄠˋ	～まで、～に、～へ
跟	gēn	ㄍㄣ	～と、～に、～から

動 基本動詞⑦

等	děng	ㄉㄥˇ	待つ
找	zhǎo	ㄓㄠˇ	探す、訪ねる、連絡をとる
夠	gòu	ㄍㄡˋ	足りる、十分になる
借	jiè	ㄐㄧㄝˋ	借りる、貸す
開始	kāishǐ	ㄎㄞ ㄕˇ	始める、始まる
說明	shuōmíng	ㄕㄨㄛ ㄇㄧㄥˊ	説明する
介紹	jièshào	ㄐㄧㄝˋ ㄕㄠˋ	紹介する

名 建物・設備①

房子	fángzi	ㄈㄤˊ ˙ㄗ	家、家屋、(売買、貸借の区画としての) 部屋
門口	ménkǒu	ㄇㄣˊ ㄎㄡˇ	出入口、玄関
客廳	kètīng	ㄎㄜˋ ㄊㄧㄥ	リビング、居間、応接間
廚房	chúfáng	ㄔㄨˊ ㄈㄤˊ	台所、キッチン
窗 (戶)	chuāng(hù)	ㄔㄨㄤ (ㄏㄨˋ)	窓
樓梯	lóutī	ㄌㄡˊ ㄊㄧ	階段

その他

自己	zìjǐ	ㄗˋ ㄐㄧˇ	名 自分、自身
想法	xiǎngfǎ	ㄒㄧㄤˇ ㄈㄚˇ	名 考え、意見
街	jiē	ㄐㄧㄝ	名 街、通り（場所詞として使うときは " 街上 " の形で）
聊天	liáotiān	ㄌㄧㄠˊ ㄊㄧㄢ	おしゃべりする、雑談する、チャットをする
見面	jiànmiàn	ㄐㄧㄢˋ ㄇㄧㄢˋ	会う、顔を合わせる

ひとことコラム！

　　台湾の大学の授業は、8時頃から始まるところがたくさんあります。そのため、「朝イチの授業」は "早上八點" を略して "早八" と呼ばれます。入学直後にたくさん授業をとる一年生は、この "早八" がたくさんある人も多いのですが、大学の敷地内やすぐ近くにある寮に入れば通学時間が短縮できるので意外に楽ですよ！

1. 例を参考に語句を入れ替え、フレーズを作りましょう。音読もしてみましょう。

① (例：台所) でご飯を作る ▶▶▶ 在 (例：廚房) 煮飯

　 自分の部屋／窓のそば／ベッド で本を読む ▶▶▶ 在 [　　　　] 看書

② 彼女と一緒に (例：台湾語を学ぶ) ▶▶▶ 跟她一起 (例：學台語)

　 クラスメイトと一緒に 宿題をする／台北101に行く／テニスをする

　　　　　　　　　　　　　　▶▶▶ 跟同學一起 [　　　　]

③ オーナーに (例：紹介する) ▶▶▶ 跟老闆 (例：介紹)

　 台湾人の先生から 習う／借りる／買う ▶▶▶ 跟台灣老師 [　　　　]

2. 次の発音や漢字が表す華語を日本語にしましょう。

① cóng sì yuè dào qī yuè　ㄘㄨㄥˊ ㄙˋ ㄩㄝˋ ㄉㄠˋ ㄑㄧ ㄩㄝˋ

② zài biànlì shāngdiàn mǎi　ㄗㄞˋ ㄅㄧㄢˋ ㄌㄧˋ ㄕㄤ ㄉㄧㄢˋ ㄇㄞˇ

③ 這件事，我還沒跟媽媽說。

④ 他的家人在樓梯附近等他。

⑤ 大明的話很有意思，我很喜歡跟他聊天。

3. 次の語句を並べ替えて、日本語に合う文を完成させましょう。
　 句読点も加えてください。

① 私たちは夜市で鶏排を食べるつもりだ。
　 在夜市 ‖ 打算 ‖ 我們 ‖ 吃雞排

② あなたはなぜお父さんの会社で働かないのですか。
　 不 ‖ 工作 ‖ 你為什麼 ‖ 在爸爸的公司

③ 彼はいつ私たちの家に遊びに来るの？
　 什麼時候 ‖ 到我們家來玩 ‖ 要 ‖ 他

④ 私は林先生から華語を教わりたい。
　 跟 ‖ 我想 ‖ 學華語 ‖ 林老師

⑤ 空港からホテルまではどう行きますか。
　 走 ‖ 怎麼 ‖ 到飯店 ‖ 從機場

今天比昨天熱。

比較

🎧 101

主語	述語					
A		介詞	**B**		形容詞	差を表す言葉
❶ 今天 Jīntiān		比 bǐ	昨天 zuótiān		熱 rè	
今日は　昨日より暑い						
❷ 豆花 Dòuhuā		比 bǐ	蛋餅 dànbǐng		貴 guì	一點 yìdiǎn
豆花は　タンピンより少し値段が高い						
❸ 哥哥 Gēge		比 bǐ	我 wǒ	還 hái	高 gāo	
兄は　私よりもっと背が高い						
❹ 郵局 Yóujú	沒有 méi yǒu		銀行 yínháng	(那麼) (nàme)	遠 yuǎn	
郵便局は　銀行ほど遠くない						
❺ 春天 Chūntiān		跟 gēn	秋天 qiūtiān	一樣 yíyàng	舒服 shūfú	
春は　秋と同じくらい快適だ						

1 「AはBより～だ」という意味の比較文は、介詞の"**比**"を使って〈A"**比**"B＋**形容詞**〉の形で表します。

⑥ 這個句子比那個難。 Zhè ge jùzi bǐ nà ge nán.

2 比較した差を表す言葉は、形容詞の後ろに置いて、〈A"比"B＋**形容詞＋差を表す言葉**〉という語順にします。その種類は以下の3通りです。

⑴ 差が小さいことを表す："**一點**"（少し）

⑦ 我家的廚房比客廳**大一點**。
Wǒ jiā de chúfáng bǐ kètīng dà yìdiǎn.

⑧ 坐捷運比坐公車**快一點**。
Zuò jiéyùn bǐ zuò gōngchē kuài yìdiǎn.

⑵ 差が大きいことを表す："**多了**"（ずいぶん）

⑨ 這部電影比那部**好看多了**。
Zhè bù diànyǐng bǐ nà bù hǎokàn duō le.

⑩ 身體健康比工作**重要多了**。
Shēntǐ jiànkāng bǐ gōngzuò zhòngyào duō le.

⑶ 具体的な数値で差を表す："**～塊**"（～元）"**～歲**"（～歳）など

⑪ 高鐵票比火車票**貴五百塊**。
Gāotiě piào bǐ huǒchē piào guì wǔbǎi kuài.

⑫ 媽媽比爸爸**大兩歲**。　Māma bǐ bàba dà liǎng suì.

3 「もっと、さらに」という意味を表す"**還**"と"**更**"は、形容詞の前に置いて〈A"比"B＋"**還／更**"＋**形容詞**〉という語順にします。

⑬ 白色的盤子比黃色的**還漂亮**。
Báisè de pánzi bǐ huángsè de hái piàoliàng.

⑭ 冬天的時候，韓國比日本**更冷**。
Dōngtiān de shíhòu, Hánguó bǐ Rìběn gèng lěng.

> "還／更"を、"一點／多了／十塊"のような差を表す言葉と一緒に使うことはできないよ！

★ 比較文で、"很""非常""真"などの程度を表す副詞を形容詞の前に置くことはできません。これらの程度副詞には「比べるニュアンスを消す」という役割があるからです。▶ p. 066

⑮ 這個顏色比那個好看。 Zhè ge yánsè bǐ nà ge hǎokàn.

比較したい	比較したくない

比較したい

A 這個顏色比那個好看。

B 這個顏色好看。

A この色はあれよりきれいだ。
B この色はきれいだ。

比較したくない

【程度副詞】

C 這個顏色 [很] 好看。

D 這個顏色 [非常] 好看。

E 這個顏色 [真] 好看。

C この色はきれいだ。
D この色はとてもきれいだ。
E この色は本当にきれいだ。

✕ 這個顏色比那個［很／非常／真］好看。

"比"と"很／非常／真"のような程度副詞の役割は正反対だね。だから一緒には使えないんだ！

---

4 「AはBほど〜ではない」と言いたいときは、〈A"沒有"B＋（"這麼/那麼"）＋**形容詞**〉の形にします。

⑯ 台北的食物沒有台南的（這麼）**甜**。
Táiběi de shíwù méi yǒu Táinán de (zhème) tián.

⑰ 台北１-０１沒有淡水（那麼）**遠**。
Táiběi Yīlíngyī méi yǒu Dànshuǐ (nàme) yuǎn.

〈A沒有B〉のBが、自分に近かったら"這麼"を、自分から遠かったら"那麼"を使ってね。

★ "沒有"を"不比"に変えて〈A"不比"B＋形容詞〉と言うと、「AはBより〜なわけではない」という意味になります。

⑱ 騎機車不比開車**慢**。 Qí jīchē bù bǐ kāi chē màn.

⑲ 我們店的東西不比別家的**貴**。
Wǒmen diàn de dōngxi bù bǐ bié jiā de guì.

5 「AはBと同じくらい～だ」と言うには、〈A"跟／和"B＋"一樣"＋**形容詞**〉の形にします。

⑳ 紅色的裙子跟藍色的一樣可愛。
Hóngsè de qúnzi gēn lánsè de yíyàng kě'ài.

㉑ 我們的辦公室和你們的一樣大。
Wǒmen de bàngōngshì hé nǐmen de yíyàng dà.

"一樣大" は「同じ大きさ」という意味だよ。

ここで紹介した4つの文型をまとめると以下のようになります。

A 比	B 大	（AはBより大きい）	……………	A＞B
A 沒有	B 大	（AはBほど大きくない）	……………	A＜B
A 不比	B 大	（AはBより大きいわけではない）	……	A≦B
A 跟／和 B 一樣大		（AはBと同じ大きさだ）	…………	A＝B

⑥ この文はあれ（あの文）より難しい。

⑦ うちのキッチンはリビングより少し大きい。

⑧ MRTに乗ればバスに乗るより少し早い（早く着く）。

⑨ この映画はあれよりずいぶんおもしろい。

⑩ 健康は仕事よりずっと大事だ。

⑪ 新幹線のチケットは列車のチケットより500元高い。

⑫ 母は父より2歳年上です。

⑬ 白い皿は黄色のよりもっときれいだ。

⑭ 冬の時期、韓国は日本よりさらに寒い。

⑯ 台北の食べ物は台南のほど甘くはない

⑰ 台北101は淡水ほど遠くはない。

⑱ バイクが車より遅いわけではない。

⑲ うちの店のものは他より高いわけではない。

⑳ 赤いスカートは青いのと同じぐらいかわいい。

㉑ 私たちの事務室はきみたちのと同じ大きさだ。

形 基本形容詞⑤

高	gāo	ㄍㄠ	背が高い、高い
矮	ǎi	ㄞˇ	(背が) 低い
快	kuài	ㄎㄨㄞˋ	速い、早い
慢	màn	ㄇㄢˋ	(スピードが) 遅い
遠	yuǎn	ㄩㄢˇ	遠い
近	jìn	ㄐㄧㄣˋ	近い
一樣	yíyàng	ㄧˊ ㄧㄤˋ	同じである、同じぐらい
重要	zhòngyào	ㄓㄨㄥˋ ㄧㄠˋ	大切である、大事である、重要である

名 色

顏色	yánsè	ㄧㄢˊ ㄙㄜˋ	色
白色	báisè	ㄅㄞˊ ㄙㄜˋ	白
黑色	hēisè	ㄏㄟ ㄙㄜˋ	黒
紅色	hóngsè	ㄏㄨㄥˊ ㄙㄜˋ	赤
藍色	lánsè	ㄌㄢˊ ㄙㄜˋ	青
綠色	lǜsè	ㄌㄩˋ ㄙㄜˋ	緑色
黃色	huángsè	ㄏㄨㄤˊ ㄙㄜˋ	黄色

その他

食物	shíwù	ㄕˊ ㄨˋ	**名** 食べ物
更	gèng	ㄍㄥˋ	**副** さらに、もっと
比	bǐ	ㄅㄧˇ	**介** 〜より
和	hé/hàn	ㄏㄜˊ/ㄏㄢˋ	**介** 〜と
別	bié	ㄅㄧㄝˊ	**接頭** 他の、別の
多了	duō le	ㄉㄨㄛ ˙ㄌㄜ	ずいぶん、ずっと

　九州ほどの面積の台湾ですが、食べ物の好みは地域によってかなり違っています。台北など北部に住む人には、台南の食べ物が甘く感じられるというのもそのひとつ。"端午節"（Duānwǔjié ㄉㄨㄢ ㄨˇ ㄐㄧㄝˊ）によく食べられるチマキにも、作り方や味付けの異なる「北部チマキ」と「南部チマキ」があり、毎年6月になるとどちらがおいしいかという「チマキ論争」が繰り広げられています。

1. 例を参考に語句を入れ替え、フレーズを作りましょう。音読もしてみましょう。

① ちょっと （例：遅い） ▶▶▶ （例：慢）一點

ちょっと 塩辛い／背が低い／痩せている ▶▶▶ ☐ 一點

② もっと （例：辛い） ▶▶▶ 更 （例：辣）

もっと すっぱい／容易だ／古い ▶▶▶ 更 ☐

③ 同じくらい （例：近い） ▶▶▶ 一樣 （例：近）

同じくらい 大切だ／甘い／太っている ▶▶▶ 一樣 ☐

2. 次の発音や漢字が表す華語を日本語にしましょう。

① Wǒ mèimei bǐ wǒ xiǎo sān suì.
ㄨㄛˇ ㄇㄟˋ・ㄇㄟ ㄅㄧˇ ㄨㄛˇ ㄒㄧㄠˇ ㄙㄢ ㄙㄨㄟˋ.

② Qí jiǎotàchē bǐ dā jiéyùn gèng kuài.
ㄑㄧˊ ㄐㄧㄠˇ ㄊㄚˋ ㄔㄜ ㄅㄧˇ ㄉㄚ ㄐㄧㄝˊ ㄩㄣˋ ㄍㄥˋ ㄎㄨㄞˋ.

③ 我不比小明矮，我和他一樣高。

④ 在床上睡覺比在沙發上睡覺舒服多了。

⑤ 出門的時候帶手機跟帶錢包一樣重要。

3. 次の語句を並べ替えて、日本語に合う文を完成させましょう。
句読点も加えてください。

① 自分で作ったクッキーは、外で買うものよりもっとおいしい。

還 ‖ 比在外面買的 ‖ 好吃 ‖ 自己做的餅乾

② 黒の靴下は緑のより60元高い。

比綠色的 ‖ 黑色的襪子 ‖ 60 塊 ‖ 貴

③ この椅子はあれより少し安い。

這張椅子 ‖ 一點 ‖ 便宜 ‖ 比那張

④ 北海道の夏は京都ほど暑くはない。

沒有 ‖ 京都 ‖ 北海道的夏天 ‖ 這麼熱

⑤ 中国語を学ぶのは英語を学ぶのよりずいぶん簡単だ。

容易 ‖ 學中文 ‖ 多了 ‖ 比學英文

妳喝熱的，還是冰的？

選択疑問文と付加疑問文　🎧 104

選択疑問文

節1（A）		"還是"	節2（B）	
主語1	述語1		主語2	述語2
① 他 Tā	是國中生 shì guózhōngshēng	還是 háishì		高中生 gāozhōngshēng
	彼は中学生ですか　それとも高校生ですか			
② 妳 Nǐ	喝熱的 hē rè de	還是 háishì		（喝）冰的 (hē) bīng de
	あなたはホットを飲みますか　それともアイスを飲みますか			
③ 你 Nǐ	去找他 qù zhǎo tā	還是 háishì	他 Tā	來找你 lái zhǎo nǐ
	あなたが彼を訪ねて行くのですか　それとも彼があなたを訪ねて来るのですか			

付加疑問文

節1		節2
主語1	述語1	述語2
④ 我們 Wǒmen	去西門玩 qù Xīmén wán	好嗎／好不好 hǎo ma/hǎo bù hǎo
	西門に遊びに行かない？	
⑤ 我 Wǒ	想吃冰淇淋 xiǎng chī bīngqílín	可以嗎 kěyǐ ma
	私はアイスが食べたいけど　いい？	

1 「**A ですか、それとも B ですか**」とたずねるには、〈**A，"還是" B ？**〉という文型を使います
（「**選択疑問文**」と呼ばれます）。
この文型は複文なので、2 つの選択肢の主語が共通の場合、**B の主語は省略されます**。
▶ p. 144

⑥ 他們家的孩子是男孩，還是女孩？
Tāmen jiā de háizi shì nánhái, háishì nǚhái?

⑦ 他還在台灣念書，還是已經回國了？
Tā hái zài Táiwān niàn shū, háishì yǐjīng huí guó le?

⑧ 你平常走路去，還是騎腳踏車去？
Nǐ píngcháng zǒu lù qù, háishì qí jiǎotàchē qù?

⑨ 你們學校男生多，還是女生多？
Nǐmen xuéxiào nánshēng duō, háishì nǚshēng duō?

⑩ 你自己付錢，還是你父母付？
Nǐ zìjǐ fù qián, háishì nǐ fùmǔ fù?

> A と B の主語が異なるときは、B の主語を "還是" の後ろに置いてね！

★ "是"述語文を使う場合、"還是"の後にもう一度"是"を重ねる必要はありません。

⑪ 他是醫生，還是護士？ Tā shì yīshēng, háishì hùshì?

⑫ 那句話是他說的，還是他太太說
的？ Nà jù huà shì tā shuō de, háishì tā tàitai shuō de?

★ 選択肢が 3 つのときは、〈A、B "還是" C ？〉の形にします。（**句読点の使い方** ▶ p. 219）

⑬ 這是豬肉、牛肉還是雞肉？
Zhè shì zhūròu, niúròu háishì jīròu?

2 「どう?」「〜だよね?」といった感じで相手の確認を求めるために、文末に疑問を表す短いフレーズを置いたものを「付加疑問文」と呼びます。
疑問を表すフレーズには、"〜嗎"の形、または反復疑問文で使う「肯定＋否定」の形（▶ p.074）がよく使われます。

⑭ 我們先去買菜，然後回家，<u>好嗎</u>？
Wǒmen xiān qù mǎi cài, ránhòu huí jiā, hǎo ma?

⑮ 我們晚上去夜市吃滷肉飯，
<u>好不好</u>？　Wǒmen wǎnshàng qù yèshì chī lǔròufàn, hǎo bù hǎo?

⑯ 這個星期六也要上班，<u>對嗎</u>？
Zhè ge xīngqí liù yě yào shàngbān, duì ma?

⑰ 廁所的門壞了，<u>對不對</u>？
Cèsuǒ de mén huài le, duì bú duì?

⑱ 我想買新的背包，<u>可以嗎</u>？
Wǒ xiǎng mǎi xīn de bēibāo, kěyǐ ma?

> "可不可以" は付加疑問文では使いにくいよ。

我們晚上去夜市吃滷肉飯，好不好？

⑥ 彼らの子どもは男の子ですか、それとも女の子ですか。	⑫ その言葉は彼が言ったのですか、それとも彼の奥さんが言ったのですか。
⑦ 彼はまだ台湾で勉強していますか、それとももう帰国しましたか。	⑬ これは豚肉? 牛肉? それとも鶏肉?
⑧ あなたは普段歩いて行ってる? それとも自転車?	⑭ 先に食材を買いに行って、それから家に帰るんでいい?
⑨ あなたたちの学校は男子が多いですか、それとも女子が多いですか。	⑮ 夜は夜市にルーローファンを食べに行くっていうのでいい?
⑩ 自分でお金を払いますか、それとも親に払ってもらいますか。	⑯ 今週土曜日も出勤ですよね?
⑪ 彼は医者ですか、それとも看護師ですか。	⑰ トイレのドアが壊れちゃったんだね?
	⑱ 新しいリュックを買いたいんだけど、いいかな?

学校

國民小學／ 國小／小學	guómín xiǎoxué/ guóxiǎo/xiǎoxué	ㄍㄨㄛˊ ㄇㄧㄣˊ ㄒㄧㄠˇ ㄒㄩㄝˊ／ ㄍㄨㄛˊ ㄒㄧㄠˇ／ㄒㄧㄠˇ ㄒㄩㄝˊ	名 小学校	
國民中學／ 國中	guómín zhōngxué/ guózhōng	ㄍㄨㄛˊ ㄇㄧㄣˊ ㄓㄨㄥ ㄒㄩㄝˊ／ ㄍㄨㄛˊ ㄓㄨㄥ	名 中学校	
高級中學／ 高中	gāojí zhōngxué/ gāozhōng	ㄍㄠ ㄐㄧˊ ㄓㄨㄥ ㄒㄩㄝˊ／ ㄍㄠ ㄓㄨㄥ	名 高校	
大學	dàxué	ㄉㄚˋ ㄒㄩㄝˊ	名 大学	
研究所	yánjiùsuǒ	ㄧㄢˊ ㄐㄧㄡˋ ㄙㄨㄛˇ	名 大学院	
〜生	shēng	ㄕㄥ	接尾 〜生（学生の分類に使う）	
念書	niàn shū	ㄋㄧㄢˋ ㄕㄨ	勉強する	

名 動物

牛	niú	ㄋㄧㄡˊ	ウシ
豬	zhū	ㄓㄨ	ブタ
羊	yáng	ㄧㄤˊ	ヒツジ、ヤギ
雞	jī	ㄐㄧ	ニワトリ
鳥	niǎo	ㄋㄧㄠˇ	鳥

その他

平常	píngcháng	ㄆㄧㄥˊ ㄔㄤˊ	名 普段、日頃、いつも、通常
國	guó	ㄍㄨㄛˊ	名 国
付	fù	ㄈㄨˋ	動 支払う
壞	huài	ㄏㄨㄞˋ	動 壊れる、壊す
對	duì	ㄉㄨㄟˋ	形 正しい、合っている、 （会話で使う）そう、その通り
然後	ránhòu	ㄖㄢˊ ㄏㄡˋ	副 その後、それから
句	jù	ㄐㄩˋ	量（文やセリフなどの言葉を数える）
還是	háishì	ㄏㄞˊ ㄕˋ	接 それとも

ひとことコラム！

　台湾には、祝日と週末の間の日を休みにして、その代わりに前週の土曜日を平日扱いにする"補課"（bǔkè ㄅㄨˇ ㄎㄜˋ／振替授業）"補班"（bǔbān ㄅㄨˇ ㄅㄢ／振替出勤）の制度があり、その日は、学校も役所も企業も、平日と同じスケジュールで授業や仕事が行われます。

練 習

🎧 106

1. 例を参考に語句を入れ替え、フレーズや文を作りましょう。音読もしてみましょう。

① （例：小学校）のころ ▶▶▶ （例：小學／國小）的時候

中学校／大学／大学院 のころ ▶▶▶ ＿＿＿＿ 的時候

② 紅茶にする？それとも （例：豆乳）？

▶▶▶ 你要喝紅茶，還是 （例：豆漿） ？

タンピンにする？それとも ルーローファン／牛肉麺／ハンバーガー ？

▶▶▶ 你要吃蛋餅，還是 ＿＿＿＿ ？

③ （例：豆花） を食べに行かない？ ▶▶▶ 我們去吃 （例：豆花），好嗎？

ノート／エアコン／夏物の服 を買いに行かない？

▶▶▶ 我們去買 ＿＿＿＿，好不好？

2. 次の発音や漢字が表す華語を日本語にしましょう。

① Zhè tái diànnǎo shì nǐ de, háishì tā de?
　ㄓㄜˋ ㄊㄞˊ ㄉㄧㄢˋ ㄋㄠˇ ㄕˋ ㄋㄧˇ ˙ㄉㄜ, ㄏㄞˊ ㄕˋ ㄊㄚ ˙ㄉㄜ?

② Zhèlǐ shì shūdiàn, duì bú duì?
　ㄓㄜˋ ㄌㄧˇ ㄕˋ ㄕㄨ ㄉㄧㄢˋ, ㄉㄨㄟˋ ㄅㄨˊ ㄉㄨㄟˋ?

③ 哪個比較重要？出門玩還是念書？

④ 你平常聽哪種歌？日文歌還是中文歌？

⑤ 你喜歡哪隻鳥？紅色的、藍色的還是綠色的？

3. （　）の中に"好／對／可以"のいずれかを入れて、日本語に合う文を完成させましょう。

① 台湾の銀行は三時半に閉まるんだよね？

台灣的銀行三點半關門，（　　）嗎？

② 夜はヒツジにしない？

我們晚上吃羊肉，（　　）嗎？

③ 今夜は11時頃に帰るけど、いいかな？

我今天晚上十一點回家，（　　）嗎？

Unit
3

30
•••
選択疑問文と付加疑問文

我看過這部連續劇。

経験を表す"過"

🎧 107

主語	述語				
	" 有／沒 (有)"	**動詞**	" 過 "	**目的語**	
❶ 我 Wǒ	（有） (yǒu)	看 kàn	過 guò	她的照片 tā de zhàopiàn	
			私は　彼女の写真を見たことがある		
❷ 我 Wǒ	沒 (有) méi(yǒu)	去 qù	過 guò	花蓮 Huālián	
			私は　花蓮には行ったことがない		
❸ 你 Nǐ	（有） (yǒu)	玩 wán	過 guò	這個遊戲 zhè ge yóuxì	嗎 ma
			あなたは　このゲームで遊んだことがありますか		
❹ 你 Nǐ	有沒有 yǒu méi yǒu	吃 chī	過 guò	他煮的菜 tā zhǔ de cài	
			あなたは　彼が作った料理を食べたことがありますか		

1 〈**動詞**＋"**過**"〉の形で、「〜したことがある」という経験を表します。

⑤ 我看過這部連續劇。 Wǒ kàn guò zhè bù liánxùjù.

⑥ 她大學的時候學過一點韓文。
Tā dàxué de shíhòu xué guò yìdiǎn Hánwén.

⑦ 這家餐廳很好吃，我以前吃過。
Zhè jiā cāntīng hěn hǎochī, wǒ yǐqián chī guò.

> 動詞と"過"の間には、何もはさめないよ!

★ 話し言葉では、〈"有"＋動詞＋"過"〉の形もよく使います。

⑧ 我ㄨˇ有ㄧˇ去ㄑㄩˋ過ㄍㄨㄛˋ基ㄐㄧ隆ㄌㄨㄥˊ，那ㄋㄚˋ裡ㄌㄧˇ有ㄧˇ很ㄏㄣˇ多ㄉㄨㄛ好ㄏㄠˇ吃ㄔ的ㄉㄜ
東ㄉㄨㄥ西ㄒㄧ。　Wǒ yǒu qù guò Jīlóng, nàlǐ yǒu hěn duō hǎochī de dōngxi.

⑨ 我ㄨˇ有ㄧˇ見ㄐㄧㄢˋ過ㄍㄨㄛˋ她ㄊㄚ，她ㄊㄚ真ㄓㄣ的ㄉㄜ很ㄏㄣˇ像ㄒㄧㄤˋ蔡ㄘㄞˋ英ㄧㄥ文ㄨㄣˊ。
Wǒ yǒu jiàn guò tā, tā zhēnde hěn xiàng Cài Yīngwén.

"有"をたくさん使うのは、台湾の話し言葉の特徴だよ！

2 否定形は〈"沒（有）"＋動詞＋"過"〉の形にします。

⑩ 我ㄨˇ沒ㄇㄟˊ（有ㄧˇ）用ㄩㄥˋ過ㄍㄨㄛˋ這ㄓㄜˋ麼ㄇㄜ貴ㄍㄨㄟˋ的ㄉㄜ相ㄒㄧㄤ機ㄐㄧ。
Wǒ méi (yǒu) yòng guò zhème guì de xiàngjī.

⑪ 我ㄨˇ沒ㄇㄟˊ（有ㄧˇ）去ㄑㄩˋ過ㄍㄨㄛˋ宜ㄧˊ蘭ㄌㄢˊ，一ㄧ直ㄓˊ很ㄏㄣˇ想ㄒㄧㄤˇ去ㄑㄩˋ。
Wǒ méi (yǒu) qù guò Yílán, yìzhí hěn xiǎng qù.

⑫ 我ㄨˇ以ㄧˇ前ㄑㄧㄢˊ沒ㄇㄟˊ（有ㄧˇ）來ㄌㄞˊ過ㄍㄨㄛˋ這ㄓㄜˋ裡ㄌㄧˇ，這ㄓㄜˋ是ㄕˋ第ㄉㄧˋ一ㄧ
次ㄘˋ。　Wǒ yǐqián méi (yǒu) lái guò zhèlǐ, zhè shì dì yī cì.

3 「はい」か「いいえ」で答えてほしいときの疑問文は、文末に"嗎"をつけるか、動詞の前に"有沒有"をつけます。

⑬ 這ㄓㄜˋ種ㄓㄨㄥˇ顏ㄧㄢˊ色ㄙㄜˋ的ㄉㄜ衣ㄧ服ㄈㄨˊ，你ㄋㄧˇ穿ㄔㄨㄢ過ㄍㄨㄛˋ嗎ㄇㄚ？
Zhè zhǒng yánsè de yīfú nǐ chuān guò ma?

⑭ 你ㄋㄧˇ看ㄎㄢˋ過ㄍㄨㄛˋ明ㄇㄧㄥˊ華ㄏㄨㄚˊ生ㄕㄥ氣ㄑㄧˋ的ㄉㄜ樣ㄧㄤˋ子ㄗ嗎ㄇㄚ？
Nǐ kàn guò Mínghuá shēngqì de yàngzi ma?

⑮ 你ㄋㄧˇ有ㄧˇ沒ㄇㄟˊ有ㄧˇ聽ㄊㄧㄥ過ㄍㄨㄛˋ這ㄓㄜˋ個ㄍㄜ方ㄈㄤ法ㄈㄚˇ？
Nǐ yǒu méi yǒu tīng guò zhè ge fāngfǎ?

⑯ 他ㄊㄚ有ㄧˇ沒ㄇㄟˊ有ㄧˇ做ㄗㄨㄛˋ過ㄍㄨㄛˋ這ㄓㄜˋ麼ㄇㄜ辛ㄒㄧㄣ苦ㄎㄨˇ的ㄉㄜ工ㄍㄨㄥ作ㄗㄨㄛˋ？
Tā yǒu méi yǒu zuò guò zhème xīnkǔ de gōngzuò?

「はい／いいえ」と答えるときは、〈"有。／沒有。"〉または
〈動詞＋"過"／"沒（有）"＋動詞＋"過"〉を使ってね！

4 動作の対象を示す言葉を文頭に置いて主題にすることもあります。

⑰ 桃園機場和松山機場，我都去過。

Táoyuán jīchǎng hé Sōngshān jīchǎng, wǒ dōu qù guò.

⑱ 書架上的這些書，你都看過嗎？

Shūjià shàng de zhè xiē shū, nǐ dōu kàn guò ma?

〈動詞＋"了"〉を"沒（有）"で否定すると"了"がなくなりますが（▶ p. 127）、〈動詞＋"過"〉を"沒（有）"で否定しても"過"はそのまま残ります。比較してみましょう。

⑲ 他來了。　⇔　他沒（有）來。

Tā lái le.　　　　　Tā méi (yǒu) lái.

「彼は来た。」　　　「彼は来なかった／来ていない。」

⑳ 他來過。　⇔　他沒（有）來過。

Tā lái guò.　　　　Tā méi (yǒu) lái guò.

「彼は来たことがある。」　「彼は来たことがない。」

花蓮・清水断崖

⑤私はこの連続ドラマを見たことがある。	⑫これまでここに来たことはありません。これが初めてです。
⑥彼女は大学の頃に少し韓国語を学んだことがある。	⑬こんな色の服をあなたは着たことがありますか。
⑦このレストランはおいしいよ。以前食べたことがあるんだ。	⑭あなたたちは明華が怒っているのを見たことがありますか。
⑧基隆には行ったことがあります。あそこにはおいしいものがたくさんあります。	⑮この方法を聞いたことがありますか？
⑨彼女には会ったことがあります。彼女は蔡英文に本当によく似ていますね。	⑯彼はこんなに大変な仕事をしたことがありますか。
⑩こんなに高価なカメラを使ったことがありません。	⑰桃園空港も松山空港も、どちらも行ったことがあります。
⑪宜蘭には行ったことがなく、ずっと行きたいと思っている。	⑱本棚のこれらの本、きみは全部読んだことがあるの？

形 基本形容詞⑥

早	zǎo	ㄗㄠˇ	早い
晩	wǎn	ㄨㄢˇ	(時間が) 遅い
簡單	jiǎndān	ㄐㄧㄢˇ ㄉㄢ	簡単である、シンプルである、複雑ではない
高興	gāoxìng	ㄍㄠ ㄒㄧㄥˋ	うれしい、機嫌がいい
快樂	kuàilè	ㄎㄨㄞˋ ㄌㄜˋ	楽しい、愉快である、 ("生日快樂"のようなお祝いの挨拶で) おめでとう
開心	kāixīn	ㄎㄞ ㄒㄧㄣ	楽しい、うれしい
辛苦	xīnkǔ	ㄒㄧㄣ ㄎㄨˇ	大変である、苦しい、つらい、苦労する
難過	nánguò	ㄋㄢˊ ㄍㄨㄛˋ	つらい、悲しい
麻煩	máfán	ㄇㄚˊ ㄈㄢˊ	面倒である

趣味②

連續劇	liánxùjù	ㄌㄧㄢˊ ㄒㄩˋ ㄐㄩˋ	名 連続ドラマ
遊戲	yóuxì	ㄧㄡˊ ㄒㄧˋ	名 ゲーム
照片／	zhàopiàn/	ㄓㄠˋ ㄆㄧㄢˋ／	名 写真
相片	xiàngpiàn	ㄒㄧㄤˋ ㄆㄧㄢˋ	
拍照／	pāi zhào/	ㄆㄞ ㄓㄠˋ／	写真を撮る
照相	zhào xiàng	ㄓㄠˋ ㄒㄧㄤˋ	
相機／	xiàngjī/	ㄒㄧㄤˋ ㄐㄧ／	名 カメラ
照相機	zhàoxiàngjī	ㄓㄠˋ ㄒㄧㄤˋ ㄐㄧ	

その他

樣子	yàngzi	ㄧㄤˋ ˙ㄗ	名 様子、形、スタイル
方法	fāngfǎ	ㄈㄤ ㄈㄚˇ	名 方法
辦法	bànfǎ	ㄅㄢˋ ㄈㄚˇ	名 仕方、方法
蔡英文	Cài Yīngwén	ㄘㄞˋ ㄧㄥ ㄨㄣˊ	名 蔡英文 (第7代中華民国総統)
拍	pāi	ㄆㄞ	動 (写真を) 撮る、(軽く、ぽんと) たたく、打つ
像	xiàng	ㄒㄧㄤˋ	動 似ている
一直	yìzhí	ㄧˋ ㄓˊ	副 ずっと
過	guò	ㄍㄨㄛˋ	助 ～したことがある (動詞の後に置き経験を表す)
有	yǒu	ㄧㄡˇ	助動 (経験を表す場合などに、〈"有"＋動詞＋"過"〉という形で動詞の前に置く。台湾でよく使われる)
生氣	shēngqì	ㄕㄥ ㄑㄧˋ	怒る、腹を立てる、腹が立つ
松山	Sōngshān	ㄙㄨㄥ ㄕㄢ	名 松山 (地名)

Unit

3

31
•••
経験を表す"過"

1. 例を参考に語句を入れ替え、フレーズを作りましょう。音読もしてみましょう。

① (例：台北) 駅に行ったことがある ▶▶▶ 去過 (例：台北) 車站

　 新竹／桃園／松山 駅に行ったことがある ▶▶▶ 去過 [　　　　] 車站

② (例：会った) ことがない ▶▶▶ 沒 (例：見) 過

　 泣いた／作った／注文した ことがない ▶▶▶ 沒 [　　　　] 過

③ (例：あの物語) を聞いたことがある ▶▶▶ 聽過 (例：那個故事)

　 彼の写真／あのサイト／あそこの景色 を見たことがある

　　　　　　　　　　　　　　　　　　 ▶▶▶ 看過 [　　　　]

2. 次の発音や漢字が表す華語を日本語にしましょう。

① Tā fùmǔ dōu méi lái guò Táiwān.
　 ㄊㄚ ㄈㄨˋ ㄇㄨˇ ㄅㄡ ㄇㄟˊ ㄌㄞˊ ㄍㄨㄛˋ ㄊㄞˊ ㄨㄢ.

② Nǐ yǒu méi yǒu tīng guò tā de gē?
　 ㄋㄧˇ ㄧㄡˇ ㄇㄟˊ ㄧㄡˇ ㄊㄧㄥ ㄍㄨㄛˋ ㄊㄚ ˙ㄉㄜ ㄍㄜ?

③ 我沒看過他那麼難過的樣子。

④ 這兩本書，我可能都借過。

3. (　　)の中に入れる語句として適切なものを右から選び、
日本語に合う文を完成させましょう。

① 彼はきっと眼鏡をかけたことがないよ。

　 他 (　　) 沒 (　　) 過眼鏡。

② お姉ちゃんはどうしたの？最近笑ったことがないみたいけど。

　 姊姊 (　　)？她最近 (　　) 沒笑過。

③ この靴は少し小さいから、履いたことがない。

　 這 (　　) 鞋子 (　　) 小，我沒有穿過。

④ この2つのドラマは、もちろんどちらも見たことがあります。

　 這兩部 (　　)，我 (　　) 都有看過。

雙	隻
戴	好像
有點	
當然	
一定	
怎麼了	
連續劇	
怎麼樣	

要是天氣不好，我就不去了。

接続詞

🎧 110

節1		節2	
接続詞1	主語1＋述語1	接続詞2	主語2＋述語2
① （因為） (Yīnwèi)	哥哥 還沒起床 gēge hái méi qǐchuáng	所以 suǒyǐ	媽媽 不高興 māma bù gāoxìng
	兄がまだ起きていないので　母は機嫌が悪い		
② （雖然） (Suīrán)	這家店 比較貴 zhè jiā diàn bǐjiào guì	但是 dànshì	東西 都很新鮮 dōngxi dōu hěn xīnxiān
	この店は比較的高いが　商品はどれも新鮮だ		
③ 要是 Yàoshì	天氣不好 tiānqì bù hǎo		我 就不去了 wǒ jiù bú qù le
	もし天気が良くなかったら　私は行くのをやめる		

　Lesson 25で複文について学びましたが、複文を構成する節と節とのつながりをより明確に するのが接続詞です。ここではまず、その中でよく使われるものをいくつか学びます。

1　《（"因為"）A，"所以" B》：「AだからBだ」

④ （因為）中午的休息時間很短，所以 我不想去外面吃午餐。
(Yīnwèi) zhōngwǔ de xiūxí shíjiān hěn duǎn, suǒyǐ wǒ bù xiǎng qù wàimiàn chī wǔcān.

⑤ （因為）他沒有經驗，所以不知道怎 麼辦。　(Yīnwèi) tā méi yǒu jīngyàn, suǒyǐ bù zhīdào zěnme bàn.

★ 会話や短い文では、接続詞を使わずに2つの節をつなぐこともあります。

⑥ 我脚痛，不能去上跳舞課。
Wǒ jiǎo tòng, bù néng qù shàng tiào wǔ kè.

★ 「なぜなら～だから」と後から理由を説明するには、"因為"を2番目の節の先頭に置きます。

⑦ 我很喜歡聽她唱歌，因為她的聲音很美。　Wǒ hěn xǐhuān tīng tā chàng gē, yīnwèi tā de shēngyīn hěn měi.

⑧ 對不起，我不能跟你一起去看房子了，因為我媽媽生病了。
Duìbùqǐ, wǒ bù néng gēn nǐ yìqǐ qù kàn fángzi le, yīnwèi wǒ māma shēngbìng le.

> 華語の接続詞は、"因為～所以"のように組み合わせて使うことが多いから、セットで覚えておくといいよ！

---

2 《("雖然") A，"但是／可是" B》：「AだけどBだ」

⑨ (雖然) 兩個國家的文化習慣不一樣，但是我都喜歡。
(Suīrán) liǎng ge guójiā de wénhuà xíguàn bù yíyàng, dànshì wǒ dōu xǐhuān.

⑩ (雖然) 他不太愛笑，可是人很好。
(Suīrán) tā bú tài ài xiào, kěshì rén hěn hǎo.

★ 会話では、"不過"もよく使います。

⑪ 花蓮離這裡比較遠，不過我常常去那裡玩。　Huālián lí zhèlǐ bǐjiào yuǎn, búguò wǒ chángcháng qù nàlǐ wán.

---

3 《"要是／如果" A，(主語) "就" B》：「もしもAならばBだ」

⑫ 要是我知道這件事，昨天就跟你說了。　Yàoshì wǒ zhīdào zhè jiàn shì, zuótiān jiù gēn nǐ shuō le.

⑬ 如果你會游泳，就可以參加這次活動。Rúguǒ nǐ huì yóuyǒng, jiù kěyǐ cānjiā zhè cì huódòng.

★ 2つの節の主語が異なる場合、2番目の節の主語も省略できません（▶ **p. 144**）。この場合、"就"の前に2番目の主語を置きます。

⑭ 要是明天天氣好，我們就去淡水玩。
Yàoshì míngtiān tiānqì hǎo, wǒmen jiù qù Dànshuǐ wán.

⑮ 如果這件事情很麻煩，我就不想做了。Rúguǒ zhè jiàn shìqíng hěn máfán, wǒ jiù bù xiǎng zuò le.

"就"は副詞だから、動詞句や形容詞句の直前に置いてね！

4 "那（麼）"は、文や節の先頭に置いて、「では、じゃあ」という意味の接続詞になることがあります。

⑯ 我今天有點忙，不能帶你去買眼鏡。
Wǒ jīntiān yǒudiǎn máng, bù néng dài nǐ qù mǎi yǎnjìng.

　　— 那，這個週末呢？
Nà, zhè ge zhōumò ne?

"有點"は「ちょっと嫌だなあ」という気持ちを表すことが多いよ！

⑰ 那麼，你決定買這台電腦了嗎？
Nàme, nǐ juédìng mǎi zhè tái diànnǎo le ma?

④ お昼の休憩時間が短いので、私は外に昼ご飯を食べに行きたくない。	⑪ 花蓮はここからけっこう遠いが、私はよくあそこへ遊びに行っている。
⑤ 彼には経験がないから、どうするかがわからない。	⑫ もし私がこのことを知っていたら、昨日きみに言っていたよ。
⑥ 私は足が痛いので、ダンスのレッスンに行けない。	⑬ もしきみが泳げるなら、今回の行事に参加してもいい。
⑦ 私は彼女の歌がとても好きだ。彼女の声はきれいだから。	⑭ もし明日天気がよければ、淡水に遊びに行こう。
⑧ ごめんなさい。あなたと一緒に部屋を見に行けなくなりました。母親が病気になってしまったので。	⑮ もしこの件が面倒なら、私はもうしたくない。
⑨ この2つの国の文化や習慣は違うけれど、私はどちらも好きだ。	⑯ 今日は少し忙しいから、眼鏡を買いに連れて行けない。 ―じゃあ今週末は？
⑩ 彼はあまり笑おうとしないけれど、人はいい。	⑰ では、このパソコンを買うことにしたのですか。

接 基本接続詞

因為	yīnwèi	ㄧㄣ ㄨㄟˋ	～なので、～のため
所以	suǒyǐ	ㄙㄨㄛˇ ㄧˇ	だから、それで
雖然	suīrán	ㄙㄨㄟ ㄖㄢˊ	～ではあるが、～だけれども
但是	dànshì	ㄉㄢˋ ㄕˋ	しかし、でも
可是	kěshì	ㄎㄜˇ ㄕˋ	しかし、でも
不過	búguò	ㄅㄨˊ ㄍㄨㄛˋ	でも、しかし
要是	yàoshì	ㄧㄠˋ ㄕˋ	もしも、もし
如果	rúguǒ	ㄖㄨˊ ㄍㄨㄛˇ	もしも、もし
那（麼）	nà(me)	ㄋㄚˋ (·ㄇㄜ)	それでは、それなら、じゃあ

名 身体②

耳朵	ěrduo	ㄦˇ ·ㄉㄨㄛ	耳
鼻子	bízi	ㄅㄧˊ ·ㄗ	鼻
嘴（巴）	zuǐ(ba)	ㄗㄨㄟˇ (·ㄅㄚ)	口
腿	tuǐ	ㄊㄨㄟˇ	足（足首からももまでの部分）
腳	jiǎo	ㄐㄧㄠˇ	足（足首からつま先までの部分、または足全体）

社会

外國	wàiguó	ㄨㄞˋ ㄍㄨㄛˊ	名 外国
國家	guójiā	ㄍㄨㄛˊ ㄐㄧㄚ	名 国、国家
文化	wénhuà	ㄨㄣˊ ㄏㄨㄚˋ	名 文化
習慣	xíguàn	ㄒㄧˊ ㄍㄨㄢˋ	名 動 習慣、慣れる
經驗	jīngyàn	ㄐㄧㄥ ㄧㄢˋ	名 動 経験（する）

その他

事情	shìqíng	ㄕˋ ㄑㄧㄥˊ	名 事柄、事情
聲音	shēngyīn	ㄕㄥ ㄧㄣ	名 声、音
決定	juédìng	ㄐㄩㄝˊ ㄉㄧㄥˋ	動 決める、決定する
就	jiù	ㄐㄧㄡˋ	副 ～ならば、すぐに
離	lí	ㄌㄧˊ	介 ～から（隔たりを言うときに使う）
怎麼辦	zěnmebàn	ㄗㄣˇ ·ㄇㄜ ㄅㄢˋ	どうしよう、どうするか

1. 例を参考に語句を入れ替え、フレーズを作りましょう。音読もしてみましょう。

① (例：お腹) の調子が悪いから ▶▶▶ 因為 (例：肚子) 不舒服

　　鼻／目／耳 の調子が悪いから ▶▶▶ 因為 ＿＿＿＿＿ 不舒服

② 天気が (例：あまりよくない) けど ▶▶▶ 雖然天氣 (例：不太好)

　　私は 會ったことがない／外国に行ったことがない／車の運転ができない けど

　　　　　　　　　　　　　　▶▶▶ 雖然我 ＿＿＿＿＿

2. 次の発音や漢字が表す華語を日本語にしましょう。

① Yàoshì tā bú qù, wǒmen jiù bú qù le.
ㄧㄠˋ ㄕˋ ㄊㄚ ㄅㄨˊ ㄑㄩˋ, ㄨㄛˇ ·ㄇㄣ ㄐㄧㄡˋ ㄅㄨˊ ㄑㄩˋ ·ㄌㄜ.

② Nà, wǒmen kěyǐ zǒu le ma?
ㄋㄚˋ, ㄨㄛˇ ·ㄇㄣ ㄎㄜˇ ㄧˇ ㄗㄡˇ ·ㄌㄜ ·ㄇㄚ?

③ 沒關係，如果你不想說，就不要說。

④ 因為他們都很喜歡日本，所以常常去那裡旅遊。

3. ( ) の中に入れる語句として適切なものを下から選び、
日本語に合う文を完成させましょう。

① 彼は今話すことができない。口にものがまだいっぱい入っているから。
　　他現在不能說話，( ) ( ) 裡還有很多東西。

② あのホテルは駅から遠い。でも多くの人が気に入っている。
　　那間飯店 ( ) 車站很遠，( ) 很多人喜歡。

③ 私は行きたいけれど、今はもう遅すぎる。
　　( ) 我很想去，可是現在太 ( ) 了。

④ では、あなたはこの国の文化をどう思いますか。
　　( )，你覺得這個 ( ) 的文化怎麼樣？

> 離　那麼　因為　雖然　件　晚　不過　嘴　國家　所以

Unit **3**

32

•••

接続詞

你幫我拿一下吧。

依頼、提案、命令、禁止

🎧 113

主語	述語			
	"幫／請／別"	人	動詞句	"吧"
❶ 你 Nǐ			快 (一)點 洗 澡 kuài (yì)diǎn xǐzǎo	吧 ba
	早くシャワーを浴びなさいね			
❷ 你 Nǐ	幫 bāng	我 wǒ	拿 一下 ná yíxià	吧 ba
	ちょっと持ってちょうだい			
❸	請 Qǐng	你們 nǐmen	再 想 想 zài xiǎngxiǎng	
	みなさん、もうちょっと考えてみてください			
❹	別 Bié		說 話 shuō huà	
	話をしないで			

1 相手に何かの行動を促すときの口調は、次の⑤から⑧の順にていねいになります。

⑤ 你 寫！ Nǐ xiě!（書きなさい。）

⑥ 你 寫 吧！ Nǐ xiě ba!（書いたら？／書いてね。）

⑦ 幫 我 寫 一下。 Bāng wǒ xiě yíxià.（ちょっと書いてちょうだい。）

⑧ 請 (你) 幫 我 寫 一下。 Qǐng (nǐ) bāng wǒ xiě yíxià.
（ちょっと書いていただけますか。）

> "寫!"のように動詞だけで使うと、かなりきつ
> い命令口調になるよ。気をつけてね！

2 文末に"吧"をつけると、自分が決めてしまうのではなく、相手の意向を尊重する気持ちが表現されます。
そのため、「〜したら？」「〜しなさいね」と相手に勧めるとき（▶表❶⑥⑨⑩）や、自分（たち）の行動について「〜しましょう」と提案するとき（▶⑪⑫）によく使います。

⑨ 你ᵇᵉ進ᵇⁱⁿ教ᵈᶦⁿ室ᵇⁱ **吧**ᵃ！ Nǐ jìn jiàoshì ba!

⑩ 馬ᵐⁱ路ᵈ上ⁿⁱ現ˢⁱ在ᵈ車ⁱ很ᵇⁿ多ᵈⁱ，你ⁿⁱ小ˢⁱᵒ心ˢⁱⁿ一ⁱ點ᵈⁿ **吧**ᵃ。
Mǎlù shàng xiànzài chē hěn duō, nǐ xiǎoxīn yìdiǎn ba.

⑪ 晚ᵇⁿ餐ᵗⁿ的ᵈᵉ錢ᵗⁿ我ᵒ付ᶠ **吧**ᵃ。 Wǎncān de qián wǒ fù ba.

⑫ 山ᵇ上ⁿⁱ的ᵈᵉ空ᵏᵘ氣ᵗⁱ很ᵇⁿ好ᵇᵒ，我ᵒ們ⁿ這ᵈᵉ個ᵍᵉ禮ⁿⁱ拜ᵇⁱ六ˡⁱ去ᵗ玩ᵘ **吧**ᵃ。 Shān shàng de kōngqì hěn hǎo,wǒmen zhè ge lǐbài liù qù wán ba.

★ "吧"には「断定を避ける」という役割があるので、「〜でしょう」という確認や推測の意味を表すこともできます。

⑬ 你ⁿⁱ以ⁱ前ᵗⁿ見ᵇⁿ過ᵍ他ᵗ，記ᵇ得ᵈᵉ **吧**ᵃ？ Nǐ yǐqián jiàn guò tā, jìde ba?

⑭ 下ˢⁱᵃ個ᵍᵉ禮ⁿⁱ拜ᵇⁱ不ᵇ會ᵇⁱ下ˢⁱᵃ雪ˢⁱᵉ **吧**ᵃ。 Xià ge lǐbài bú huì xià xuě ba.

> 相手に勧めるとき以外の"吧"は、ほとんど「〜しょう」を使って訳すことができるよ。

3 「助ける、手伝う」という意味の動詞"幫"を介詞として使い、〈"幫"＋人＋動詞〉の形にすると、「（…のために）〜してあげる／〜してくれる／〜してもらう」という意味になります。

⑮ 小ˢⁱᵃ美ᵐⁱ今ᵇⁱⁿ天ᵗⁱⁿ沒ᵐᵉ有ⁱ來ˡⁱ學ˢⁱᵉ校ˢⁱᵃ，所ˢᵘ以ⁱ我ᵒ現ˢⁱ在ᵈ要ⁱᵃ去ᵗ圖ᵗᵘ書ˢ館ᵍ幫 她ᵗ借ᵇⁱᵉ書ˢ。
Xiǎoměi jīntiān méi yǒu lái xuéxiào, suǒyǐ wǒ xiànzài yào qù túshūguǎn bāng tā jiè shū.

⑯ 你ⁿⁱ幫ᵇ我ᵒ看ᵏⁿ看ᵏⁿ這ᵈᵉ張ᵇⁿ圖ᵗᵘ！ Nǐ bāng wǒ kànkàn zhè zhāng tú!

> 〈"幫我"＋動詞〉は、他の人に何かをお願いするときによく使うよ。

★ "快（一）點"の"一點"（▶表❶）や"拿一下"の"一下"（▶表❷）、"看看"のような同じ動詞の繰り返し型（▶⑯）には、「ちょっと」という意味が含まれており、日本語の「ちょっと見てくれる？」の「ちょっと」と同じように、相手に何かお願いしたり命令したりするときの口調をやわらげる効果があります。

⑰ 你ⁿⁱ 快ᵏᵘⁱ（一ʸⁱ）點ᵈⁱᵃⁿ 去ᑫᵘ 上ˢʰᵃⁿᵍ 學ˣᵘᵉ 吧ᵇᵃ。　Nǐ kuài (yì)diǎn qù shàngxué ba.

⑱ 我ʷᵒ 幫ᵇᵃⁿᵍ 你ⁿⁱ 想ˣⁱᵃⁿᵍ 想ˣⁱᵃⁿᵍ 怎ᶻᵉⁿ 麼ᵐᵉ 做ᶻᵘᵒ 比ᵇⁱ 較ʲⁱᵃᵒ 簡ʲⁱᵃⁿ 單ᵈᵃⁿ。

Wǒ bāng nǐ xiǎngxiǎng zěnme zuò bǐjiào jiǎndān.

4 文頭に"請"をつけると、「（どうぞ）～してください」とお願いする文になります。

⑲ 請ᑫⁱⁿᵍ 關ᵍᵘᵃⁿ 門ᵐᵉⁿ，謝ˣⁱᵉ 謝ˣⁱᵉ。　Qǐng guān mén, xièxie.

⑳ 請ᑫⁱⁿᵍ 進ʲⁱⁿ！請ᑫⁱⁿᵍ 坐ᶻᵘᵒ！　Qǐng jìn! Qǐng zuò!

㉑ 請ᑫⁱⁿᵍ 幫ᵇᵃⁿᵍ 我ʷᵒ 寫ˣⁱᵉ 你ⁿⁱ 的ᵈᵉ 姓ˣⁱⁿᵍ 名ᵐⁱⁿᵍ、地ᵈⁱ 址ᶻʰⁱ 和ʰᵉ 手ˢʰᵒᵘ 機ʲⁱ 號ʰᵃᵒ 碼ᵐᵃ。　Qǐng bāng wǒ xiě nǐ de xìngmíng, dìzhǐ hé shǒujī hàomǎ.

5 〈"不要／別"＋動詞〉で、「～しないで」という禁止を表します。

㉒ 大ᵈᵃ 家ʲⁱᵃ 現ˣⁱᵃⁿ 在ᶻᵃⁱ 不ᵇᵘ 要ʸᵃᵒ 聊ˡⁱᵃᵒ 天ᵗⁱᵃⁿ。　Dàjiā xiànzài bú yào liáotiān.

㉓ 你ⁿⁱ 太ᵗᵃⁱ 累ˡᵉⁱ 了ˡᵉ，今ʲⁱⁿ 天ᵗⁱᵃⁿ 別ᵇⁱᵉ 開ᵏᵃⁱ 車ᶜʰᵉ 吧ᵇᵃ。

Nǐ tài lèi le, jīntiān bié kāi chē ba.

★ 変化の"了"をつけて〈"不要／別"＋動詞＋"了"〉と言えば、「～するのをやめて、もう～しないで」という意味になります。

㉔ 今ʲⁱⁿ 天ᵗⁱᵃⁿ 風ᶠᵉⁿᵍ 很ʰᵉⁿ 大ᵈᵃ，你ⁿⁱ 不ᵇᵘ 要ʸᵃᵒ 去ᑫᵘ 海ʰᵃⁱ 邊ᵇⁱᵃⁿ 玩ʷᵃⁿ 了ˡᵉ。

Jīntiān fēng hěn dà, nǐ bú yào qù hǎibiān wán le.

㉕ 別ᵇⁱᵉ 笑ˣⁱᵃᵒ 了ˡᵉ！他ᵗᵃ 會ʰᵘⁱ 哭ᵏᵘ。　Bié xiào le! Tā huì kū.

⑨ 教室に入ってね。	⑱ どうすればより簡単か私がちょっと考えてあげるよ。
⑩ 大通りは今車が多いから、気をつけてね。	⑲ ドアを閉めてください。よろしくお願いします。
⑪ 夕飯のお金は私が払いましょう。	⑳ お入りください。お座りください。
⑫ 山の空気はいいよ。今週土曜日遊びに行こう。	㉑ あなたのお名前、住所、携帯電話番号を書いていただけますか。
⑬ きみは以前彼に会ったことがあるよ。覚えてるでしょ？	
⑭ 来週雪は降らないでしょう。	㉒ みんな今はおしゃべりしないで。
⑮ 小美は今日学校に来ていないので、私は今から図書館に行って本を借りてあげるつもりです。	㉓ あなたは今日は疲れすぎているから、運転はやめなさいよ。
⑯ ちょっとこの図を見てちょうだい。	㉔ 今日は風が強いから、海に遊びに行くのはやめなさい。
⑰ 早く学校に行きなさいよ。	㉕ もう笑わないで。彼泣いちゃうよ。

動 基本動詞⑧

請	qǐng	ㄑㄧㄥˇ	お願いする、どうぞ～してください
拿	ná	ㄋㄚˊ	持つ、手にとる
進	jìn	ㄐㄧㄣˋ	入る
想	xiǎng	ㄒㄧㄤˇ	考える、思う
念／唸	niàn	ㄋㄧㄢˋ	音読する、勉強する
忘	wàng	ㄨㄤˋ	忘れる（"忘了" や "忘記" の形で使うことが多い）
記得	jìde	ㄐㄧˋ・ㄉㄜ	覚える、覚えている
練習	liànxí	ㄌㄧㄢˋ ㄒㄧˊ	練習する

名 自然

山	shān	ㄕㄢ	山
海	hǎi	ㄏㄞˇ	海
河	hé	ㄏㄜˊ	川
花	huā	ㄏㄨㄚ	花
草	cǎo	ㄘㄠˇ	草
樹	shù	ㄕㄨˋ	木
空氣	kōngqì	ㄎㄨㄥ ㄑㄧˋ	空気
風	fēng	ㄈㄥ	風

その他

姓名	xìngmíng	ㄒㄧㄥˋ ㄇㄧㄥˊ	名 氏名
地址	dìzhǐ	ㄉㄧˋ ㄓˇ	名 住所
馬路	mǎlù	ㄇㄚˇ ㄌㄨˋ	名 大通り（場所詞化するときは後に "上" をつける）
別	bié	ㄅㄧㄝˊ	副 ～しないで
幫	bāng	ㄅㄤ	介 （…のために）～してあげる、～してくれる、～してもらう
吧	ba	・ㄅㄚ	助 ～したら、～しなさいね、～でしょう
邊	biān	ㄅㄧㄢ	接尾 ～のあたり、周辺
上學	shàngxué	ㄕㄤˋ ㄒㄩㄝˊ	登校する
小心	xiǎoxīn	ㄒㄧㄠˇ ㄒㄧㄣ	気をつける、注意する、注意深い
一下	yíxià	ㄧˊ ㄒㄧㄚˋ	（動詞の後につけて）ちょっと～する

Unit
3

33
•••
依頼、提案、命令、禁止

ひとことコラム！

他の人に何かお願いごとをするときに、「よろしくお願いします」という意味で最後に "謝謝" と言うことがあります。メールやチャットでもよく使います。

🎧 115

1. 例を参考に語句を入れ替え、文を作りましょう。音読もしてみましょう。

① ちょっと (例：音読して) 。　▶▶▶ 你 (例：念) 一下吧！

　　ちょっと 休んで／待って／練習して 。　▶▶▶ 你 ＿＿＿＿ 一下吧！

② (例：持って) あげるよ。　▶▶▶ 我幫你 (例：拿) 吧！

　　閉めて／売って／描いて あげるよ。　▶▶▶ 我幫你 ＿＿＿＿ 吧！

③ もう (例：考え) ないで。　▶▶▶ 別 (例：想) 了！

　　もう 泣か／走ら／怒ら ないで。　▶▶▶ 別 ＿＿＿＿ 了！

2. 次の発音や漢字が表す華語を日本語にしましょう。

① Nà wèi xiānshēng shì jǐngchá ba?
　ㄋㄚˋ ㄨㄟˋ ㄒㄧㄢ ㄕㄥ ㄕˋ ㄐㄧㄥˇ ㄔㄚˊ ˙ㄅㄚ？

② Nǐ gǎnmào le, jīntiān bú yào hē jiǔ ba.
　ㄋㄧˇ ㄍㄢˇ ㄇㄠˋ ˙ㄌㄜ， ㄐㄧㄣ ㄊㄧㄢ ㄅㄨˊ ㄧㄠˋ ㄏㄜ ㄐㄧㄡˇ ˙ㄅㄚ．

③ 那間公司離這裡不遠，你走路去吧。

④ 外面下雨了。我們快回家吧！

⑤ 你幫他找一下，可以嗎？

3. （　）の中に入れる語句として適切なものを右から選び、日本語に合う文を完成させましょう。

① あなたはもう空港に着いたんでしょう？
　你已經到（　）了（　）？

② このことはとても大切だから、忘れないでね。
　這件事非常（　），你（　）忘了。

③ 料理を注文してちょうだい。
　你（　）我（　）菜吧。

④ 母には言わないでください。
　請不（　）（　）我媽媽說。

跟　別
覺得　幫
要　重要
吧　機場
點　有

他唱歌唱得很好。

様態補語

🎧 116

主語	述語				
	動詞	目的語	動詞	"得"	様態補語
① 他 Tā			說 shuō	得 de	很清楚 hěn qīngchǔ
	彼は　はっきりと言っている				
② 你 Nǐ			跑 pǎo	得 de	快不快 kuài bú kuài
	あなたは　走るのが速いですか				
③ 他 Tā	煮 zhǔ	菜 cài	煮 zhǔ	得 de	很好 hěn hǎo
	彼は　料理が上手だ				
④ 他 Tā		菜 cài	煮 zhǔ	得 de	很好 hěn hǎo
	彼は　料理が上手だ				
⑤ 他的菜 Tā de cài			煮 zhǔ	得 de	很好 hěn hǎo
	彼の料理は　上手だ　（→彼は　料理が上手だ）				

　動詞や形容詞の後に置いて、その動詞や形容詞が表す動作や状態を補足説明する言葉を「補語」と呼びます。

　補語にはいくつかの種類がありますが、ここではそのうちの「様態補語」を学びます。

1 様態補語の基本形は〈**動詞**＋"**得**"＋**様態補語**〉で、「～するのが…だ」という意味を表します。

⑥ 時間過得真快！我們都老了。

Shíjiān guò de zhēn kuài! Wǒmen dōu lǎo le.

⑦ 這些餅乾**烤**<u>得</u>**很**香。 Zhè xiē bǐnggān kǎo de hěn xiāng.

⑧ 過年的時候，我每天都**吃**<u>得</u>**很**飽。
Guònián de shíhòu, wǒ měitiān dōu chī de hěn bǎo.

⑨ 美美，**做**<u>得</u>**好**！妳好棒！ Měiměi, zuò de hǎo! Nǐ hǎo bàng!

⑩ 同學們，你們**玩**<u>得</u>**開**心嗎？
Tóngxuémen, nǐmen wán de kāixīn ma?

"得"の前には必ず動詞を置いてね！

---

2 **動詞**に**目的語**があるときは、以下の3通りのいずれかの形にします。

A：目的語の前後で動詞を2回繰り返す（▶表❸）	⑪ 他**唱**歌**唱**<u>得</u>**很**好。 Tā chàng gē chàng de hěn hǎo.
B：Aから目的語の前の動詞を省略する（▶表❹）	⑫ 他　　歌*唱*<u>得</u>**很**好。 Tā gē chàng de hěn hǎo.
C：Bで省略した動詞の位置に"的"を入れる（▶表❺）	⑬ 他的歌*唱*<u>得</u>**很**好。 Tā de gē chàng de hěn hǎo.

⑫⑬で＊をつけた単語の文法的な役割は「目的語」ではありませんが、語順を覚えやすくするために、便宜的に⑪の目的語と同じ色の下線でマークしています（表❹❺⑯〜⑲も同様）。

2番目の動詞を省略して"他唱歌得很好。"と言うことはできないよ。"得"の直前が名詞になるのはだめだからね。

⑭ 他女兒**畫**畫**畫**<u>得</u>**很**好。 Tā nǚ'ér huà huà huà de hěn hǎo.

⑮ 他**開**車**開**<u>得</u>**太**快了，我不敢搭他的車。 Tā kāi chē kāi de tài kuài le, wǒ bù gǎn dā tā de chē.

⑯ 我看過他的筆記本，他中文字**寫**<u>得</u>很漂亮。 Wǒ kàn guò tā de bǐjìběn, tā Zhōngwén zì xiě de hěn piàoliang.

⑰ 他啤酒喝得很多，可是飯吃得很少。

Tā píjiǔ hē de hěn duō, kěshì fàn chī de hěn shǎo.

⑱ 他交了很多法國朋友，所以他的法文說得很不錯。

Tā jiāo le hěn duō Fàguó péngyǒu, suǒyǐ tā de Fàwén shuō de hěn búcuò.

⑲ 聽說他的網球打得非常好。

Tīngshuō tā de wǎngqiú dǎ de fēicháng hǎo.

> 樣態補語の "好" には、「上手だ」と
> 訳せるものがたくさんあるよ！

3 否定詞や疑問詞 "怎麼樣"、反復疑問や比較のフレーズは樣態補語の位置に置きます。

⑳ 我跟她學韓文，可是進步得不快。

Wǒ gēn tā xué Hánwén, kěshì jìnbù de bú kuài.

㉑ 今年中秋節，你們過得怎麼樣？

Jīnnián zhōngqiūjié, nǐmen guò de zěnmeyàng?

㉒ 白色的褲子最近賣得好不好？

Báisè de kùzi zuìjìn mài de hǎo bù hǎo?

㉓ 我弟弟跳舞跳得比我好。

Wǒ dìdi tiào wǔ tiào de bǐ wǒ hǎo.

⑥ 時間が過ぎるのは本当に早い。みんな年を取ったね。	⑰ 彼はビールはたくさん飲むが、ご飯は少ししか食べない。
⑦ これらのクッキーは香ばしく焼けている。	⑱ 彼はたくさんのフランス人の友達ができたから、フランス語がなかなか上手だ。
⑧ 旧正月の時、私は毎日お腹いっぱい食べていた。	⑲ 彼はテニスが非常に上手だそうだ。
⑨ 美美、よくやった！ すごいすごい！	⑳ 私は彼女から韓国語を学んでいるが、上達は速くない。
⑩ （学生に対して）みなさん、楽しく遊んでいますか。	㉑ 今年の中秋節はみんなどうでしたか。
⑪⑫⑬ 彼は歌が上手だ。	㉒ 白のズボンは最近よく売れていますか。
⑭ 彼の娘は絵を描くのが上手だ。	㉓ 弟は私よりダンスが上手だ。
⑮ 彼の運転はスピードを出しすぎるから、私は彼の車に乗る勇気がない。	
⑯ 私は彼のノートを見たことがあるけど、彼の漢字はきれいだよ。	

動　基本動詞⑨

過	guò	ㄍㄨㄛˋ	過ぎる、過ごす、(道を) 渡る
飛	fēi	ㄈㄟ	飛ぶ
交	jiāo	ㄐㄧㄠ	友達になる、渡す、提出する
烤	kǎo	ㄎㄠˇ	焼く、火であぶる
進步	jìnbù	ㄐㄧㄣˋ ㄅㄨˋ	進歩する、上達する、(能力などが) 伸びる

形　基本形容詞⑦

棒	bàng	ㄅㄤˋ	(能力や成績が) すばらしい、すごい、よくできている
年輕	niánqīng	ㄋㄧㄢˊ ㄑㄧㄥ	若い
老	lǎo	ㄌㄠˇ	老いている、年をとっている、古い
香	xiāng	ㄒㄧㄤ	香ばしい、香りがいい
清楚	qīngchǔ	ㄑㄧㄥ ㄔㄨˇ	はっきりしている

名　節句・伝統行事

春節	Chūnjié	ㄔㄨㄣ ㄐㄧㄝˊ	春節、旧正月
過年	guònián	ㄍㄨㄛˋ ㄋㄧㄢˊ	(旧暦の) 年越し、春節、旧正月
新年	Xīnnián	ㄒㄧㄣ ㄋㄧㄢˊ	新年、正月
跨年	kuànián	ㄎㄨㄚˋ ㄋㄧㄢˊ	(新暦の) 年越し
中秋節	Zhōngqiūjié	ㄓㄨㄥ ㄑㄧㄡ ㄐㄧㄝˊ	中秋節
聖誕節	Shèngdànjié	ㄕㄥˋ ㄉㄢˋ ㄐㄧㄝˊ	クリスマス

その他

好	hǎo	ㄏㄠˇ	副 すごく、本当に (話し言葉)
敢	gǎn	ㄍㄢˇ	助動 ～する勇気がある、(勇気があって) できる
得	de	˙ㄉㄜ	助 (動詞や形容詞と補語との間に置き、様態補語を導く)
聽說	tīngshuō	ㄊㄧㄥ ㄕㄨㄛ	～だそうだ、～と聞いている

ひとことコラム！

台湾では、中秋節 (旧暦8月15日) に家族や友達と"烤肉" (kǎoròu ㄎㄠˇ ㄖㄡˋ／バーベキュー) をする習慣があります。8月後半ぐらいからスーパーなどにバーベキューグッズが並び、中秋節をはさんだ数日間は、路地裏やマンションの中庭でバーベキューをする人がたくさんいるので、街中に肉の焼ける香りが漂っています。

1. 例を参考に語句を入れ替え、フレーズを作りましょう。音読もしてみましょう。

① ［例：新暦の年越し］の時　▶▶▶　［例：跨年］的時候

　　［春節／中秋節／クリスマス］の時　▶▶▶ [　　　] 的時候

② ［例：飛ぶ］のが速い　▶▶▶　［例：飛］得很快

　　［走る／書く／作る］のが遅い　▶▶▶ [　　　] 得很慢

③ ［例：話］が上手だ　▶▶▶　［例：說話說］得很好

　　［ダンス／車の運転／字を書くの］が上手だ　▶▶▶ [　　　] 得很好

2. 次の発音や漢字が表す華語を日本語にしましょう。

① Wǒ měitiān dōu shuì de hěn hǎo.
　ㄨㄛˇ ㄇㄟˇ ㄊㄧㄢ ㄉㄡ ㄕㄨㄟˋ ·ㄉㄜ ㄏㄣˇ ㄏㄠˇ.

② Tā zúqiú tī de hěn hǎo.　ㄊㄚ ㄗㄨˊ ㄑㄧㄡˊ ㄊㄧ ·ㄉㄜ ㄏㄣˇ ㄏㄠˇ.

③ 我弟弟今天晚餐吃得很多。

④ 我沒聽過小林唱歌，他唱得好不好？

⑤ 外面雨下得很大，我不敢騎機車去。

3. 次の語句を並べ替えて、日本語に合う文を完成させましょう。

① 私は若いころ走るのがとても速かった。
　跑得 ‖ 時候 ‖ 非常快 ‖ 我年輕的 ‖

② 彼は今日来るのがなぜこんなに早いの？
　這麼早 ‖ 怎麼來 ‖ 他今天 ‖ 得

③ 彼の日本語は私より上手です。
　比我好 ‖ 日文 ‖ 說得 ‖ 他

④ 今日の宿題の出来はどう？
　得怎麼樣 ‖ 作業 ‖ 今天的 ‖ 你寫

⑤ 私は字を打つのがあまり速くない。
　不太 ‖ 打得 ‖ 快 ‖ 我打字

他們都在聽音樂。

"在"の用法2：4種類の"在" 🎧 119

主語	述語					
	副詞 助動詞	動詞	"在"	場所詞	動詞	目的語
❶ 他 Tā			在 zài	宿舍 sùshè		

彼は　寮にいる

| ❷ 我 Wǒ | 要 yào | | 在 zài | 外面 wàimiàn | 吃 chī | 晚餐 wǎncān |

私は　外で夕飯を食べる

| ❸ 你 Nǐ | 可以 kěyǐ | 坐 zuò | 在 zài | 沙發上 shāfāshàng | | |

ソファーに座ったらいいよ

| ❹ 他們 Tāmen | 都 dōu | | 在 zài | | 聽 tīng | 音樂 yīnyuè |

彼らは　みんな音楽を聞いている

---

1 "在"の用法は、Lesson 19とLesson 28で、これまでに2種類学習してきましたが、このレッスンでは、そのほかにあと2種類、全部で4種類の用法を学びます。

(1) 〈"在"＋場所詞〉：「～にいる／ある」（▶ Lesson 19 **p. 112**）

⑤ 小華在哪裡？　Xiǎo Huá zài nǎlǐ?

　— 他在樓上啊。　Tā zài lóushàng a.

(2) 〈"在"＋場所詞＋動詞〉：「～で…する／している」（▶ Lesson 28 **p. 161**）

⑥ 我哥哥在外國念書。　Wǒ gēge zài wàiguó niàn shū.

(3) 〈動詞＋"在"＋場所詞〉：「〜に…する／してある」

⑦ 這張照片要掛在牆上。
Zhè zhāng zhàopiàn yào guà zài qiángshàng.

(4) 〈"在"＋動詞〉：「〜ている」

⑧ 他們在上電腦課。　Tāmen zài shàng diànnǎo kè.

2 (3)の〈動詞＋"在"＋場所詞〉は、「ある動作の結果、人やものがどこかに一定の時間いる／ある」という意味を表します。
もし(2)と(3)の語順で迷ったら、〈"在"＋場所詞〉を1セットにして、「動作の発生順に並べる（先に始まることを先に言う）」という中国語の原則を応用しましょう。 ▶ p. 103

(2)の文型　⑨ 我要在這裡吃。　Wǒ yào zài zhèlǐ chī.

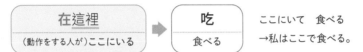

在這裡		吃
（動作をする人が）ここにいる	➡	食べる

ここにいて　食べる
→私はここで食べる。

(3)の文型　⑩ 放在桌子上吧！　Fàng zài zhuōzi shàng ba!

放		在桌子上
置く	➡	（置かれた物が）机の上にある

置いた結果　机の上にある
→机の上に置いてね。

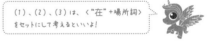

(1)、(2)、(3)は、〈"在"＋場所詞〉をセットにして考えるといいよ！

⑪ 我的摩托車停在樓下。　Wǒ de mótuōchē tíng zài lóuxià.

⑫ 不要寫在課本上。　Bú yào xiě zài kèběn shàng.

⑬ 我以前住在基隆啊。　Wǒ yǐqián zhù zài Jīlóng a.

3 (4)の〈"在"＋動詞〉は、ある動作が進行中だということを表します。

⑭ 街上的人都在聽他唱歌。
Jiēshàng de rén dōu zài tīng tā chàng gē.

Unit
3

35
•••
"在"の用法2

197

⑮ 姐姐在**寫**功課，你別開電視了。
Jiějie zài xiě gōngkè, nǐ bié kāi diànshì le.

⑯ 我還在**寫**很重要的信，所以還不能下班。 Wǒ hái zài xiě hěn zhòngyào de xìn, suǒyǐ hái bù néng xiàbān.

⑰ 老闆正在**講**電話，您可以等一下嗎？
Lǎobǎn zhèng zài jiǎng diànhuà, nín kěyǐ děng yíxià ma?

"正在"にすると、「今ちょうど」という
気持ちが強く現れるよ！

★ ある時点でどんな動作が行われているかを言うときにも、〈"在"＋動詞〉を使います。

⑱ 他在**做**什麼？ Tā zài zuò shénme?

　一 他在**回**答老師的問題。 Tā zài huídá lǎoshī de wèntí.

⑲ 你在**看**什麼？ Nǐ zài kàn shénme?

　一 我在**看**一家飲料店的網站。
Wǒ zài kàn yì jiā yǐnliàodiàn de wǎngzhàn.

---

⑤〈華くん／華ちゃん〉はどこにいるの？ 　―上の階にいるよ。	⑮お姉ちゃんが宿題をしているから、テレビをつけるのはやめて。
⑥兄は外国で勉強している。	⑯私はまだ大切なメールを書いているので、まだ退勤することができません。
⑦この写真は壁に掛けます。	⑰社長はちょうど電話中なので、少しお待ちいただけますか。
⑧彼らはコンピューターの授業を受けています。	
⑪私のバイクは1階に停めてある。	⑱彼は何してるの？　―先生の質問に答えてる。
⑫教科書に書かないで。	
⑬私は以前は基隆に住んでいたよ。	⑲何を見てるの？ 　―あるドリンクショップのウェブサイトを見てる。
⑭通りにいる人はみんな彼の歌を聞いている。	

動 基本動詞⑩

住	zhù	ㄓㄨˋ	住む、泊まる
站	zhàn	ㄓㄢˋ	立つ
放	fàng	ㄈㄤˋ	置く、入れる、放す
停	tíng	ㄊㄧㄥˊ	停める、止める
掛	guà	ㄍㄨㄚˋ	(壁などにものを) 掛ける、つるす
講	jiǎng	ㄐㄧㄤˇ	話す
回答	huídá	ㄏㄨㄟˊ ㄉㄚˊ	回答する、答える

建物・設備②

宿舍	sùshè	ㄙㄨˋ ㄕㄜˋ	名 宿舎、寮
大樓	dàlóu	ㄉㄚˋ ㄌㄡˊ	名 ビル
樓上	lóushàng	ㄌㄡˊ ㄕㄤˋ	名 上の階
樓下	lóuxià	ㄌㄡˊ ㄒㄧㄚˋ	名 下の階、1階
樓	lóu	ㄌㄡˊ	量 ～階
棟	dòng	ㄉㄨㄥˋ	量 ～棟 (建物を数える)
電梯	diàntī	ㄉㄧㄢˋ ㄊㄧ	名 エレベーター
牆	qiáng	ㄑㄧㄤˊ	名 壁、塀
地	dì	ㄉㄧˋ	名 地面、床

その他

市	shì	ㄕˋ	名 市
十字路口	shízì lùkǒu	ㄕˊ ㄗˋ ㄌㄨˋ ㄎㄡˇ	名 交差点
在	zài	ㄗㄞˋ	副 ～ている
正	zhèng	ㄓㄥˋ	副 ちょうど
啊	a	·ㄚ	助 ～よ

 ひとことコラム！

　　台湾では、ひとり用の鍋物など、ひとりだけで外食するのに便利なお店やメニューが充実
しています。イートインスペースを設けているコンビニもたくさんあります。そういうお店を
利用して、それぞれが外で夕食を済ませて帰宅する家庭も珍しくないようです。日本人がひ
とり暮らしやひとり旅をしても、食事で困ることはほとんどありませんよ。

1. 例を参考に語句を入れ替え、フレーズを作りましょう。音読もしてみましょう。

① (例：エレベーターの前) で彼を待つ ▶▶▶ 在 (例：電梯前面) 等他

1階／交差点／寮 で彼を待つ ▶▶▶ 在 [   ] 等他

② (例：一番後ろ) に立つ ▶▶▶ 站在 (例：最後面)

椅子／ベッド／床 に座る ▶▶▶ 坐在 [   ]

③ (例：シャワーを浴び) ている ▶▶▶ 在 (例：洗澡)

ランニングをし／バーベキューをし／携帯を探し ている ▶▶▶ 在 [   ]

2. 次の発音や漢字が表す華語を日本語にしましょう。

① Wǒ xiǎng zhù zài hǎibiān de fàndiàn.
ㄨㄛˇ ㄒㄧㄤˇ ㄓㄨˋ ㄗㄞˋ ㄏㄞˇ ㄅㄧㄢ ˙ㄉㄜ ㄈㄢˋ ㄉㄧㄢˋ.

② Tā wèishénme hái zài gōngzuò ne?
ㄊㄚ ㄨㄟˋ ㄕㄣˊ ˙ㄇㄜ ㄏㄞˊ ㄗㄞˋ ㄍㄨㄥ ㄗㄨㄛˋ ˙ㄋㄜ?

③ 我們在看新竹市的網站。

④ 我家的小貓喜歡睡在我的床上。

⑤ 我正在買高鐵票，三點半會到高雄。

3. 次の語句を並べ替えて、日本語に合う文を完成させましょう。

① 彼のリュックは壁に掛けてある。
牆上 ‖ 他的背包 ‖ 在 ‖ 掛

② 弟は同級生の家でゲームをしている。
玩遊戲 ‖ 弟弟 ‖ 同學家 ‖ 在

③ うちの会社のオフィスは7階にある。
辦公室 ‖ 七樓 ‖ 在 ‖ 我們公司的

④ 私たちは新しいウェブページを作っている。
我們 ‖ 做 ‖ 新的網頁 ‖ 在

你是什麼時候來台灣的？

"是……的"構文

🎧 122

主語	述語					
	" 不 "	(" 是 ")	時間／場所／手段など	動詞	目的語	" 的 "
❶ 他 ㄊㄚ Tā		(是) ㄕ (shì)	三天前 ㄙㄢ ㄊㄧㄢ ㄑㄧㄢ sān tiān qián	到 ㄉㄠ dào	這裡 ㄓㄜ ㄌㄧ zhèlǐ	的 ㄉㄜ de
	彼は　3日前にここに着いたのです					
❷ 我 ㄨㄛ Wǒ		(是) ㄕ (shì)	在超市 ㄗㄞ ㄔㄠ ㄕ zài chāoshì	買 ㄇㄞ mǎi		的 ㄉㄜ de
	私は　スーパーで買ったのです					
❸ 他 ㄊㄚ Tā	不 ㄅㄨ bú	是 ㄕ shì	走路 ㄗㄡ ㄌㄨ zǒu lù	去 ㄑㄩ qù		的 ㄉㄜ de
	彼は　歩いて行ったのではありません					

1 すでに行われたことがわかっている動作について、その時間や場所、手段などを「〜たのだ」と強調して伝えたいときは、〈"是"＋**時間／場所／手段**＋**動詞**＋"的"〉の文型を使います。(「"是……的"構文」と呼ばれます)

④ 你是什麼時候來台灣的？
Nǐ shì shénme shíhòu lái Táiwān de?

　— 我是兩個月前來的。 Wǒ shì liǎng ge yuè qián lái de.

⑤ 你們是在哪裡認識的？ Nǐmen shì zài nǎlǐ rènshi de?

　— 我們是在飛機上認識的。
Wǒmen shì zài fēijī shàng rènshì de.

⑥ 你女朋友是怎麼去嘉義的？
Nǐ nǚpéngyǒu shì zěnme qù Jiāyì de?

　— 她是自己開車去的。 Tā shì zìjǐ kāi chē qù de.

2 日本語では未来のことも「〜のだ」と言うことができますが、華語では"是……的"の形では言えません。

⑦ 他是前年回日本的。
Tā shì qiánián huí Rìběn de.（彼は一昨年日本に帰ったのです。）

× 他是明年要回日本的。
日本語は「彼は来年日本に帰るのです」とも言えるが、華語では言えない。

★ "是……的"構文は終わったことにしか使えないので、この文型を見ただけでその動作がすでに終わっていることがわかります。

⑧ 我是用信用卡付的。 Wǒ shì yòng xìnyòngkǎ fù de.

支払いはもう済んでいるよ！

3 話し言葉では"是"が省略されることもありますが、否定文では省略できません。

⑨ 他們（是）很久以前搬家的。
Tāmen (shì) hěn jiǔ yǐqián bānjiā de.

⑩ 我女朋友（是）兩個小時前離開東京的。 Wǒ nǚpéngyǒu (shì) liǎng ge xiǎoshí qián líkāi Dōngjīng de.

⑪ 我跟他不是在他的辦公室見面的。
Wǒ gēn tā bú shì zài tā de bàngōngshì jiànmiàn de.

⑫ 我不是跟父母一起參加的。
Wǒ bú shì gēn fùmǔ yìqǐ cānjiā de.

否定されているのは、「時間／場所／方法」の部分だよ！

4 「はい」か「いいえ」で答えてほしいときは、文末に"嗎"をつけるか、"是"の部分を利用して反復疑問文にします。

⑬ 你是最近發現他是高中生的嗎？

Nǐ shì zuìjìn fāxiàn tā shì gāozhōngshēng de ma?

⑭ 他是不是大學一年級的時候開始學中文的？　Tā shì bú shì dàxué yì niánjí de shíhòu kāishǐ xué Zhōngwén de?

★ 疑問詞疑問文（▶④⑤⑥）や、選択疑問文、付加疑問文の形で使うこともできます。

⑮ 她是搭捷運來的，還是搭計程車來的？　Tā shì dā jiéyùn lái de, háishì dā jìchéngchē lái de?

⑯ 你是早上洗頭的，對吧？

Nǐ shì zǎoshàng xǐ tóu de, duì ba?

我是兩個月前來台灣的。

---

④ あなたはいつ台湾に来たのですか。
　—私は2か月前に来ました。

⑤ きみたちはどこで知り合ったのですか。
　—飛行機で知り合いました。

⑥ あなたの彼女はどうやって嘉義に行ったの？
　—自分で運転して行ったよ。

⑧ 私はクレジットカードで払ったのです。

⑨ 彼らはずっと前に引っ越したのです。

⑩ 僕の彼女は2時間前に東京を発ったのです。

⑪ 私と彼は彼のオフィスで会ったのではありません。

⑫ 私は両親と一緒に参加したのではありません。

⑬ 彼が高校生だということに、きみは最近気づいたの？

⑭ 彼は大学一年生のときに中国語を学び始めたのですか。

⑮ 彼女はMRTで来たのですか、それともタクシーですか。

⑯ あなたは朝髪を洗ったんでしょう？

動 基本動詞⑪

認識	rènshì	ㄖㄣˋ ㄕˋ	知り合う、見知っている
離開	líkāi	ㄌㄧˊ ㄎㄞ	離れる、発つ
發現	fāxiàn	ㄈㄚ ㄒㄧㄢˋ	気づく、発見する
開學	kāixué	ㄎㄞ ㄒㄩㄝˊ	新学期が始まる

時間量

年	nián	ㄋㄧㄢˊ	量 ～年
月	yuè	ㄩㄝˋ	名 （"……個月" の形で）～か月間
禮拜／ 星期	lǐbài/ xīngqí	ㄌㄧˇ ㄅㄞˋ／ ㄒㄧㄥ ㄑㄧˊ	名 （"……個禮拜／……個星期" の形で）～週間
天	tiān	ㄊㄧㄢ	量 ～日間
鐘頭	zhōngtóu	ㄓㄨㄥ ㄊㄡˊ	名 （"……個鐘頭" の形で）～時間
小時	xiǎoshí	ㄒㄧㄠˇ ㄕˊ	名 （"……個小時" の形で）～時間
分鐘	fēnzhōng	ㄈㄣ ㄓㄨㄥ	量 ～分間

その他

前	qián	ㄑㄧㄢˊ	名 ～前
年級	niánjí	ㄋㄧㄢˊ ㄐㄧˊ	名 ～年生
女朋友	nǚpéngyǒu	ㄋㄩˇ ㄆㄥˊ ㄧㄡˇ	名 （交際相手の）彼女、ガールフレンド
男朋友	nánpéngyǒu	ㄋㄢˊ ㄆㄥˊ ㄧㄡˇ	名 （交際相手の）彼氏、ボーイフレンド
中山	Zhōngshān	ㄓㄨㄥ ㄕㄢ	名 （地名）中山
久	jiǔ	ㄐㄧㄡˇ	形 （時間が）長い、久しい
跟	gēn	ㄍㄣ	接 ～と
搬家	bānjiā	ㄅㄢ ㄐㄧㄚ	引っ越す
什麼地方	shénme dìfāng	ㄕㄣˊ ·ㄇㄜ ㄉㄧˋ ㄈㄤ	どこ、どんな場所

ひとことコラム！

タクシー代金が日本よりずいぶん安い台湾。でも、旧正月の時期はちょっとだけ高くなります。それは春節特別料金が加算されるから。金額や期間は、30元～100元／6日～13日、と地域ごとにバラバラです（2023年の場合）。みんなが休みたい春節期間に働くタクシーの運転手さんへのお年玉のようなものでしょうか。

🎧 124

1. 例を参考に語句を入れ替え、文を作りましょう。音読もしてみましょう。

① 私たちは （例：2週間） 前に新学期が始まったのです。

▶▶▶ 我們是 （例：兩個星期／兩個禮拜） 前開學的。

彼は 1か月／5日／20分 前にここを発ったのです。

▶▶▶ 他是 ［　　　　　　　　］ 前離開這裡的。

② 私たちは （例：台湾） で結婚したのではありません。

▶▶▶ 我們不是在 （例：台灣） 結婚的。

彼らは 中山／桃園／台南 で降りたのではありません。

▶▶▶ 他們不是仕 ［　　　　　　］ 卜車的。

2. 次の発音や漢字が表す華語を日本語にしましょう。

① Nǐ shì jǐ diǎn qǐchuáng de?
ㄋㄧˇ ㄕˋ ㄐㄧˇ ㄉㄧㄢˇ ㄑㄧˇ ㄔㄨㄤˊ ˙ㄉㄜ?

② Māma shì qí jiǎotàchē qù de.
ㄇㄚ ˙ㄇㄚ ㄕˋ ㄑㄧˊ ㄐㄧㄠˇ ㄊㄚˋ ㄔㄜ ㄑㄩˋ ˙ㄉㄜ.

③ 他跳舞跳得很好，是什麼時候開始練習的？

④ 這張照片拍得好美，你是在什麼地方拍的？

3. （　　）の中に入れる語句として適切なものを下から選び、日本語に合う文を完成させましょう。

① 彼らは30分前に松山空港に着いたのです。
他們是（　　）個鐘頭前到松山（　　）的。

② あなたのボーイフレンドは台中から来たのですか。
你（　　）是不是（　　）台中來的？

③ 彼らは韓国の大学院で知り合ったのです。
他們是在韓國的（　　）（　　）的。

④ 私はコンピューターで描いたのではありません。
我不是（　　）電腦（　　）的。

研究所　用　機場　寫　見面　半　畫　男朋友　認識　從

他今天戴著黑色的口罩。

"著"の基本的な用法

🎧 125

主語	述語					
	時間詞 副詞 助動詞	動詞句1			動詞句2	"呢"
		動詞1	"著"	目的語1		
① 門 Mén	還 hái	關 guān	著 zhe			呢 ne
ドアは　まだ閉まってるよ						
② 他 Tā	今天 jīntiān	戴 dài	著 zhe	黑色的口罩 hēisè de kǒuzhào		
彼は　今日は黒いマスクをつけている						
③ 你 Nǐ	應該 yīnggāi	坐 zuò	著 zhe		吃 chī	
座って食べないとだめだよ						

1 〈動詞＋"著"〉は、他の語句と組み合わせてある状態が続いていることを表します。〈動詞＋"著"〉だけで使われることはほとんどないので、組み合わせる語句と一緒にその意味を覚えましょう。ここではまず3通りの組み合わせのパターンを練習します。

⑴ 文末に"呢"をつける：〈動詞＋"著"（＋目的語）＋"呢"〉

④ 她戴著耳機呢。 Tā dài zhe ěrjī ne.

⑵ 目的語に修飾語をつける：〈動詞＋"著"＋修飾語つきの目的語〉

⑤ 她戴著白色的耳機。 Tā dài zhe báisè de ěrjī.

⑶ 後にもうひとつ動詞句を置く：〈動詞1＋"著"（＋目的語1）＋動詞2（＋目的語2）〉

⑥ 她戴著耳機睡覺。 Tā dài zhe ěrjī shuìjiào.

★ ④～⑥から"呢"、「目的語についた修飾語」、「動詞句2」を削除して、"她戴著耳機。"とすると不自然です。
ここで学ぶ他の語句との組み合わせのパターンを整理してみましょう。

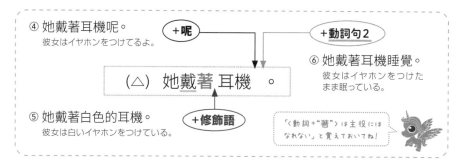

④ 她戴著耳機呢。
彼女はイヤホンをつけてるよ。

+呢

+動詞句2

⑥ 她戴著耳機睡覺。
彼女はイヤホンをつけたまま眠っている。

（△）她戴著耳機 。

⑤ 她戴著白色的耳機。
彼女は白いイヤホンをつけている。

+修飾語

「〈動詞+"著"〉は主役にはなれない」と覚えておいてね！

2 それぞれの組み合わせのパターンについて、例をもう少し見てみましょう。

(1) 〈動詞+"著"（+目的語）+"呢"〉は、その状態に気づいていない相手に注意を促したいときに使います。

⑦ 窗戶開著呢。 Chuānghù kāi zhe ne.

⑧ 你快點工作吧，老闆看著你呢！
Nǐ kuàidiǎn gōngzuò ba, lǎobǎn kàn zhe nǐ ne!

⑨ 外面還下著大雨呢。我們不能去拍照了！ Wàimiàn hái xià zhe dà yǔ ne. Wǒmen bù néng qù pāizhào le!

動詞と"著"は結びつきが強いから、間には何もはさめないよ！

(2) 〈動詞+"著"+修飾語つきの目的語〉は、状態を詳しく描写するときに使います。

⑩ 他們都拿著很漂亮的杯子。
Tāmen dōu ná zhe hěn piàoliàng de bēizi.

⑪ 爺爺總是戴著紅色的帽子。
Yéye zǒngshì dài zhe hóngsè de màozi.

⑫ 她今天穿著一雙很特別的鞋子。
Tā jīntiān chuān zhe yì shuāng hěn tèbié de xiézi.

(3) 〈動詞＋"著"〉の後にさらに別の動詞句を加えると、「〜の状態で／〜しながら／〜したまま…する」という意味を表します。

⑬ 她笑著說謝謝。 Tā xiào zhe shuō xièxie.

⑭ 我喜歡站著用電腦。 Wǒ xǐhuān zhàn zhe yòng diànnǎo.

⑮ 外公總是開著窗戶開車。
Wàigōng zǒngshì kāi zhe chuānghù kāi chē.

⑯ 關著燈看手機，對眼睛不好。
Guān zhe dēng kàn shǒujī, duì yǎnjīng bù hǎo.

★ この用法では動詞句2が主な動作を表し、〈動詞＋"著"〉の動詞句1はそれがどんな状態で行われているかを表すため、2つの動詞句を入れ替えると、ほとんどの場合不自然になります。

⑰ 我想聽著音樂寫作業。 Wǒ xiǎng tīng zhe yīnyuè xiě zuòyè.

（△）我想寫著作業聽音樂。

日本語では、どんな動作が行われているか表すときにも「〜ている」を使いますが、華語ではこの場合は必ず〈"在"＋動詞〉を使い（▶ p. 197）、〈動詞＋"著"〉は使いません。

⑱ 他在做什麼呢？ Tā zài zuò shénme ne?

　 ― 他在打網球。 Tā zài dǎ wǎngqiú.

　 ✕ 他做著什麼呢？ ― 他打著網球。

〈動詞＋"著"〉は状態を表すものだから、大きな動きを表す動詞をこの形にすることはできないんだよ！

⑦ 窓は開いてるよ。	⑬ 彼女は笑いながらありがとうと言った。
⑧ 早く仕事しなさいよ、社長が見てるよ。	⑭ 私は立ったままパソコンを使うのが好きだ。
⑨ 外はまだ大雨が降ってるよ。写真を撮りに行けなくなっちゃったね。	⑮ 祖父（母方）はいつも窓を開けたまま運転する。
⑩ 彼らはみんなきれいなコップを持っている。	⑯ 明かりを消したまま携帯を見るのは目によくない。
⑪ 祖父（父方）はいつだって赤い帽子をかぶっている。	⑰ 音楽を聞きながら宿題をしたい。
⑫ 彼女は今日ユニークな靴をはいている。	⑱ 彼は何をしていますか。―彼はテニスをしています。

形 基本形容詞⑧

乾淨	gānjìng	ㄍㄢ ㄐㄧㄥˋ	清潔である、きれいである
髒	zāng	ㄗㄤ	汚い、汚れている
重	zhòng	ㄓㄨㄥˋ	重い
輕	qīng	ㄑㄧㄥ	軽い
特別	tèbié	ㄊㄜˋ ㄅㄧㄝˊ	特別である、ユニークである、個性的である

名 親族呼称③

爺爺	yéye	ㄧㄝˊ ˙ㄧㄝ	(父方の)祖父、おじいちゃん
奶奶	nǎinai	ㄋㄞˇ ˙ㄋㄞ	(父方の)祖母、おばあちゃん
外公	wàigōng	ㄨㄞˋ ㄍㄨㄥ	(母方の)祖父、おじいちゃん
外婆	wàipó	ㄨㄞˋ ㄆㄛˊ	(母方の)祖母、おばあちゃん

名 服飾②

外套	wàitào	ㄨㄞˋ ㄊㄠˋ	上着、ジャケット、コート
大衣	dàyī	ㄉㄚˋ ㄧ	オーバーコート
口罩	kǒuzhào	ㄎㄡˇ ㄓㄠˋ	マスク
帽子	màozi	ㄇㄠˋ ˙ㄗ	帽子

その他

耳機	ěrjī	ㄦˇ ㄐㄧ	名 イヤホン、ヘッドホン
工人	gōngrén	ㄍㄨㄥ ㄖㄣˊ	名 (肉体)労働者、作業員
總是	zǒngshì	ㄗㄨㄥˇ ㄕˋ	副 いつも、いつだって(例外がないことを強調する)
對	duì	ㄉㄨㄟˋ	介 〜に対して、〜にとって
著	zhe	˙ㄓㄜ	助 〜ている、〜てある(状態の持続を表す)
後	hòu	ㄏㄡˋ	接尾 〜後

Unit
3
37
● ● ●
"著"の基本的な用法

ひとことコラム！

─ ☆ ─ ☆ ─ ☆ ─ ☆ ─ ☆ ─ ☆ ─ ☆ ─ ☆ ─ ☆ ─ ☆ ─ ☆ ─

　コロナウィルス感染症対策では、ITを駆使した台湾の取り組みが世界的に高く評価されました。中でも品薄のマスクが人々に均等に行き渡るようにコントロールされたシステムは、日本でも話題になりましたね。それから少しずつマスクの生産量が増えてくると、おしゃれグッズのひとつとして、カラフルなマスクがたくさん市場に出回るようになり、気の滅入るような日々を少し明るくしてくれました。旧正月前後には、赤や金色を使ったおめでたい図柄のマスクも店頭にたくさん並び、白いマスクが主流だった日本との違いが印象的でした。

☆ ─ ☆ ─ ☆ ─ ☆ ─ ☆ ─ ☆ ─ ☆ ─ ☆ ─ ☆ ─ ☆ ─ ☆ ─ ☆ ─

1. 例を参考に語句を入れ替え、フレーズを作りましょう。音読もしてみましょう。

① (例：重い) 学生かばんを持って ▶▶▶ 帯著 (例：很重的) 書包

青い／軽い／汚い 袋を持って ▶▶▶ 帯著 [＿＿＿＿＿] 袋子

② (例：ユニークな) 帽子をかぶっている

▶▶▶ 戴著 (例：很特別的) 帽子

白い／奇妙な／清潔な 上着を着ている

▶▶▶ 穿著 [＿＿＿＿＿] 外套

③ (例：ドアを開けたまま) 授業をする ▶▶▶ (例：開著門) 上課

眼鏡をかけたまま／テレビをつけたまま／靴下をはいたまま 寝る

▶▶▶ [＿＿＿＿＿] 睡覺

2. 次の発音や漢字が表す華語を日本語にしましょう。

① zhàn zhe kàn shū　ㄓㄢˋ · ㄓㄜ ㄎㄢˋ ㄕㄨ

② chuān zhe hěn cháng de qúnzi
　ㄔㄨㄢ · ㄓㄜ ㄏㄣˇ ㄔㄤˊ ㄉㄜ ㄑㄩㄣˊ · ㄗ

③ 冷氣開著呢！大家進房間後，記得要關門。

④ 那裡的工人們都穿著黃色的衣服。

⑤ 哥哥喜歡戴著帽子跳舞。

3. 次の語句を並べ替えて、日本語に合う文を完成させましょう。

① 彼女は今日スカートをはいて出かけたがっている。

裙子 ‖ 她今天想 ‖ 穿著 ‖ 出門

② みんな窓の外の景色を見ている。

風景 ‖ 看著 ‖ 窗戶外面的 ‖ 大家都

③ バスの中の人はみんなマスクをつけてるよ。

口罩 ‖ 呢 ‖ 都戴著 ‖ 公車上的人

④ 祖母（父方）は毎日ユニークなカバンを持ち歩いている。

每天都 ‖ 很特別的包包 ‖ 奶奶 ‖ 帶著

解答 ▶ p. 256

你可以給我一杯水嗎？

二重目的語

🎧 128

主語	述語			
	時間詞 副詞 助動詞	動詞	間接目的語 （〜に）	直接目的語 （〜を）
❶ 你 Nǐ	可以 kěyǐ	給 gěi	我 wǒ	一杯水　嗎 yì bēi shuǐ　ma
	水を1杯もらえるかな			
❷ 我 Wǒ	明天要 míntiān yào	送 sòng	她 tā	一個手錶 yí ge shǒubiǎo
	私は　明日彼女に腕時計を贈ります			
❸ 他 Tā	常常 chángcháng	問 wèn	老師 lǎoshī	很多問題 hěn duō wèntí
	彼は　よく先生にたくさんの質問をします			

　動詞の後に目的語を2つ並べて、「〜に〜を…する」という意味を表す文を学びましょう。
　2つの目的語は、〈動詞＋目的語1（〜に）＋目的語2（〜を）〉という順に並べ、動作の相手を表す目的語1を「間接目的語」、動作の対象となるものごとを表す目的語2を「直接目的語」と呼びます。

> 目的語が2つあることから、この文型は「二重目的語構文」と呼ばれているよ。

1 この文型で使える動詞（二重目的語をとる動詞）は、数が限られています。
まずは表❶❷❸の"給"（あげる、もらう）、"送"（贈る）、"問"（質問する）と、以下の"教"（教える）、"告訴"（伝える、言う）、"借"（貸す）、"還"（返す）の、合わせて7つの動詞をその代表として覚えましょう。

④ 我媽媽教小學生英文。
Wǒ māma jiāo xiǎoxuéshēng Yīngwén.

⑤ 請您告訴我這棟大樓的地址。

Qǐng nín gàosù wǒ zhè dòng dàlóu de dìzhǐ.

⑥ 我借了妹妹一本書。　Wǒ jiè le mèimei yì běn shū.

⑦ 你什麼時候要還我錢？

Nǐ shénme shíhòu yào huán wǒ qián?

⑥のように、二重目的語の形で使う "借" は「貸す」という意味だよ！

2 "給" "送" "借" には複数の意味があります。

(1) 給：日本語では「あげる、くれる、もらう」と言い分ける動作を、華語ではすべて "給" で表します。

⑧ 我給他一個蘋果。

Wǒ gěi tā yí ge píngguǒ.

私は彼にリンゴをあげる。

⑨ 他給我一個蘋果。

Tā gěi wǒ yí ge píngguǒ.

彼は私にリンゴをくれる。／私は彼からリンゴをもらう。

形も同じだから、どの意味になるかは文脈から判断するんだ。

⑩ 你打算給他多少錢？　Nǐ dǎsuàn gěi tā duōshǎo qián?

⑪ 請給我一雙筷子。　Qǐng gěi wǒ yì shuāng kuàizi.

⑫ 房東有時候會給我她煮的菜。

Fángdōng yǒushíhòu huì gěi wǒ tā zhǔ de cài.

(2) 借：「貸す」と「借りる」の意味を、次のようにして区別します。

⑬ 我ㄨㄛˇ要ㄧㄠˋ借ㄐㄧㄝˋ他ㄊㄚ一ㄧ千ㄑㄧㄢ塊ㄎㄨㄞˋ。
Wǒ yào jiè tā yìqiān kuài.
彼に 1000 元貸す。

⑭ 我ㄨㄛˇ要ㄧㄠˋ跟ㄍㄣ他ㄊㄚ借ㄐㄧㄝˋ一ㄧ千ㄑㄧㄢ塊ㄎㄨㄞˋ。
Wǒ yào gēn tā jiè yìqiān kuài.
彼から 1000 元借りる。

> 介詞 "跟" が使われていたら、「〜から借りる」だよ！
> p. 162 をもう一度見てみてね。

(3) 送：「贈る、プレゼントする」「届ける」「(人を)送る」の意味がありますが、二重目的語の文型で使う場合は「贈る、プレゼントする」の意味です。

⑮ 你ㄋㄧˇ們ㄇㄣ˙打ㄉㄚˇ算ㄙㄨㄢˋ送ㄙㄨㄥˋ她ㄊㄚ什ㄕㄣˊ麼ㄇㄜ˙？　Nǐmen dǎsuàn sòng tā shénme?

⑯ 生ㄕㄥ日ㄖˋ快ㄎㄨㄞˋ樂ㄌㄜˋ！這ㄓㄜˋ是ㄕˋ我ㄨㄛˇ送ㄙㄨㄥˋ你ㄋㄧˇ的ㄉㄜ˙禮ㄌㄧˇ物ㄨˋ。
Shēngrì kuàilè! Zhè shì wǒ sòng nǐ de lǐwù.

> ⑯は直接目的語が被修飾語の位置に移動しているよ！

★ 「(手紙や荷物を郵便や宅配便などで)送る」と言いたいときは "寄" を使い、文型も変わります。▶ ⑲

3 直接目的語 (〜を)は省略されることがよくありますが、**間接目的語 (〜に)はあまり省略されません**。

⑰ 我ㄨㄛˇ打ㄉㄚˇ算ㄙㄨㄢˋ告ㄍㄠˋ訴ㄙㄨˋ他ㄊㄚ（一ㄧ個ㄍㄜˋ辦ㄅㄢˋ法ㄈㄚˇ）。
Wǒ dǎsuàn gàosù tā (yí ge bànfǎ).
「彼に（方法を1つ）伝えるつもりだ」

　　× 　我打算告訴一個辦法。

★ 以下の例でも「直接目的語 (〜を)」が省略されています。

⑱ 爺ㄧㄝˊ爺ㄧㄝ˙的ㄉㄜ˙車ㄔㄜ，我ㄨㄛˇ已ㄧˇ經ㄐㄧㄥ還ㄏㄨㄢˊ他ㄊㄚ了ㄌㄜ˙。
Yéye de chē, wǒ yǐjīng huán tā le.

⑲ 老師說的那些話，我不敢告訴媽媽。
Lǎoshī shuō de nà xiē huà, wǒ bù gǎn gàosù māma.

⑳ 他的台語說得很好，是他外婆教他的。 Tā de Táiyǔ shuō de hěn hǎo, shì tā wàipó jiāo tā de.

4 後に二重目的語を直接置くことができない動詞を使い、「〜に〜を…する」を表す方法はいくつかあります。
そのうちのひとつが、〈動詞＋目的語（〜を）＋"給"＋目的語（〜に）〉の文型です。

㉑ 我認為你應該打電話給他。
Wǒ rènwéi nǐ yīnggāi dǎ diànhuà gěi tā.

㉒ 你等我一下，我得寫封信給客人。
Nǐ děng wǒ yíxià, wǒ děi xiě fēng xìn gěi kèrén.

㉓ 我想寄東西給我家人，你有比較大的盒子嗎？ Wǒ xiǎng jì dōngxi gěi wǒ jiārén, nǐ yǒu bǐjiào dà de hézi ma?

---

④ 母は小学生に英語を教えています。

⑤ このビルの住所を教えていただけますか。

⑥ 妹に本を1冊貸した。

⑦ あなたはいつ私にお金を返してくれるの？

⑩ あなたは彼にいくらあげるつもりですか。

⑪ お箸を1膳いただけますか。

⑫ 大家さんは時々自分が作った料理を私にくれる。

⑮ あなたたちは彼女に何を贈るつもりですか。

⑯ 誕生日おめでとう！ これ、あなたへのプレゼント。

⑱ 祖父（父方）の車はもう本人に返しました。

⑲ 先生が話したことを、私は母に伝える勇気がない。

⑳ 彼は台湾語が上手だよ。彼のおばあちゃん（母方）が教えたんだ。

㉑ きみは彼に電話をしなければならないと思う。

㉒ ちょっと待ってて、お客さんにメールを1通書かないといけないから。

㉓ 家族に荷物を送りたいんだけど、大きめの箱持ってる？

単語 & フレーズ

動 二重目的語をとることができる動詞

給	gěi	ㄍㄟˇ	あげる、くれる、もらう
送	sòng	ㄙㄨㄥˋ	贈る、プレゼントする、届ける、(人を) 送る
教	jiāo	ㄐㄧㄠ	(知識や技術を) 教える
問	wèn	ㄨㄣˋ	質問する、聞く
告訴	gàosù	ㄍㄠˋ ㄙㄨ	伝える、(情報を) 教える、言う
借	jiè	ㄐㄧㄝˋ	貸す、借りる
還	huán	ㄏㄨㄢˊ	返す

その他

意思	yìsi	ㄧˋ ・ㄙ	名 意味、おもしろさ
房東	fángdōng	ㄈㄤˊ ㄉㄨㄥ	名 大家、家主
禮物	lǐwù	ㄌㄧˇ ㄨˋ	名 プレゼント、贈り物
盒子	hézi	ㄏㄜˊ ・ㄗ	名 箱
糖	táng	ㄊㄤˊ	名 砂糖、飴
寄	jì	ㄐㄧˋ	動 (手紙や荷物を郵便や宅配便などで) 送る
認為	rènwéi	ㄖㄣˋ ㄨㄟˊ	動 思う、考える
得	děi	ㄉㄟˇ	副 〜しなければならない
有時候	yǒushíhòu	ㄧㄡˇ ㄕˊ ㄏㄡˋ	副 時々

Unit
3

30
•••
二重目的語

ひとことコラム！

＊━─＊─━＊━─＊─━＊━─＊─━＊━─＊─━＊━─＊─━＊━─＊─━＊

　学校で習ったことをすっかり忘れてしまったときに、"都還老師了"と言うことがあります。
直訳すると「全部先生にお返しした」。このフレーズを丸暗記しておけば、「返す」という意
味のときは、"還"という漢字を"hái ㄏㄞˊ"ではなく"huán ㄏㄨㄢˊ"と読むことも印象に残りや
すいかもしれませんね。(でもこの本で学んだことは返していただく必要はありませんよ！)

＊━─＊─━＊━─＊─━＊━─＊─━＊━─＊─━＊━─＊─━＊━─＊─━＊

🎧 130

---

1. 例を参考に語句を入れ替え、フレーズを作りましょう。音読もしてみましょう。

① 祖母（父方）に ｜（例：チョコレートケーキを1個）｜ 贈る

▶▶▶ 送奶奶 ｜（例：一個巧克力蛋糕）｜

母に ｜フランスのワインを1本／花をたくさん／軽いバッグを1つ｜ 贈る

▶▶▶ 送媽媽

---

② 彼に ｜（例：父の名前）｜ を伝える ▶▶▶ 告訴他 ｜（例：爸爸的名字）｜

あなたに ｜彼女の誕生日／私の電話番号／私たちの考え｜ を伝える

▶▶▶ 告訴你

---

③ 彼にあげた ｜（例：コート）｜ ▶▶▶ 我給他的 ｜（例：大衣）｜

彼がくれた ｜マスク／クッキー／お皿｜ ▶▶▶ 他給我的

---

2. 次の発音や漢字が表す華語を日本語にしましょう。

① Wǒ yào sòng tā yì zhī xiǎo gǒu.
ㄨㄛˇ ㄧㄠˋ ㄙㄨㄥˋ ㄊㄚ ㄧ ㄓ ㄒㄧㄠˇ ㄍㄡˇ.

② Wǒ hái méi gàosù tā wǒ de shǒujī hàomǎ.
ㄨㄛˇ ㄏㄞˊ ㄇㄟˊ ㄍㄠˋ ㄙㄨˋ ㄊㄚ ㄨㄛˇ ·ㄉㄜ ㄕㄡˇ ㄐㄧ ㄏㄠˋ ㄇㄚˇ.

③ 我借你的那兩本書，你可以明天還我嗎？

④ 我不知道怎麼教外國人日文。

---

3. （　　）の中に入れる語句として適切なものを右から選び、日本語に合う文を完成させましょう。

① 私は今から息子の先生に電話をかける。

我現在要打電話（　　）我（　　）的老師。

② 私は午後（母方の）祖父母への新年の贈り物を送りに行く。

我下午要去（　　）新年禮物給（　　）和外婆。

③ あの小さい女の子がくれた飴はまだ食べていない。

我還沒吃那個小（　　）給我的（　　）。

④ 私は彼にこれらの文の意味を質問したい。

我想問他這些（　　）的（　　）。

給	糖
送	寄
女孩	
兒子	
句子	
女兒	
意思	
外公	

解答 ▶ p. 257

Free Memo

九州ほどの大きさの島に、さまざまな文化や情景がギュッと詰まっているのも台湾の魅力。観光地の名前も華語で練習すれば、もっともっと台湾が楽しめますよ。

（その他の観光地▶ L27）

高雄・龍虎塔

★ いろいろな場所に置き換えて言ってみましょう。

你去過 阿里山 嗎？ Nǐ qù guò Ālǐshān ma?
（阿里山に行ったことがありますか。）

― 有。 Yǒu.（はい。）／ 沒有。 Méi yǒu.（いいえ。）

北部

① 中正紀念堂　Zhōngzhèng Jìniàntáng

② 行天宮　Xíngtiāngōng

③ 大稻埕　Dàdàochéng

④ 貓空　Māokōng

⑤ 紅毛城　Hóngmáochéng

⑥ 十分　Shífēn

中部・東部

① 霧峰林家　Wùfēng Lín jiā

② 蘭陽博物館　Lányáng Bówùguǎn

③ 日月潭　Rìyuètán

④ 阿里山　Ālǐshān

⑤ 高美濕地　Gāoměi shīdì

⑥ 太魯閣　Tàilǔgé

南部

① 赤崁樓　Chìkǎnlóu

② 臺南孔子廟（孔廟）　Táinán Kǒngzǐ miào (Kǒngmiào)

③ 安平古堡　Ānpíng Gǔbǎo

④ 美麗島站　Měilìdǎo zhàn

⑤ 蓮池潭・龍虎塔　Liánchítán・Lónghǔtǎ

⑥ 墾丁　Kěndīng

● 句 読 点 の 使 い 方 ●

文章の意味を理解する上で、句読点（"標點符號"）の使い分けが大きなヒントになることがあります。自分で文章を書く時に、句読点を上手く使うことで、読む人に言いたいことをわかりやすく伝えられるという効果もあります。

ここでは、初級段階で覚えておくとよい句読点の使い方をご紹介します。

1. 句読点の位置

台湾華語の句読点は、1文字分のマスの真ん中に書きます。

2. 主な句読点

記号	名称	使い方と例文
。	句號 jùhào	文の終わりを表します。
		我是日本人。　（私は日本人です。）
？	問號 wènhào	疑問を表します。
		你是台灣人嗎？　（あなたは台湾人ですか。）
！	驚嘆號 jīngtànhào	驚き、怒りなどの強い気持ちを表します。
		今天真熱！　（今日は本当に暑い。）
，	逗號 dòuhào	意味の切れ目を表します。
		十二點了，但是我還不餓。 （12時になったけど、私はまだお腹がすいていない。）
、	頓號 dùnhào	短い語句を並列します。
		今天、明天、後天，我都可以。 （今日と明日と明後日、私はいつでも大丈夫。）
：	冒號 màohào	その後に、誰かの言葉を「」ではさんで紹介したり、例や具体的な内容を示したりします。
		桌子上有三種水果：蘋果、香蕉和芒果。 （机の上に3種類の果物があります。リンゴとバナナとマンゴーです。）
；	分號 fēnhào	複文の中で長い節を並列します。
		要是明天天氣好，我們就去打籃球；要是下雨，我們就去看電影。 （もし明日天気がよければ、バスケットボールをしに行こう。もし雨なら、映画を見に行こう。）
「」	引號 yǐnhào	誰かの言葉の引用や特定の言葉の強調を表します。
		美美跟我們說：『我上個月結婚了。』 （美美は私たちに「先月結婚した。」と言った。）
……	刪節號 shānjiéhào	省略や言葉を濁していることを表します。
		老師、爸爸、媽媽、大文……今天的活動，很多人都來了。 （先生、お父さん、お母さん、大文…今日のイベントには、たくさんの人が来た。）

● 多音字のまとめ ●

　華語の漢字は、1文字につき1つの読み方しかないものが大半です。そのため初めて見る単語でも、見覚えのある漢字が含まれていたら、ほとんど同じ読み方をすることができます。

　ただし一部に、「多音字」と呼ばれる、複数の読み方のある字があります。数はそれほど多くないので、日本語の漢字の読み分けに比べるとずっと簡単です。まずは、TOCFL A1 レベルの単語に出てくる多音字の読み分けルールだけ覚えてしまいましょう。ここに挙げたものだけ覚えてしまったら、聞こえてきた音が自分のイメージしていたものと違ったということもきっとずいぶん減るはずです。

漢字	発音	本書内代表例	その他の例	使い分けのルール
都	dōu ㄉㄡ	L8：都是		副詞として使う場合
	dū ㄉㄨ	L19：京都	都市 dūshì（都市）	「みやこ」という意味で使う場合
便	pián ㄆㄧㄢˊ	L9：便宜		特定の単語の中で
	biàn ㄅㄧㄢˋ	L21：方便	便利商店 biànlì shāngdiàn（コンビニ）	「便利だ」という意味で使う場合
覺	jiào ㄐㄧㄠˋ	L10：睡覺		特定の単語の中で
	jué ㄐㄩㄝˊ	L21：覺得	感覺 gǎnjué（感覚、感じる）	「感じる、気がつく」の意味で使う場合
樂	yuè ㄩㄝˋ	L16：音樂	樂器 yuèqì（楽器）	「音楽」という意味で使う場合
	lè ㄌㄜˋ	L38：快樂	樂趣 lèqù（面白味）	「楽しい」という意味で使う場合
行	háng ㄏㄤˊ	L18：銀行	行業 hángyè（業種）	「業界」という意味で使う場合
		L23：三十行	第五行 dì wǔ háng（5行目）	量詞として使う場合
	xíng ㄒㄧㄥˊ	L27：自行車	行為 xíngwéi（行為）	「行く」「行う」という意味で使う場合
		L27：不行		「よろしい」という意味で使う場合
教	jiào ㄐㄧㄠˋ	L19：教室	教堂 jiàotáng（教会）	名詞の一部になる場合
	jiāo ㄐㄧㄠ	L38：教他	教書 jiāo shū（教師をする）	動詞として使う場合

漢字	読み	例	例（語）	説明
還	hái ㄏㄞˊ	L22：還沒來	還可以 hái kěyǐ（まあまあ）	副詞として使う場合
		L30：還是		特定の単語の中で
	huán ㄏㄨㄢˊ	L38：還我	歸還 guīhuán（返却する）	動詞として使う場合
為	wèi ㄨㄟˋ	L31：因為	為了 wèi le（〜のために）	「〜のため」という意味で使う場合
	wéi ㄨㄟˊ	L38：認為	以為 yǐwéi（〜と思っていた）	「する、なす」という意味で使う場合
得	de ・ㄉㄜ	L33：覺得	記得 jì de（覚えている）	特定の単語の中で
		L34：跑得快	來得及 lái de jí（間に合う）	助詞として使う場合
	děi ㄉㄟˇ	L38：得寫信		副詞として使う場合
字	zì ㄗˋ	L23：幾個字	字體 zìtǐ（字体）	「字」という意味で使う場合
	zi ・ㄗ	L2：名字		特定の単語の中で
西	xī ㄒㄧ	L9：西瓜	西方 xīfāng（西洋の）	「西側」という意味で使う場合
	xi ・ㄒㄧ	L14：東西		特定の単語の中で
子	zǐ ㄗˇ	L13：電子郵件	孔子 Kǒngzǐ（孔子）	具体的な意味をもつ場合、人の名前の一部になる場合
	zi ・ㄗ	L14：椅子	刀子 dāozi（ナイフ）	2音節の名詞を作るための接尾辞として使う場合

注１）この表は、初級段階までに覚えてほしい読み分けだけをまとめたものです。そのためここで挙げた漢字の中には、ここにはない読み方ができるものもあります。

注２）台湾は軽声が少ないので、"記得" を "jídé ㄐㄧˊ ㄉㄜˊ"、"東西" を "dōngxī ㄉㄨㄥ ㄒㄧ"、"名字" を "míngzì ㄇㄧㄥˊ ㄗˋ" のように読む人もたくさんいます。

● ピンイン・注音符号対照音節表 ●

母音 / 子音	a ㄚ	o ㄛ	e ㄜ	er ㄦ	ai ㄞ	ei ㄟ	ao ㄠ	ou ㄡ	an ㄢ	en ㄣ	ang ㄤ	eng ㄥ
子音なし	a	o	e	er	ai	ei	ao	ou	an	en	ang	eng
b ㄅ	ba ㄅㄚ	bo ㄅㄛ			bai ㄅㄞ	bei ㄅㄟ	bao ㄅㄠ		ban ㄅㄢ	ben ㄅㄣ	bang ㄅㄤ	beng ㄅㄥ
p ㄆ	pa ㄆㄚ	po ㄆㄛ			pai ㄆㄞ	pei ㄆㄟ	pao ㄆㄠ	pou ㄆㄡ	pan ㄆㄢ	pen ㄆㄣ	pang ㄆㄤ	peng ㄆㄥ
m ㄇ	ma ㄇㄚ	mo ㄇㄛ	me ㄇㄜ		mai ㄇㄞ	mei ㄇㄟ	mao ㄇㄠ	mou ㄇㄡ	man ㄇㄢ	men ㄇㄣ	mang ㄇㄤ	meng ㄇㄥ
f ㄈ	fa ㄈㄚ	fo ㄈㄛ				fei ㄈㄟ		fou ㄈㄡ	fan ㄈㄢ	fen ㄈㄣ	fang ㄈㄤ	feng ㄈㄥ
d ㄉ	da ㄉㄚ		de ㄉㄜ		dai ㄉㄞ	dei ㄉㄟ	dao ㄉㄠ	dou ㄉㄡ	dan ㄉㄢ	den ㄉㄣ	dang ㄉㄤ	deng ㄉㄥ
t ㄊ	ta ㄊㄚ		te ㄊㄜ		tai ㄊㄞ		tao ㄊㄠ	tou ㄊㄡ	tan ㄊㄢ		tang ㄊㄤ	teng ㄊㄥ
n ㄋ	na ㄋㄚ		ne ㄋㄜ		nai ㄋㄞ	nei ㄋㄟ	nao ㄋㄠ	nou ㄋㄡ	nan ㄋㄢ	nen ㄋㄣ	nang ㄋㄤ	neng ㄋㄥ
l ㄌ	la ㄌㄚ	lo ㄌㄛ	le ㄌㄜ		lai ㄌㄞ	lei ㄌㄟ	lao ㄌㄠ	lou ㄌㄡ	lan ㄌㄢ		lang ㄌㄤ	leng ㄌㄥ
g ㄍ	ga ㄍㄚ		ge ㄍㄜ		gai ㄍㄞ	gei ㄍㄟ	gao ㄍㄠ	gou ㄍㄡ	gan ㄍㄢ	gen ㄍㄣ	gang ㄍㄤ	geng ㄍㄥ
k ㄎ	ka ㄎㄚ		ke ㄎㄜ		kai ㄎㄞ	kei ㄎㄟ	kao ㄎㄠ	kou ㄎㄡ	kan ㄎㄢ	ken ㄎㄣ	kang ㄎㄤ	keng ㄎㄥ
h ㄏ	ha ㄏㄚ		he ㄏㄜ		hai ㄏㄞ	hei ㄏㄟ	hao ㄏㄠ	hou ㄏㄡ	han ㄏㄢ	hen ㄏㄣ	hang ㄏㄤ	heng ㄏㄥ
j ㄐ												
q ㄑ												
x ㄒ												
zh ㄓ	zha ㄓㄚ		zhe ㄓㄜ		zhai ㄓㄞ	zhei ㄓㄟ	zhao ㄓㄠ	zhou ㄓㄡ	zhan ㄓㄢ	zhen ㄓㄣ	zhang ㄓㄤ	zheng ㄓㄥ
ch ㄔ	cha ㄔㄚ		che ㄔㄜ		chai ㄔㄞ		chao ㄔㄠ	chou ㄔㄡ	chan ㄔㄢ	chen ㄔㄣ	chang ㄔㄤ	cheng ㄔㄥ
sh ㄕ	sha ㄕㄚ		she ㄕㄜ		shai ㄕㄞ	shei ㄕㄟ	shao ㄕㄠ	shou ㄕㄡ	shan ㄕㄢ	shen ㄕㄣ	shang ㄕㄤ	sheng ㄕㄥ
r ㄖ			re ㄖㄜ				rao ㄖㄠ	rou ㄖㄡ	ran ㄖㄢ	ren ㄖㄣ	rang ㄖㄤ	reng ㄖㄥ
z ㄗ	**za** ㄗㄚ		ze ㄗㄜ		**zai** ㄗㄞ	**zei** ㄗㄟ	zao ㄗㄠ	zou ㄗㄡ	zan ㄗㄢ	zen ㄗㄣ	zang ㄗㄤ	zeng ㄗㄥ
c ㄘ	ca ㄘㄚ		ce ㄘㄜ		cai ㄘㄞ		cao ㄘㄠ	cou ㄘㄡ	can ㄘㄢ	cen ㄘㄣ	cang ㄘㄤ	ceng ㄘㄥ
s ㄙ	sa ㄙㄚ		se ㄙㄜ		sai ㄙㄞ		sao ㄙㄠ	sou ㄙㄡ	san ㄙㄢ	sen ㄙㄣ	sang ㄙㄤ	seng ㄙㄥ

i ー	(i)	ia ーㄚ	ie ーㄝ	iao ーㄠ	iou ーㄡ	ian ーㄢ	in ーㄣ	iang ーㄤ	ing ーㄥ	iong ㄩㄥ	u ㄨ	ua ㄨㄚ
yi		ya	ye	yao	you	yan	yin	yang	ying	yong	wu	wa
bi ㄅー			bie ㄅーㄝ	biao ㄅーㄠ		bian ㄅーㄢ	bin ㄅーㄣ		bing ㄅーㄥ		bu ㄅㄨ	
pi ㄆー			pie ㄆーㄝ	piao ㄆーㄠ		pian ㄆーㄢ	pin ㄆーㄣ		ping ㄆーㄥ		pu ㄆㄨ	
mi ㄇー			mie ㄇーㄝ	miao ㄇーㄠ	miu ㄇーㄡ	mian ㄇーㄢ	min ㄇーㄣ		ming ㄇーㄥ		mu ㄇㄨ	
											fu ㄈㄨ	
di ㄉー		dia ㄉーㄚ	die ㄉーㄝ	diao ㄉーㄠ	diu ㄉーㄡ	dian ㄉーㄢ			ding ㄉーㄥ		du ㄉㄨ	
ti ㄊー			tie ㄊーㄝ	tiao ㄊーㄠ		tian ㄊーㄢ			ting ㄊーㄥ		tu ㄊㄨ	
ni ㄋー			nie ㄋーㄝ	niao ㄋーㄠ	niu ㄋーㄡ	nian ㄋーㄢ	nin ㄋーㄣ	niang ㄋーㄤ	ning ㄋーㄥ		nu ㄋㄨ	
li ㄌー		lia ㄌーㄚ	lie ㄌーㄝ	liao ㄌーㄠ	liu ㄌーㄡ	lian ㄌーㄢ	lin ㄌーㄣ	liang ㄌーㄤ	ling ㄌーㄥ		lu ㄌㄨ	
											gu ㄍㄨ	gua ㄍㄨㄚ
											ku ㄎㄨ	kua ㄎㄨㄚ
											hu ㄏㄨ	hua ㄏㄨㄚ
ji ㄐー		jia ㄐーㄚ	jie ㄐーㄝ	jiao ㄐーㄠ	jiu ㄐーㄡ	jian ㄐーㄢ	jin ㄐーㄣ	jiang ㄐーㄤ	jing ㄐーㄥ	jiong ㄐㄩㄥ		
qi ㄑー		qia ㄑーㄚ	qie ㄑーㄝ	qiao ㄑーㄠ	qiu ㄑーㄡ	qian ㄑーㄢ	qin ㄑーㄣ	qiang ㄑーㄤ	qing ㄑーㄥ	qiong ㄑㄩㄥ		
xi ㄒー		xia ㄒーㄚ	xie ㄒーㄝ	xiao ㄒーㄠ	xiu ㄒーㄡ	xian ㄒーㄢ	xin ㄒーㄣ	xiang ㄒーㄤ	xing ㄒーㄥ	xiong ㄒㄩㄥ		
	zhi ㄓ										zhu ㄓㄨ	zhua ㄓㄨㄚ
	chi ㄔ										chu ㄔㄨ	chua ㄔㄨㄚ
	shi ㄕ										shu ㄕㄨ	shua ㄕㄨㄚ
	ri ㄖ										ru ㄖㄨ	rua ㄖㄨㄚ
	zi ㄗ										zu ㄗㄨ	
	ci ㄘ										cu ㄘㄨ	
	si ㄙ										su ㄙㄨ	

（次のページへ続く）

母音 子音	uo ㄨㄛ	uai ㄨㄞ	uei ㄨㄟ	uan ㄨㄢ	uen ㄨㄣ	uang ㄨㄤ	ueng ong ㄨㄥ		ü ㄩ	üe ㄩㄝ	üan ㄩㄢ	ün ㄩㄣ
子音なし	wo	wai	wei	wan	wen	wang	weng	—	yu	yue	yuan	yun
b ㄅ												
p ㄆ												
m ㄇ												
f ㄈ												
d ㄉ	duo ㄉㄨㄛ		dui ㄉㄨㄟ	duan ㄉㄨㄢ	dun ㄉㄨㄣ		dong ㄉㄨㄥ					
t ㄊ	tuo ㄊㄨㄛ		tui ㄊㄨㄟ	tuan ㄊㄨㄢ	tun ㄊㄨㄣ		tong ㄊㄨㄥ					
n ㄋ	nuo ㄋㄨㄛ			nuan ㄋㄨㄢ			nong ㄋㄨㄥ		nü ㄋㄩ	nüe ㄋㄩㄝ		
l ㄌ	luo ㄌㄨㄛ			luan ㄌㄨㄢ	lun ㄌㄨㄣ		long ㄌㄨㄥ		lü ㄌㄩ	lüe ㄌㄩㄝ		
g ㄍ	guo ㄍㄨㄛ	guai ㄍㄨㄞ	gui ㄍㄨㄟ	guan ㄍㄨㄢ	gun ㄍㄨㄣ	guang ㄍㄨㄤ	gong ㄍㄨㄥ					
k ㄎ	kuo ㄎㄨㄛ	kuai ㄎㄨㄞ	kui ㄎㄨㄟ	kuan ㄎㄨㄢ	kun ㄎㄨㄣ	kuang ㄎㄨㄤ	kong ㄎㄨㄥ					
h ㄏ	huo ㄏㄨㄛ	huai ㄏㄨㄞ	hui ㄏㄨㄟ	huan ㄏㄨㄢ	hun ㄏㄨㄣ	huang ㄏㄨㄤ	hong ㄏㄨㄥ					
j ㄐ									ju ㄐㄩ	jue ㄐㄩㄝ	juan ㄐㄩㄢ	jun ㄐㄩㄣ
q ㄑ									qu ㄑㄩ	que ㄑㄩㄝ	quan ㄑㄩㄢ	qun ㄑㄩㄣ
x ㄒ									xu ㄒㄩ	xue ㄒㄩㄝ	xuan ㄒㄩㄢ	xun ㄒㄩㄣ
zh ㄓ	zhuo ㄓㄨㄛ	zhuai ㄓㄨㄞ	zhui ㄓㄨㄟ	zhuan ㄓㄨㄢ	zhun ㄓㄨㄣ	zhuang ㄓㄨㄤ	zhong ㄓㄨㄥ					
ch ㄔ	chuo ㄔㄨㄛ	chuai ㄔㄨㄞ	chui ㄔㄨㄟ	chuan ㄔㄨㄢ	chun ㄔㄨㄣ	chuang ㄔㄨㄤ	chong ㄔㄨㄥ					
sh ㄕ	shuo ㄕㄨㄛ	shuai ㄕㄨㄞ	shui ㄕㄨㄟ	shuan ㄕㄨㄢ	shun ㄕㄨㄣ	shuang ㄕㄨㄤ						
r ㄖ	ruo ㄖㄨㄛ		rui ㄖㄨㄟ	ruan ㄖㄨㄢ	run ㄖㄨㄣ		rong ㄖㄨㄥ					
z ㄗ	zuo ㄗㄨㄛ		zui ㄗㄨㄟ	zuan ㄗㄨㄢ	zun ㄗㄨㄣ		zong ㄗㄨㄥ					
c ㄘ	cuo ㄘㄨㄛ		cui ㄘㄨㄟ	cuan ㄘㄨㄢ	cun ㄘㄨㄣ		cong ㄘㄨㄥ					
s ㄙ	suo ㄙㄨㄛ		sui ㄙㄨㄟ	suan ㄙㄨㄢ	sun ㄙㄨㄣ		song ㄙㄨㄥ					

練習問題＊解答

・省略できる語句は、（　）で示しています。
・複数の語句や文で言い換えることができるものは、／で区切って示しています。
・フレーズや文の一部に複数の言い方・書き方があるものは〈　〉で示し、／で区切っています。
・入れ替え練習の入れ替え部分は［　］でくくり、入れ替える語句ごとに／で区切っています。
・入れ替える語句の中で、複数の言い方・書き方があるものは〈　〉で示し、／で区切っています。
・空欄補充問題の空欄にあたる部分は、（　）で示しています。
・録音音声は原則として、言い換えできるものは／の前にあるもののみを読み、省略できるものは（　）内の語を省略して読んでいます。

p. 036　Lesson 1

1.

① ありがとう。　　　　　　　　　　謝謝。Xièxie.

② こんばんは。／おやすみなさい。　晚安。Wǎn ān.

③ また明日。　　　　　　　　　　　明天見。Míngtiān jiàn.

④ 先生、こんにちは。　　　　　　　老師好。Lǎoshī hǎo.

⑤ ごめんなさい。　　　　　　　　　對不起。Duìbùqǐ.

2.

① 早安。Zǎo ān.（おはよう。）

　— C　早安。Zǎo ān.（おはよう。）

② 對不起。Duìbùqǐ.（ごめんなさい。）

　— E　沒關係。Méi guānxi.（気にしないで。）

③ 你好。Nǐ hǎo.（こんにちは。）

　— D　林老師，您好。Lín lǎoshī, nín hǎo.（林先生、こんにちは。）

④ 謝謝。Xièxie.（ありがとう。）

　— B　不客氣。Bú kèqì.（どういたしまして。）

⑤ 再見。Zàijiàn.（さようなら。）

　— A　再見。Zàijiàn.（さようなら。）

p. 040　Lesson 2

1.

① 例　　小張　xiǎo Zhāng

　入れ替え　小［謝／劉／黄／吳］
　　　　　　xiǎo [Xiè / Liú / Huáng / Wú]

② 例　　林老師　Lín lǎoshī

　入れ替え　［陳／李／鈴木］老師
　　　　　　[Chén / Lǐ / Língmù] lǎoshī

③ 例　　王老師　Wáng lǎoshī

入れ替え　楊［先生／小姐／太太］
　　　　　Yáng [xiānshēng / xiǎojiě / tàitai]

2.

① 您貴姓？ Nín guì xing?（苗字を教えていただけますか。）

　— **D** 我姓［鈴木］。 Wǒ xìng [Língmù].（私の苗字は［鈴木］です。）

② 您叫什麼名字？ Nín jiào shénme míngzi?（お名前は何とおっしゃいますか。）

　— **E** 我叫［鈴木美香］。 Wǒ jiào [Língmù Měixiāng].
　（私は［鈴木美香］といいます。）

③ 他姓什麼？ Tā xìng shénme?（彼は何という苗字ですか。）

　— **B** 他姓謝。 Tā xìng Xiè.（謝といいます。）

④ 李太太姓什麼？ Lǐ tàitai xìng shénme?（李さんの奥さんの苗字は？）

　— **A** 她姓吳。 Tā xìng Wú.（呉さんです。）

⑤ 張老師叫什麼名字？ Zhāng lǎoshī jiào shénme míngzi?
　（張先生は名前は何とおっしゃいますか。）

　— **C** 她叫張明美。 Tā jiào Zhāng Míngměi.（張明美とおっしゃいます。）

p. 043　Lesson **3**

1.

① 16　十六　shíliù

② 90　九十　jiǔshí

③ 32　三十二　sānshíèr

④ 78　七十八　qīshíbā

⑤ 54　五十四　wǔshísì

2.

① sìshí　　　四十

② liùshísān　六十三

③ qīshíjiǔ　七十九

④ bāshíyī　八十一

⑤ èrshíwǔ　二十五

3.

例　　這個二十塊錢。 Zhè ge èrshí kuài qián.

入れ替え	那個［十九／五十五／七十／八十六］塊錢。

Nà ge [shíjiǔ / wǔshíwǔ / qīshí / bāshíliù] kuài qián.

p. 047　Lesson 4

1.

① 例　她媽媽　tā māma

入れ替え　我［哥哥／妹妹／弟弟／先生］
wǒ [gēge / mèimei / dìdi / xiānshēng]

② 例　劉老師的爸爸　Liú lǎoshī de bàba

入れ替え　楊老師的［〈姊姊／姐姐〉／課／衣服／朋友］
Yáng lǎoshī de [jiějie / kè / yīfú / péngyǒu]

③ 例　日本老師　Rìběn lǎoshī

入れ替え　［〈臺灣／台灣〉／中國／美國］學生
[Táiwān / Zhōngguó / Měiguó] xuéshēng

2.

①	あなたのお兄様	您哥哥　nín gēge
②	台湾の	台灣的　Táiwān de
③	アメリカ人の先生	美國老師　Měiguó lǎoshī
④	李さん（男性）のペン	李先生的筆　Lǐ xiānshēng de bǐ
⑤	謝さん（女性）の本	謝小姐的書　Xiè xiǎojiě de shū

⑥ 父の〈携帯電話／スマートフォン〉
我爸爸的手機　wǒ bàba de shǒujī

⑦ 彼の奥さんの名前は何ですか。
他太太叫什麼名字？　Tā tàitai jiào shénme míngzi?

p. 051　Lesson 5

1.

① 例　她是陳先生的妹妹。　Tā shì Chén xiānshēng de mèimei.

入れ替え　他是我哥哥的［同事／同學／朋友］。
Tā shì wǒ gēge de [tóngshì / tóngxué / péngyǒu].

② 例　我們不是中國人。　Wǒmen bú shì Zhōngguó rén.

入れ替え　他們不是［德國人／越南人／留學生］。
Tāmen bú shì [Déguó rén / Yuènán rén / liúxuéshēng].

2.

① 〈彼／彼女〉は私たちの友達です。

〈他／她〉是我們的朋友。 Tā shì wǒmen de péngyǒu.

② あなたはフランス人ですか。

〈你／妳〉是法國人嗎？ Nǐ shì Fàguó rén ma?

③ 彼は私の弟ではありません。

他不是我弟弟。 Tā bú shì wǒ dìdi.

④ 黄さん（男性）はあなたの同僚ですか。

黃先生是妳的同事嗎？ Huáng xiānshēng shì nǐ de tóngshì ma?

⑤ 彼らはタイ人の留学生です。

他們是泰國留學生。 Tāmen shì Tàiguó liúxuéshēng.

3.

① 我爸爸是英國人。 Wǒ bàba shì Yīngguó rén.

② 你的是這個嗎？ Nǐ de shì zhè ge ma?

③ 楊老師的太太是韓國人。 Yáng lǎoshī de tàitai shì Hánguó rén.

④ 她是我先生的姐姐。 Tā shì wǒ xiānshēng de jiějie.

⑤ 李小姐是哪國人？ Lǐ xiǎojiě shì nǎ guó rén?

p. 056 Lesson 6

1.

① 例　今天是九月二十號。 Jīntiān shì jiǔ yuè èrshí hào.

入れ替え　明天是［四月十八〈號／日〉／
〈禮拜天／禮拜日／星期天／星期日〉／
我爸爸的生日］。
Míngtiān shì [sì yuè shíbā <hào/rì> / <lǐbài tiān/lǐbài rì/xīngqí tiān/xīngqí rì> /
wǒ bàba de shēngrì].

② 例　前天早上　qiántiān zǎoshàng

入れ替え　昨天［中午／下午／晚上］
zuótiān [zhōngwǔ / xiàwǔ / wǎnshàng]

2.

① liǎng diǎn wǔshísān fēn　兩點五十三分

② sì diǎn líng qī fēn　四點零七分

③ yì diǎn sìshíbā fēn　一點四十八分

④ shíliù diǎn èrshíwǔ fēn　十六點二十五分

228

⑤ èrshíyī diǎn sānshíjiǔ fēn　二十一點三十九分

3.

① 明後日は何曜日ですか。

後天是禮拜幾？ Hòutiān shì lǐbài jǐ?

② 母の誕生日は7月24日です。

我媽媽的生日是七月二十四號。
Wǒ māma de shēngrì shì qī yuè èrshísì hào.

③ 今1時半です。

現在一點半。 Xiànzài yì diǎn bàn.

④ 昨日は何月何日でしたか。

昨天是幾月幾號？ Zuótiān shì jǐ yuè jǐ hào?

⑤ 今午前8時5分です。

現在上午八點零五分。 Xiànzài shàngwǔ bā diǎn líng wǔ fēn.

p. 060　Lesson 7

1.

① 例　吃飯 chī fàn

入れ替え　吃［麵／炒飯／餃子／包子］
chī [miàn / chǎofàn / jiǎozi / bāozi]

② 例　喝珍珠奶茶 hē zhēnzhū nǎichá

入れ替え　喝［飲料／水／紅茶／咖啡］
hē [yǐnliào / shuǐ / hóngchá / kāfēi]

③ 例　不買 bù mǎi

入れ替え　不［去］／不［看］／不［知道］／不［喜歡］
[bú qù / bú kàn / bù zhīdào / bù xǐhuān]

2.

① お金がない

沒有錢 méi yǒu qián

② イギリスに行く

去英國 qù Yīngguó

③ 〈彼ら／彼女たち〉は夜8時に来る。

〈他們／她們〉晚上八點來。 Tāmen wǎnshàng bā diǎn lái.

④ 私たちは月曜日のお昼は時間がありません。

我們禮拜一中午沒有時間。
Wǒmen lǐbài yī zhōngwǔ méi yǒu shíjiān.

⑤ あなたは彼女のご主人の名前を知っていますか。

妳知道她先生的名字嗎？
Nǐ zhīdào tā xiānshēng de míngzi ma?

3.

① 我晚上不喝茶。 Wǒ wǎnshàng bù hē chá.

② 我今天不買衣服。 Wǒ jīntiān bù mǎi yīfú.

③ 陳老師星期五上午沒有課。
Chén lǎoshī xīngqí wǔ shàngwǔ méi yǒu kè.

④ 您現在有手機嗎？ Nín xiànzài yǒu shǒujī ma?

⑤ 你們喜歡越南料理嗎？ Nǐmen xǐhuān Yuènán liàolǐ ma?

p. 064　Lesson **8**

1.

① 例　一起吃飯 yìqǐ chī fàn

入れ替え　一起 [看書／去高雄／喝茶]
yìqǐ [kàn shū / qù Gāoxióng / hē chá]

② 例　常常買衣服 chángcháng mǎi yīfú

入れ替え　常常 [來〈臺北／台北〉／去泰國／吃麵包]
chángcháng [lái Táiběi / qù Tàiguó / chī miànbāo]

③ 例　我哥哥也是學生。 Wǒ gēge yě shì xuéshēng.

入れ替え　我姐姐也是 [護士／警察／醫生]。
Wǒ jiějie yě shì [hùshì / jǐngchá / yīshēng].

2.

① 私の家はよく餃子を食べます。

我家常常吃餃子。 Wǒ jiā chángcháng chī jiǎozi.

② 私の弟も〈携帯／スマホ〉を持っていません。

我弟弟也沒有手機。 Wǒ dìdi yě méi yǒu shǒujī.

③ 〈彼ら／彼女たち〉は〈みんな／ふたりとも〉ドイツ人の留学生ですか。

〈他們／她們〉都是德國留學生嗎？
Tāmen dōu shì Déguó liúxuéshēng ma?

④ 彼のお父さんも会社の社長です。

他爸爸也是公司老闆。 Tā bàba yě shì gōngsī lǎobǎn.

⑤ 林さんと彼の奥さんは、明後日ふたりとも台南に行く。

林先生和他太太後天都去台南。
Lín xiānshēng hé tā tàitai hòutiān dōu qù Táinán.

p. 069 Lesson 9

1.

① 例　非常漂亮　fēicháng piàoliàng

入れ替え　[比較／真／最] 熱　[bǐjiào / zhēn / zuì] rè

② 例　不好　bù hǎo

入れ替え　不[可愛]／不[忙]／不[大]　[bù kěài / bù máng / bú dà]

③ 例　日本的蘋果　Rìběn de píngguǒ

入れ替え　台灣的[水果／香蕉／鳳梨]
Táiwān de [shuǐguǒ / xiāngjiāo / fènglí]

④ 例　這個很〈好吃／好喝〉。Zhè ge hěn <hǎochī / hǎohē>.

入れ替え　那個很[便宜／貴／小]。Nà ge hěn [piányí / guì / xiǎo].

2.

① 〈彼ら／彼女たち〉の学校は大きい。

〈他們／她們〉學校很大。Tāmen xuéxiào hěn dà.

② 昨日の夜は寒かったですか。

昨天晚上冷嗎？Zuótiān wǎnshàng lěng ma?

— いいえ。／寒くありませんでした。

— 不冷。Bù lěng.

③ 台湾の飲み物は本当においしい。

台灣的飲料真好喝。Táiwān de yǐnliào zhēn hǎohē.

④ 医者も看護師もとても忙しい。／医者と看護師はみんなとても忙しい。

醫生和護士都非常忙。Yīshēng hé hùshì dōu fēicháng máng.

⑤ アメリカのオレンジは〈わりと／比較的〉高い。

美國的橘子比較貴。Měiguó de júzi bǐjiào guì.

p. 073 Lesson 10

1.

① 例　台灣的紅茶怎麼樣？Táiwān de hóngchá zěnmeyàng?

入れ替え　[今天的〈午餐／午飯〉／韓國的衣服／
你爸爸的公司] 怎麼樣？
[Jīntiān de <wǔcān / wǔfàn> / Hánguó de yīfú / nǐ bàba de gōngsī] zěnmeyàng?

② 例　誰先起床？Shéi xiān qǐchuáng?

入れ替え　誰先[上班／下班／回家]？
Shéi xiān [shàngbān / xiàbān / huí jiā]?

2.

① チャーハンはいくらですか。

炒飯多少錢？ Chǎofàn duōshǎo qián?

② あなたはどんな映画が好きですか。

〈你／妳〉喜歡什麼電影？ Nǐ xǐhuān shénme diànyǐng?

③ 誰の部屋が一番大きいですか。

誰的房間最大？ Shéi de fángjiān zuì dà?

④ お母さん、明後日私たちはいつ出ますか。

媽媽，後天我們什麼時候出門？
Māma, hòutiān wǒmen shénme shíhòu chū mén?

⑤ 彼らは金曜日の何時に授業が終わりますか。

他們星期五幾點下課？ Tāmen xīngqí wǔ jǐ diǎn xiàkè?

3.

① 你每天幾點吃早餐？
Nǐ měitiān jǐ diǎn chī zǎocān? （あなたは毎日何時に朝ごはんを食べますか。）

— 我每天[七]點吃早餐。
Wǒ měitiān [qī] diǎn chī zǎocān. （私は毎日 [7] 時に朝ごはんを食べます。）

② 你每天幾點睡覺？
Nǐ měitiān jǐ diǎn shuìjiào? （あなたは毎日何時に寝ますか。）

— 我每天[十一]點睡覺。
Wǒ měitiān [shíyī] diǎn shuìjiào. （私は毎日 [11] 時に寝ます。）

③ 你們每天幾點上課？
Nǐmen měitiān jǐ diǎn shàngkè? （あなたたちは毎日何時に授業が始まりますか。）

— 我們每天[八點半]上課。
Wǒmen měitiān [bā diǎn bàn] shàngkè. （私たちは毎日 [8時半] に授業が始まります。）

④ 台灣的夏天怎麼樣？
Táiwān de xiàtiān zěnmeyàng? （台湾の夏はどうですか。）

— 台灣的夏天[非常熱]。
Táiwān de xiàtiān [fēicháng rè]. （台湾の夏は [とても暑いです]。）

⑤ 你喜歡哪國料理？
Nǐ xǐhuān nǎ guó liàolǐ? （あなたはどこの国の料理が好きですか。）

— 我喜歡[越南]料理。
Wǒ xǐhuān [Yuènán] liàolǐ. （私は [ベトナム] 料理が好きです。）

p. 077　Lesson 11

1.

① 例　　這個是不是烏龍茶？ Zhè ge shì bú shì wūlóngchá?

入れ替え　那個是不是[芒果／綠茶／德國啤酒] ？
Nà ge shì bú shì [mángguǒ / lùchá / Déguó píjiǔ]?

② 例　台灣的青菜好不好吃？ Táiwān de qīngcài hǎo bù hǎochī?

入れ替え　法國紅酒［好不好喝／便不便宜／貴不貴］？
<Fàguó / Fǎguó> hóngjiǔ [hǎo bù hǎohē / pián bù piányí / guì bú guì]?

③ 例　你吃不吃魚？ Nǐ chī bù chī yú?

入れ替え　你［喝不喝／喜不喜歡／要不要］豆漿？
Nǐ [hē bù hē / xǐ bù xǐhuān / yào bú yào] dòujiāng?

④ 例　咖啡苦不苦？ Kāfēi kǔ bù kǔ?

入れ替え　湯［鹹不鹹／辣不辣／酸不酸］？
Tāng [xián bù xián / là bú là / suān bù suān]?

2.

① あなたは今時間がありますか。
〈你／妳〉現在有沒有時間？ Nǐ xiànzài yǒu méi yǒu shíjiān?

② 高雄の冬は寒いですか。
高雄的冬天冷不冷？ Gāoxióng de dōngtiān lěng bù lěng?

③ あなたは彼女のお父さんの名前を知っていますか。
你知不知道她爸爸的名字？
Nǐ zhī bù zhīdào tā bàba de míngzi?

④ バナナミルクはおいしいですか。
香蕉牛奶好不好喝？ Xiāngjiāo niúnǎi hǎo bù hǎohē?

p. 082　Lesson 12

1.

① 例　一個留學生　yí ge liúxuéshēng

入れ替え　一個［朋友／弟弟／同學］ yí ge [péngyǒu / dìdi / tóngxué]

② 例　一本書　yì běn shū

入れ替え　一本［筆記本／課本／〈辭典／詞典〉］
yì běn [bǐjìběn / kèběn / cídiǎn]

③ 例　兩杯珍珠奶茶　liǎng bēi zhēnzhū nǎichá

入れ替え　兩杯［紅茶／烏龍茶／水］
liǎng bēi [hóngchá / wūlóngchá / shuǐ]

2.

① yì zhāng xìnyòngkǎ　一張信用卡　1枚のクレジットカード

② yì bēi dòujiāng　一杯豆漿　1杯の豆乳

③ yí kuài xiàngpícā　一塊橡皮擦　1個の消しゴム

④ liǎng wèi yīshēng　　　兩位醫生　　　2人の医者

⑤ yì wǎn tāng　　　一碗湯　　　1杯のスープ

⑥ qī zhī bǐ　　　七枝筆　　　7本のペン

⑦ yì píng hóngjiǔ　　　一瓶紅酒　　　1本のワイン

⑧ jǐ zhǒng miànbāo　　　幾種麵包　　　数種類のパン

3.

① 60枚の紙

六十張紙　liùshí zhāng zhǐ

② 7個のリンゴ

七個蘋果　qī ge píngguǒ

③ 父は毎日ビールを1本飲みます。

我爸爸每天都喝一瓶啤酒。
Wǒ bàba měitiān dōu hē yì píng píjiǔ.

④ 映画のチケット5枚でいくらですか。

五張電影票多少錢？　Wǔ zhāng diànyǐng piào duōshǎo qián?

p. 087　Lesson **13**

1.

① 例　　　這位客人　zhè wèi kèrén

入れ替え　[這枝／那枝／哪枝] 筆　[zhè zhī / nà zhī / nǎ zhī] bǐ

② 例　　　穿這件衣服　chuān zhè jiàn yīfú

入れ替え　穿 [這雙鞋子／那件裙子／那件褲子]
chuān [zhè shuāng xiézi / nà jiàn qúnzi / nà jiàn kùzi]

③ 例　　　那種青菜非常苦。　Nà zhǒng qīngcài fēicháng kǔ.

入れ替え　這本 [筆記本／字典／課本] 真便宜。
Zhè běn [bǐjiběn / zìdiǎn / kèběn] zhēn piányí.

2.

① どれが一番きれいですか。

哪個最漂亮？　Nǎ ge zuì piàoliàng?

② あなたの〈携帯／スマホ〉はこれですか。

〈你／妳〉的手機是不是這台？　Nǐ de shǒujī shì bú shì zhè tái?

③ この3枚のチケットは今日のではありません。

這三張票不是今天的。　Zhè sān zhāng piào bú shì jīntiān de.

④ 〈そこ／あそこ〉は寒いですか。

那裡冷不冷？　Nàlǐ lěng bù lěng?

3.

① 我不知道那隻貓的名字。 Wǒ bù zhīdào nà zhī māo de míngzi.

② 這種香蕉怎麼樣？ Zhè zhǒng xiāngjiāo zěnmeyàng?

③ 妳喜歡哪雙襪子？ Nǐ xǐhuān nǎ shuāng wàzi?

④ 小陳常常戴那個手錶。 Xiǎo Chén chángcháng dài nà ge shǒubiǎo.

p. 093 Lesson **14**

1.

① 例　這張桌子多少錢？ Zhè zhāng zhuōzi duōshǎo qián?

　　入れ替え　那張［椅子／床／沙發］多少錢？
　　Nà zhāng [yǐzi / chuáng / shāfā] duōshǎo qián?

② 例　那台空調三萬八千塊。 Nà tái kōngtiáo sānwàn bāqiān kuài.

　　入れ替え　這台［冷氣（機）／冰箱／洗衣機］
　　兩萬兩千一百塊。
　　Zhè tái [lěngqì(jī) / bīngxiāng / xǐyījī] liǎngwàn liǎngqiān yìbǎi kuài.

③ 例　這些一共兩百一十塊。 Zhè xiē yígòng liǎngbǎi yīshí kuài.

　　入れ替え　那些一共［九百一十六／七千零二／
　　五萬兩千四百］塊。
　　Nà xiē yígòng [jiǔbǎi yīshíliù / qīqiān líng èr / wǔwàn liǎngqiān sìbǎi] kuài.

2.

① 350　　　　　三百五　sānbǎi wǔ

② 1,723　　　　一千七百二十三　yìqiān qībǎi èrshísān

③ 104,073　　　十萬四千零七十三　shíwàn sìqiān líng qīshísān

④ 406,000,000　四億零六百萬　sìyì líng liùbǎi wàn

3.

① jiǔbǎi qī (shí)　　　　　　　九百七（十）

② liùqiān sānbǎi yī (shí)　　　六千三百一（十）

③ yíwàn sìqiān líng sān　　　　一萬四千零三

④ liǎngwàn líng yìbǎi wǔshíqī　兩萬零一百五十七

⑤ wǔbǎi yīshíèr wàn jiǔqiān líng liùshí

　　　　　　　五百一十二萬九千零六十

1.

① 例　昨天穿的裙子 zuótiān chuān de qúnzi

入れ替え　[今年／去年／前年] 買的書架
[jīnnián / qùnián / qiánnián] mǎi de shūjià

② 例　不甜的飲料 bù tián de yǐnliào

入れ替え　[不鹹／不辣／不酸] 的菜 [bù xián / bú là / bù suān] de cài

2.

① 難しい〈質問／問題〉
很難的問題 hěn nán de wèntí

② たくさんの（電子）メール
很多郵件 hěn duō yóujiàn

③ テレビを〈見る／見ている／見ていた〉時
看電視的時候 kàn diànshì de shíhòu

④ 今回参加した人は少なかった。
這次參加的人很少。Zhè cì cānjiā de rén hěn shǎo.

⑤ 彼女がつけている腕時計はなかなかいい。
她戴的手錶很不錯。Tā dài de shǒubiǎo hěn búcuò.

3.

① 這是我女兒去年冬天買的褲子。
Zhè shì wǒ nǚér qùnián dōngtiān mǎi de kùzi.

② 你前天看的電影叫什麼名字？
Nǐ qiántiān kàn de diànyǐng jiào shénme míngzi?

③ 這隻非常可愛的貓是你家的嗎？
Zhè zhī fēicháng kěài de māo shì nǐ jiā de ma?

④ 爸爸昨天吃的是哪種藥？
Bàba zuótiān chī de shì nǎ zhǒng yào?

⑤ 那個比較大的衣櫃怎麼樣？
Nà ge bǐjiào dà de yīguì zěnmeyàng?

1.

① 例　應該說〈中文／華語〉yīnggāi shuō <Zhōngwén / Huáyǔ>

入れ替え　應該 [上課／起床／睡覺]
yīnggāi [shàngkè / qǐchuáng / shuìjiào]

② 例　　想ㄒㄧㄤˇ喝ㄏㄜ綠ㄌㄩˋ茶ㄔㄚˊ xiǎng hē lǜchá

入れ替え　想ㄒㄧㄤˇ [跳ㄊㄧㄠˋ舞ㄨˇ／吃ㄔ便ㄅㄧㄢˋ當ㄉㄤ／聽ㄊㄧㄥ音ㄧㄣ樂ㄩㄝˋ]
xiǎng [tiào wǔ / chī biàndāng / tīng yīnyuè]

③ 例　　打ㄉㄚˇ算ㄙㄨㄢˋ學ㄒㄩㄝˊ日ㄖˋ文ㄨㄣˊ dǎsuàn xué Rìwén

入れ替え　打ㄉㄚˇ算ㄙㄨㄢˋ學ㄒㄩㄝˊ [英ㄧㄥ文ㄨㄣˊ／法ㄈㄚˇ文ㄨㄣˊ／德ㄉㄜˊ文ㄨㄣˊ]
dǎsuàn xué [Yīngwén / <Fàwen / Fǎwén> / Déwén]

2.

① 私は今日はコーヒーを飲みたくない。

我ㄨㄛˇ今ㄐㄧㄣ天ㄊㄧㄢ不ㄅㄨˋ想ㄒㄧㄤˇ喝ㄏㄜ咖ㄎㄚ啡ㄈㄟ。 Wǒ jīntiān bù xiǎng hē kāfēi.

② あなたは靴下をはかなければいけない。

〈你ㄋㄧˇ／妳ㄋㄧˇ〉應ㄧㄥ該ㄍㄞ穿ㄔㄨㄢ襪ㄨㄚˋ子ㄗ。 Nǐ yīnggāi chuān wàzi.

③ 私は台湾語を話したい。

我ㄨㄛˇ想ㄒㄧㄤˇ說ㄕㄨㄛ台ㄊㄞˊ語ㄩˇ。 Wǒ xiǎng shuō Táiyǔ.

④ あなたはいつ私たちの会社に来ますか。

你ㄋㄧˇ什ㄕㄣˊ麼ㄇㄜ時ㄕˊ候ㄏㄡˋ要ㄧㄠˋ來ㄌㄞˊ我ㄨㄛˇ們ㄇㄣ公ㄍㄨㄥ司ㄙ？
Nǐ shénme shíhòu yào lái wǒmen gōngsī?

3.

① 我ㄨㄛˇ們ㄇㄣ（應ㄧㄥ該ㄍㄞ）先ㄒㄧㄢ買ㄇㄞˇ（票ㄆㄧㄠˋ）。 Wǒmen yīnggāi xiān mǎi piào.

② 你ㄋㄧˇ晚ㄨㄢˇ上ㄕㄤˋ不ㄅㄨˋ（要ㄧㄠˋ）（出ㄔㄨ門ㄇㄣˊ）。 Nǐ wǎnshàng bú yào chū mén.

③ 後ㄏㄡˋ年ㄋㄧㄢˊ春ㄔㄨㄣ天ㄊㄧㄢ我ㄨㄛˇ（打ㄉㄚˇ算ㄙㄨㄢˋ）去ㄑㄩˋ（泰ㄊㄞˋ國ㄍㄨㄛˊ）。
Hòunián chūntiān wǒ dǎsuàn qù Tàiguó.

④ 我ㄨㄛˇ現ㄒㄧㄢˋ在ㄗㄞˋ不ㄅㄨˋ（想ㄒㄧㄤˇ）（說ㄕㄨㄛ）話ㄏㄨㄚˋ。 Wǒ xiànzài bù xiǎng shuō huà.

p. 106　Lesson **17**

1.

① 例　　來ㄌㄞˊ留ㄌㄧㄡˊ學ㄒㄩㄝˊ lái liúxué

入れ替え　去ㄑㄩˋ [跳ㄊㄧㄠˋ舞ㄨˇ／買ㄇㄞˇ藥ㄧㄠˋ／喝ㄏㄜ咖ㄎㄚ啡ㄈㄟ]
qù [tiàowǔ / mǎi yào / hē kāfēi]

② 例　　〈搭ㄉㄚ／坐ㄗㄨㄛˋ〉火ㄏㄨㄛˇ車ㄔㄜ來ㄌㄞˊ <dā / zuò> huǒchē lái

入れ替え　[〈搭ㄉㄚ／坐ㄗㄨㄛˋ〉〈公ㄍㄨㄥ車ㄔㄜ／公ㄍㄨㄥ共ㄍㄨㄥˋ汽ㄑㄧˋ車ㄔㄜ〉／
〈搭ㄉㄚ／坐ㄗㄨㄛˋ〉捷ㄐㄧㄝˊ運ㄩㄣˋ／騎ㄑㄧˊ〈機ㄐㄧ車ㄔㄜ／摩ㄇㄛ托ㄊㄨㄛ車ㄔㄜ〉] 去ㄑㄩˋ
[<dā / zuò> <gōngchē / gōnggòng qìchē> / <dā / zuò> jiéyùn / qí <jīchē / mótuōchē>] qù

③ 例　　用ㄩㄥˋ德ㄉㄜˊ文ㄨㄣˊ寫ㄒㄧㄝˇ yòng Déwén xiě

入れ替え　用ㄩㄥˋ [〈臺ㄊㄞˊ語ㄩˇ／台語〉／韓ㄏㄢˊ文ㄨㄣˊ／〈中ㄓㄨㄥ文ㄨㄣˊ／華ㄏㄨㄚˊ語ㄩˇ〉] 說ㄕㄨㄛ
yòng [Táiyǔ / Hánwén / <Zhōngwén / Huáyǔ>] shuō

2.

① 家に帰って寝る

回家睡覺 huí jiā shuìjiào

② 歩いて来る

走路來 zǒu lù lái

③ 私のクラスメイトが午後2時半に家に遊びに来る。

我同學下午兩點半要來我家玩。
Wǒ tóngxué xiàwǔ liǎng diǎn bàn yào lái wǒ jiā wán.

④ 金曜日〈歌を歌いに／カラオケに〉行かない？

禮拜五要不要去唱歌？ Lǐbài wǔ yào bú yào qù chàng gē?

⑤ 社長は7時の列車に乗って台東に行く予定です。

老闆打算坐七點的火車去台東。
Lǎobǎn dǎsuàn zuò qī diǎn de huǒchē qù Táidōng.

3.

① 我現在要去洗澡。 Wǒ xiànzài yào qù xǐzǎo.

② 小楊打算去英國工作。 Xiǎo Yáng dǎsuàn qù Yīngguó gōngzuò.

③ 你們都用手機買票嗎？ Nǐmen dōu yòng shǒujī mǎi piào ma?

④ 這種麵包怎麼做呢？ Zhè zhǒng miànbāo zěnme zuò ne?

p. 111 Lesson **18**

1.

① 例　捷運站的對面 jiéyùn zhàn de duìmiàn

入れ替え　[公園／火車站／醫院] 的外面
[gōngyuán / huǒchē zhàn / yīyuàn] de wàimiàn

② 例　後面的公園 hòumiàn de gōngyuán

入れ替え　左邊的 [郵局／銀行／〈飯店／旅館〉]
zuǒbiān de [yóujú / yínháng / <fàndiàn / lǚguǎn>]

③ 例　桌子上的筷子 zhuōzi shàng de kuàizi

入れ替え　[〈包包／皮包〉裡／衣櫃裡／背包裡] 的東西
[<bāo bāo / píbāo> lǐ / yīguì lǐ / bēibāo lǐ] de dōngxi

2.

① 財布の中のクレジットカード

錢包裡的信用卡 qiánbāo lǐ de xìnyòngkǎ

② 洗濯機の中の靴下

洗衣機裡的襪子 xǐyījī lǐ de wàzi

③ 後ろのあの男性はあなたたちの会社の社長ですか。

後面的那位先生是不是你們公司的老闆？
Hòumiàn de nà wèi xiānshēng shì bú shì nǐmen gōngsī de lǎobǎn?

④ 本棚のあれらの本は全部あなたの息子さんのですか。

書架上的那些書都是你兒子的嗎？
Shūjià shàng de nà xiē shū dōu shì nǐ érzi de ma?

3.

① 桌子上的菜是什麼時候做的？
Zhuōzi shàng de cài shì shénme shíhòu zuò de?

② 公車上的人非常多。
Gōngchē shàng de rén fēicháng duō.

③ 袋子裡的刀子和叉子是誰買的？
Dàizi lǐ de dāozi hé chāzi shì shéi mǎi de?

④ 這間旅館的對面是一間醫院。
Zhè jiān lǚguǎn de duìmiàn shì yì jiān yīyuàn.

p. 115　Lesson **19**

1.

① 例　那家旅館在郵局對面。　Nà jiā lǚguǎn zài yóujú duìmiàn.

入れ替え　那家便利商店在 [我們公司（的）旁邊／
〈捷運站裡／捷運站（的）裡面〉／
〈超市／超級市場〉（的）右邊]。
Nà jiā biànlì shāngdiàn zài [wǒmen gōngsī (de) pángbiān /
〈jiéyùn zhàn lǐ / jiéyùn zhàn (de) lǐmiàn〉 /
〈chāoshì / chāojí shìchǎng〉(de) yòubiān].

② 例　電影院在那裡。　Diànyǐngyuàn zài nàlǐ.

入れ替え　[圖書館／〈洗手間／廁所〉／體育館]
在哪裡？
[Túshūguǎn / 〈xǐshǒujiān / cèsuǒ〉/ tǐyùguǎn] zài nǎlǐ?

③ 例　那枝鉛筆在椅子上。　Nà zhī qiānbǐ zài yǐzi shàng.

入れ替え　那件裙子在 [衣櫃裡／床上／袋子裡]。
Nà jiàn qúnzi zài [yīguì lǐ / chuáng shàng / dàizi lǐ].

2.

① 〈彼／彼女〉の家族はみんな台湾にはいません。

〈他／她〉家人都不在台灣。　Tā jiārén dōu bú zài Táiwān.

② 私は明日本屋さんに字典を買いに行きます。

我明天要去書店買字典。　Wǒ míngtiān yào qù shūdiàn mǎi zìdiǎn.

③ みんなは教室にいる、きみはどうしてここにいるの。

大家都在教室，你怎麼在這裡？

Dàjiā dōu zài jiàoshì, nǐ zěnme zài zhèlǐ?

④ 〈私と呉さん（男性）は／私は呉さんと〉銀行の前にいるけど、あなたは？

我和吳先生在銀行前面，你呢？

Wǒ hé Wú xiānshēng zài yínháng qiánmiàn, nǐ ne?

3.

① 上午買的水果都在冰箱裡。
Shàngwǔ mǎi de shuǐguǒ dōu zài bīngxiāng lǐ.

② 他每天都在圖書館。 Tā měitiān dōu zài túshūguǎn.

③ 他昨天下午在醫院。 Tā zuótiān xiàwǔ zài yīyuàn.

④ 京都在大阪的旁邊。 Jīngdū zài Dàbǎn de pángbiān.

p. 119 **Lesson 20**

1.

① 例　那家店有兩種三明治。 Nà jiā diàn yǒu liǎng zhǒng sānmíngzhì.

入れ替え　這家店有很多種 [果汁／汽水／氣泡水]。
Zhè jiā diàn yǒu hěn duō zhǒng [guǒzhī / qìshuǐ / qìpàoshuǐ].

② 例　這間房間裡沒有洗衣機。 Zhè jiān fángjiān lǐ méi yǒu xǐyījī.

入れ替え　我的辦公室裡沒有 [冰箱／電視(機)／沙發]。
Wǒ de bàngōngshì lǐ méi yǒu [bīngxiāng / diànshì(jī) / shāfā].

2.

① 袋の中にハンバーガーが2つとコーラが1本あります。

袋子裡（有）兩個漢堡和一瓶可樂。

Dàizi lǐ yǒu liǎng ge hànbǎo hé yì píng kělè.

② お母さんが昨日作ったバナナケーキはどこにある？

媽媽昨天做的香蕉蛋糕（在）哪裡？

Māma zuótiān zuò de xiāngjiāo dàngāo zài nǎlǐ?

③ このホテルにはかわいい猫が2匹いる。

這間旅館裡（有）兩隻很可愛的貓。

Zhè jiān lǚguǎn lǐ yǒu liǎng zhī hěn kěài de māo.

④ アイスクリーム屋の前に男の子が1人いる。

冰淇淋店前面（有）一個男孩。

Bīngqílín diàn qiánmiàn yǒu yí ge nánhái.

⑤ 彼の家にはお菓子がたくさんある。

他家裡（有）很多點心。 Tā jiā lǐ yǒu hěn duō diǎnxīn.

⑥ 京都に空港はありますか。

京都（有）機場嗎？ Jīngdū yǒu jīchǎng ma?

⑦ 私は今船（の中）にいるけど、あなたは？

我現在在（在）船上，你呢？ Wǒ xiànzài zài chuán shàng, nǐ ne?

⑧ あの辞書は劉先生の〈オフィス／研究室〉にあります。

那本詞典（在）劉老師的辦公室裡。
Nà běn cídiǎn zài Liú lǎoshī de bàngōngshì lǐ.

⑨ この〈クッキー／ビスケット〉にはチョコレートが入っている。

這個餅乾裡（有）巧克力。 Zhè ge bǐnggān lǐ yǒu qiǎokèlì.

⑩ 店には今大人が7人と子どもが2人います。

店裡現在（有）七個大人和兩個小孩。
Diàn lǐ xiànzài yǒu qī ge dàrén hé liǎng ge xiǎohái.

p. 125　Lesson **21**

1.

① 例　喜歡跑步 xǐhuān pǎobù

入れ替え　喜歡［運動／打棒球／聽音樂］
xǐhuān [yùndòng / dǎ bàngqiú / tīng yīnyuè]

② 例　這本書你看嗎？ Zhè běn shū nǐ kàn ma?

入れ替え　［那件褲子／那件裙子／這雙鞋子］你穿嗎？
[Nà jiàn kùzi / Nà jiàn qúnzi / Zhè shuāng xiézi] nǐ chuān ma?

③ 例　我不知道她的工作是什麼。
Wǒ bù zhīdào tā de gōngzuò shì shénme.

入れ替え　我不知道［現在幾點／他什麼時候來／〈洗手間／廁所〉在哪裡］。
Wǒ bù zhīdào [xiànzài jǐ diǎn / tā shénme shíhòu lái / <xǐshǒujiān / cèsuǒ> zài nǎlǐ].

2.

① MRTに乗るほうが安い。／ MRTは比較的安い。

搭捷運比較便宜。 Dā jiéyùn bǐjiào piányí.

② 私は〈彼／彼女〉の弟はすごくかわいいと思う。

我覺得〈他／她〉弟弟太可愛了。 Wǒ juéde tā dìdi tài kěài le.

③ ルーローファンは私はとても好きだが、臭豆腐はあまり好きではない。

滷肉飯我很喜歡，臭豆腐我不太喜歡。
Lǔròufàn wǒ hěn xǐhuān, chòudòufǔ wǒ bú tài xǐhuān.

④ 牛乳が入っているものは、彼は全部食べません。

有牛奶的東西他都不吃。 Yǒu niúnǎi de dōngxi tā dōu bù chī.

⑤ あのスーパー、きみはどう思う？

那間超市你覺得怎麼樣？ Nà jiān chāoshì nǐ juéde zěnmeyàng?

3.

① 蛋餅（和）豆花，我（都）想吃。
Dànbǐng hé dòuhuā, wǒ dōu xiǎng chī.

② 我知道他現在（在）（哪裡）。
Wǒ zhīdào tā xiànzài zài nǎlǐ.

③ 我（也）不知道他喜歡（什麼）運動。
Wǒ yě bù zhīdào tā xǐhuān shénme yùndòng.

④ （學）跳舞，你覺得（有意思）嗎？
Xué tiào wǔ, nǐ juéde yǒu yìsi ma?

p. 131　Lesson **22**

1.

① 例　已經洗碗了　yǐjīng xǐ wǎn le

入れ替え　已經[洗衣服／做便當／出門]了
yǐjīng [xǐ yīfú / zuò biàndāng / chū mén] le

② 例　沒買菜　méi mǎi cài

入れ替え　沒[工作／休息／結婚] méi [gōngzuò / xiūxí / jiéhūn]

③ 例　還沒上班　hái méi shàngbān

入れ替え　還沒[睡（覺）／煮飯／買電視（機）]
Hái méi [shuì(jiào) / zhǔ fàn / mǎi diànshì(jī)].

2.

① 私はもう教科書を買いました。
我已經買課本了。 Wǒ yǐjīng mǎi kèběn le.

② 〈彼／彼女〉は昨日家に〈帰らなかった／帰っていない〉。
〈他／她〉昨天沒回家。 Tā zuótiān méi huí jiā.

③ 私はあなたが今日昼ご飯を〈食べなかった／食べていない〉ことを知っています。
我知道你今天沒吃午餐。 Wǒ zhīdào nǐ jīntiān méi chī wǔcān.

④ おはよう、（あなたは）起きた？
早安，你起床了嗎？ Zǎo ān, nǐ qǐchuáng le ma?

⑤ きみは手を洗いましたか。
你洗手了沒有？ Nǐ xǐ shǒu le méi yǒu?

3.

① 我已經到家了。 Wǒ yǐjīng dào jiā le.

② 黃先生走了嗎？ Huáng xiānshēng zǒu le ma?

③ 我女兒去買東西了。 Wǒ nǚér qù mǎi dōngxi le.

④ 我不知道他買電腦了沒有。
Wǒ bù zhīdào tā mǎi diànnǎo le méi yǒu.

⑤ 你怎麼還沒點菜呢？ Nǐ zěnme hái méi diǎn cài ne?

p. 136　Lesson 23

1.

① 例　我吃了兩份小籠包。 Wǒ chī le liǎng fèn xiǎolóngbāo.

入れ替え　我點了［一碗牛肉麵／兩份三明治／三個冰淇淋］。
Wǒ diǎn le [yì wǎn niúròumiàn / liǎng fèn sānmíngzhì / sān ge bīngqílín].

② 例　你做了幾道菜？ Nǐ zuò le jǐ dào cài?

入れ替え　你吃了［幾個橘子／幾片肉／幾包餅乾］？
Nǐ chī le [jǐ ge júzi / jǐ piàn ròu / jǐ bāo bǐnggān]?

③ 例　我看了一部很長的電影。
Wǒ kàn le yí bù hěn cháng de diànyǐng.

入れ替え　我買了［一輛很便宜的車（子）／
〈一條／一件〉很短的裙子／
一個很有名的蛋糕］。
Wǒ mǎi le [yí liàng hěn piányí de chē(zi) /
〈yì tiáo / yí jiàn〉 hěn duǎn de qúnzi / yí ge hěn yǒumíng de dàngāo].

2.

① 手紙をたくさん書いた
寫了很多信　xiě le hěn duō xìn

② ズボンを1本買った
買了一條褲子　mǎi le yì tiáo kùzi

③ 私はおもしろい本を1冊読みました。
我看了一本很好看的書。 Wǒ kàn le yì běn hěn hǎokàn de shū.

④ 私はとてもおいしい〈鶏排／チキンカツ〉を食べました。
我吃了一份非常好吃的雞排。
Wǒ chī le yí fèn fēicháng hǎochī de jīpái.

⑤ 今日参加した人は比較的多かったので、（私は）飲み物を20杯注文した。
今天參加的人比較多，我點了二十杯飲料。
Jīntiān cānjiā de rén bǐjiào duō, wǒ diǎn le èrshí bēi yǐnliào.

3.

① 你們一共喝了幾瓶啤酒？ Nǐmen yígòng hē le jǐ píng píjiǔ?

② 我女兒已經買機車了。 Wǒ nǚér yǐjīng mǎi jīchē le.

③ 上英文課的時候老師用了兩種語言。
Shàng Yīngwén kè de shíhòu lǎoshī yòng le liǎng zhǒng yǔyán.

④ 我和他都洗手了。 Wǒ hé tā dōu xǐ shǒu le.

p. 142 Lesson 24

1.

① 例　已經累了 yǐjīng lèi le

　入れ替え　已經 [餓／渴／舊] 了 yǐjīng [è / kě / jiù] le

② 例　不吃了 bù chī le

　入れ替え　不 [說] ／不 [唱] ／不 [穿] 了 [bù shuō / bú chàng / bù chuān] le

③ 例　想買新的手機了 xiǎng mǎi xīn de shǒujī le

　入れ替え　想 [學台語／吃小籠包／喝珍珠奶茶] 了
xiǎng [xué Táiyǔ / chī xiǎolóngbāo / hē zhēnzhū nǎichá] le

2.

① 〈彼／彼女〉の娘は今年で18歳になった。

〈他／她〉女兒今年十八歲了。 Tā nǚér jīnnián shíbā suì le.

② もう7時半になった。

已經七點半了。 Yǐjīng qī diǎn bàn le.

③ 私は最近太ったから、ケーキは食べたくなくなった。

我最近胖了，不想吃蛋糕了。
Wǒ zuìjìn pàng le, bù xiǎng chī dàngāo le.

④ 彼は出勤するので、今日は〈来なくなりました／来るのをやめました〉。

他要上班，今天不來了。 Tā yào shàngbān, jīntiān bù lái le.

⑤ 先週はあまり寒くなかったが、今週はやや寒い。

上個星期不太冷，這個星期比較冷。
Shàng ge xīngqí bú tài lěng, zhè ge xīngqí bǐjiào lěng.

3.

① 那輛車子是你的了。 Nà liàng chēzi shì nǐ de le.

② 我哥哥不騎摩托車了。 Wǒ gēge bù qí mótuōchē le.

③ 我最近喜歡吃辣的了。 Wǒ zuìjìn xǐhuān chī là de le.

④ 我應該學煮飯了。 Wǒ yīnggāi xué zhǔ fàn le.

⑤ 我太太也要去台東旅遊了。 Wǒ tàitai yě yào qù Táidōng lǚyóu le.

1.

① 例　手有點痛　shǒu yǒudiǎn tòng

入れ替え　［肚子／頭／眼睛］有點痛
[dùzi / tóu / yǎnjīng] yǒudiǎn tòng

② 例　剛剛下課　gānggāng xiàkè

入れ替え　剛剛［洗澡／打掃／到車站］
gānggāng [xǐzǎo / dǎsào / dào chēzhàn]

2.

① 私はお腹がすいたし、のども渇いた。
我很餓，也很渴。　Wǒ hěn è, yě hěn kě.

② あの店は人がけっこう多いから、私は行きたくない。
那家店人比較多，我不想去。
Nà jiā diàn rén bǐjiào duō, wǒ bù xiǎng qù.

③ 彼は毎日運動しに行っているので健康だ。
他每天都去運動，身體很健康。
Tā měitiān dōu qù yùndòng, shēntǐ hěn jiànkāng.

④ 私は臭豆腐が大好きですが、あなたは？
我非常喜歡吃臭豆腐，你呢？
Wǒ fēicháng xǐhuān chī chòudòufǔ, nǐ ne?

⑤ 部屋が暑すぎるので、クーラーをつけませんか。
房間裡太熱了，我們要不要開冷氣？
Fángjiān lǐ tài rè le, wǒmen yào bú yào kāi lěngqì

3.

① （外面）很冷，我不想（出門）。
Wàimiàn hěn lěng, wǒ bù xiǎng chū mén.

② 台北有捷運，（也）有公車，很（方便）。
Táiběi yǒu jiéyùn, yě yǒu gōngchē, hěn fāngbiàn.

③ 我妹妹說台東的風景很（漂亮），我明天要
（帶）女兒去玩。
Wǒ mèimei shuō Táidōng de fēngjǐng hěn piàoliàng, wǒ míngtiān yào dài nǚér qù wán.

④ 我的日本朋友（下個月）要來台灣，我們
（打算）一起去高雄玩。
Wǒ de Rìběn péngyǒu xià ge yuè yào lái Táiwān, wǒmen dǎsuàn yìqǐ qù Gāoxióng wán.

⑤ 我（身體）有點不舒服，下午要去（看病）。
Wǒ shēntǐ yǒudiǎn bù shūfú, xiàwǔ yào qù kànbìng.

1.

① 例　　會打籃球　huì dǎ lánqiú

　入れ替え　會［打棒球／打網球／踢足球］
　　　　　huì [dǎ bàngqiú / dǎ wǎngqiú / tī zúqiú]

② 例　　當然不會唱　dāngrán bú huì chàng

　入れ替え　真的不會［寫／說／做］　zhēn de bú huì [xiě / shuō / zuò]

③ 例　　一定會下雨　yídìng huì xià yǔ

　入れ替え　可能會［下雪／變冷／變熱］
　　　　　kěnéng huì [xià xuě / biàn lěng / biàn rè]

2.

① あなたは〈クッキー／ビスケット〉を作れますか。
　〈你／妳〉會做餅乾嗎？　Nǐ huì zuò bǐnggān ma?

② 〈彼ら／彼女たち〉は〈知らないだろう／知っているはずがない〉。
　〈他們／她們〉不會知道。　Tāmen bú huì zhīdào.

③ 彼は来週あなたがたの会社に来ますか。
　他下個星期會不會來你們公司？
　Tā xià ge xīngqí huì bú huì lái nǐmen gōngsī?

④ 私は車を運転できず、バイクにも乗れません。
　我不會開車，也不會騎機車。
　Wǒ bú huì kāi chē, yě bú huì qí jīchē.

3.

① 他會說四（種）（語言）。
　Tā huì shuō sì zhǒng yǔyán.

② 他很會（煮）飯，這些（菜）都是他做的。
　Tā hěn huì zhǔ fàn, zhè xiē cài dōu shì tā zuò de.

③ 這個字（有點）難，你會（寫）嗎？
　Zhè ge zì yǒudiǎn nán, nǐ huì xiě ma?

④ （天氣）這麼（冷），他不會走路來。
　Tiānqì zhème lěng, tā bú huì zǒu lù lái.

1.

① 例　　不能打密碼　bù néng dǎ mìmǎ

　入れ替え　不能［打掃／洗衣服／工作］
　　　　　bù néng [dǎsǎo / xǐ yīfú / gōngzuò]

② 例　我可不可以搭高鐵去？ Wǒ kě bù kěyǐ dā gāotiě qù?

入れ替え　我可不可以搭 [計程車／船／地鐵] 去？
Wǒ kě bù kěyǐ dā [jìchéngchē / chuán / dìtiě] qù?

③ 例　你可以去台北1-01。 Nǐ kěyǐ qù Táiběi Yīlíngyī.

入れ替え　你可以去 [故宮博物院／龍山寺／淡水]。
Nǐ kěyǐ qù [Gùgōng Bówùyuàn / Lóngshānsì / Dànshuǐ].

練習問題 解答

2.

① 子どもは参加できません。
小孩不能參加。 Xiǎohái bù néng cānjiā.

② あなたはもう〈シャワーを浴びても／お風呂に入っても〉いいよ。
〈你／妳〉可以洗澡了。 Nǐ kěyǐ xǐzǎo le.

③ 今はもうドアを開けてもいいよ。
現在可以開門了。 Xiànzài kěyǐ kāi mén le.

④ MRT の中ではものを食べてはいけません。
捷運上不能吃東西。 Jiéyùn shàng bù néng chī dōngxi.

⑤ あのレストランはおいしいですか。—まあまあです。
那家餐廳好吃嗎？　—還可以。
Nà jiā cāntīng hǎochī ma?　– Hái kěyǐ.

3.

① 你（當然）不能（開）車。
Nǐ dāngrán bù néng kāi chē.

② 夜市（裡）可以吃很多種（小吃）。
Yèshì lǐ kěyǐ chī hěn duō zhǒng xiǎochī.

③ 你晚上（可以）（帶）他們去九份。
Nǐ wǎnshàng kěyǐ dài tāmen qù Jiǔfèn.

④ 那位病人（身體）不舒服，（只）能吃一點水果。
Nà wèi bìngrén shēntǐ bù shūfú, zhǐ néng chī yìdiǎn shuǐguǒ.

p. 164　Lesson 28

1.

① 例　在廚房煮飯 zài chúfáng zhǔ fàn

入れ替え　在 [自己的房間（裡）／窗戶（的）旁邊／床
上] 看書
zài [zìjǐ de fángjiān (lǐ) / chuānghù (de) pángbiān / chuáng shàng] kàn shū

② 例　跟她一起學台語 gēn tā yìqǐ xué Táiyǔ

入れ替え	跟同學一一起[寫作業／去台北1-0又1-／
	打網球]
	gēn tóngxué yìqǐ [xiě zuòyè / qù Táiběi Yīlíngyī / dǎ wǎngqiú]

③ 例　跟老闆介紹　gēn lǎobǎn jièshào

入れ替え　跟台灣老師[學／借／買]

gēn Táiwān lǎoshī [xué / jiè / mǎi]

2.

① 4月から7月まで

從四月到七月　cóng sì yuè dào qī yuè

② コンビニで買う

在便利商店買　zài biànlì shāngdiàn mǎi

③ このことは私はまだ母に言っていません。

這件事，我還沒跟媽媽說。Zhè jiàn shì, wǒ hái méi gēn māma shuō.

④ 彼の家族が階段の近くで彼を待っています。

他的家人在樓梯附近等他。Tā de jiārén zài lóutī fùjìn děng tā.

⑤ 大明の話はおもしろいので、私は彼とおしゃべりするのが大好きだ。

大明的話很有意思，我很喜歡跟他聊天。

Dàmíng de huà hěn yǒu yìsi, wǒ hěn xǐhuān gēn tā liáotiān.

3.

① 我們打算在夜市吃雞排。Wǒmen dǎsuàn zài yèshì chī jīpái.

② 你為什麼不在爸爸的公司工作？

Nǐ wèishéme bú zài bàba de gōngsī gōngzuò?

③ 他什麼時候要到我們家來玩？

Tā shénme shíhòu yào dào wǒmen jiā lái wán?

④ 我想跟林老師學華語。Wǒ xiǎng gēn Lín lǎoshī xué Huáyǔ.

⑤ 從機場到飯店怎麼走？Cóng jīchǎng dào fàndiàn zěnme zǒu?

p. 170　Lesson 29

1.

① 例　慢一點　màn yìdiǎn

入れ替え　[鹹／矮／瘦]一點　[xián / ǎi / shòu] yìdiǎn

② 例　更辣　gèng là

入れ替え　更[酸／容易／舊]　gèng [suān / róngyì / jiù]

③ 例　一樣近　yíyàng jìn

入れ替え　一樣[重要／甜／胖]　yíyàng [zhòngyào / tián / pàng]

2.

① 私の妹は私より３歳年下です。

我妹妹比我小三歲。 Wǒ mèimei bǐ wǒ xiǎo sān suì.

② 自転車のほうが MRT よりもっと早い（早く着く）。

騎腳踏車比搭捷運更快。 Qí jiǎotàchē bǐ dā jiéyùn gèng kuài.

③ 私は明くんより背が低いわけではなく、彼と同じぐらいの背の高さです。

我不比小明矮，我和他一樣高。
Wǒ bù bǐ xiǎo Míng ǎi, wǒ hé tā yíyàng gāo.

④ ベッドで寝るのはソファーで寝るより〈ずいぶん／ずっと〉快適だ。

在床上睡覺比在沙發上睡覺舒服多了。
Zài chuáng shàng shuìjiào bǐ zài shāfā shàng shuìjiào shūfú duō le.

⑤ 出かける時に〈携帯／スマホ〉を持つのは財布を持つのと同じぐらい重要だ

出門的時候帶手機跟帶錢包一樣重要。
Chū mén de shíhòu dài shǒujī gēn dài qiánbāo yíyàng zhòngyào.

3.

① 自己做的餅乾比在外面買的還好吃。
Zìjǐ zuò de bǐnggān bǐ zài wàimiàn mǎi de hái hǎochī.

② 黑色的襪子比綠色的貴六十塊。
Hēisè de wàzi bǐ lǜsè de guì liùshí kuài.

③ 這張椅子比那張便宜一點。
Zhè zhāng yǐzi bǐ nà zhāng piányí yìdiǎn.

④ 北海道的夏天沒有京都這麼熱。
Běihǎidào de xiàtiān méi yǒu Jīngdū zhème rè.

⑤ 學中文比學英文容易多了。
Xué Zhōngwén bǐ xué Yīngwén róngyì duō le.

p. 175　Lesson 30

1.

① 例　〈小學／國小〉的時候 ⟨xiǎoxué / guóxiǎo⟩ de shíhòu

入れ替え　[國中／大學／研究所] 的時候
[guózhōng / dàxué / yánjiùsuǒ] de shíhòu

② 例　你要喝紅茶，還是豆漿？ Nǐ yào hē hóngchá, háishì dòujiāng?

入れ替え　你要吃蛋餅，還是[滷肉飯／牛肉麵／漢堡]？
Nǐ yào chī dànbǐng, háishì [lǔròufàn / niúròumiàn / hànbǎo]?

③ 例　我們去吃豆花，好嗎？ Wǒmen qù chī dòuhuā, hǎo ma?

練習問題 解答

249

入れ替え　我們去買[筆記本／空調／夏天的衣服]，好不好？

Wǒmen qù mǎi [bǐjìběn / kōngtiáo / xiàtiān de yīfú], hǎo bù hǎo

2.

① この〈コンピューター／パソコン〉はあなたの？ それとも〈彼／彼女〉の？

這台電腦是〈你／妳〉的，還是〈他／她〉的？

Zhè tái diànnǎo shì nǐ de, háishì tā de?

② ここは本屋だよね？

這裡是書店，對不對？ Zhèlǐ shì shūdiàn, duì bú duì?

③ どっちのほうが大事なの？ 遊びに出かけること？ それとも勉強？

哪個比較重要？出門玩還是念書？

Nǎ ge bǐjiào zhòngyào? Chū mén wán háishì niàn shū?

④ きみは普段どういう歌を聞くの？ 日本語の歌？ それとも中国語の歌？

你平常聽哪種歌？日文歌還是中文歌？

Nǐ píngcháng tīng nǎ zhǒng gē? Rìwén gē háishì zhōngwén gē?

⑤ きみはどの鳥が好き？ 赤いの？ 青いの？ それとも緑の？

你喜歡哪隻鳥？紅色的、藍色的還是綠色的？

Nǐ xǐhuān nǎ zhī niǎo? Hóngsè de、lánsè de háishì lǜsè de?

3.

① 台灣的銀行三點半關門，（對）嗎？

Táiwān de yínháng sān diǎn bàn guān mén, duì ma?

② 我們晚上吃羊肉，（好）嗎？

Wǒmen wǎnshàng chī yángròu, hǎo ma?

③ 我今天晚上十一點回家，（可以）嗎？

Wǒ jīntiān wǎnshàng shíyī diǎn huí jiā, kěyǐ ma?

p. 180　Lesson 31

1.

① 例　去過台北車站　qù guò Táiběi chēzhàn

入れ替え　去過[新竹／桃園／松山]車站

qù guò [Xīnzhú / Táoyuán / Sōngshān] chēzhàn

② 例　沒見過　méi jiàn guò

入れ替え　沒[哭／做／點]過　méi [kū / zuò / diǎn] guò

③ 例　聽過那個故事　tīng guò nà ge gùshì

入れ替え　看過[他的〈照片／相片〉／那個網站／那裡的風景]

kàn guò [tā de <zhàopiàn / xiàngpiàn> / nà ge wǎngzhàn / nàlǐ de fēngjǐng]

2.

① 〈彼／彼女〉の両親はふたりとも台湾に来たことがない。

〈他／她〉父母都沒來過台灣。 Tā fùmǔ dōu méi lái guò Táiwān.

② あなたは〈彼／彼女〉の歌を聞いたことがありますか。

〈你／妳〉有沒有聽過〈他／她〉的歌？
Nǐ yǒu méi yǒu tīng guò tā de gē?

③ 私は彼のあんなに悲しそうな様子を見たことがない。

我沒看過他那麼難過的樣子。
Wǒ méi kàn guò tā nàme nánguò de yàngzi.

④ この2冊の本は、私はたぶんどちらも借りたことがある。

這兩本書，我可能都借過。
Zhè liǎng běn shū, wǒ kěnéng dōu jiè guò.

3.

① 他（一定）沒（戴）過眼鏡。
Tā yídìng méi dài guò yǎnjìng.

② 姊姊（怎麼了）？她最近（好像）沒笑過。
Jiějie zěnme le? Tā zuìjìn hǎoxiàng méi xiào guò.

③ 這（雙）鞋子（有點）小，我沒有穿過。
Zhè shuāng xiézi yǒudiǎn xiǎo, wǒ méi yǒu chuān guò.

④ 這兩部（連續劇），我（當然）都有看過。
Zhè liǎng bù liánxùjù, wǒ dāngrán dōu yǒu kàn guò.

p. 185　Lesson **32**

1.

① 例　因為肚子不舒服 yīnwèi dùzi bù shūfú

入れ替え　因為 [鼻子／眼睛／耳朵] 不舒服
yīnwèi [bízi / yǎnjīng / ěrduo] bù shūfú

② 例　雖然天氣不太好 suīrán tiānqì bú tài hǎo

入れ替え　雖然我 [沒（有）見過／沒（有）去過外國／〈不能／不會〉開車]
suīrán wǒ [méi (yǒu) jiàn guò / méi (yǒu) qù guò wàiguó / <bù néng / bú huì> kāi chē]

2.

① 〈彼／彼女〉が行かないなら、私たちは〈行くのをやめる／行かないことにする〉。

要是〈他／她〉不去，我們就不去了。
Yàoshì tā bú qù, wǒmen jiù bú qù le.

② では、私たちはもう〈行っても／帰っても〉いいですか。

那，我們可以走了嗎？ Nà, wǒmen kěyǐ zǒu le ma?

③ 大丈夫、もしあなたが言いたくなければ言わないで。

沒關係，如果你不想說，就不要說。

Méi guānxi, rúguǒ nǐ bù xiǎng shuō, jiù bú yào shuō.

④ 彼らはみんな日本がとても好きなので、よく（そこに）旅行に行く。

因為他們都很喜歡日本，所以常常去那裡旅遊。

Yīnwèi tāmen dōu hěn xǐhuān Rìběn, suǒyǐ chángcháng qù nàlǐ lǚyóu.

3.

① 他現在不能說話，（因為）（嘴）裡還有很多東西。

Tā xiànzài bù néng shuō huà, yīnwèi zuǐ lǐ hái yǒu hěn duō dōngxi.

② 那間飯店（離）車站很遠，（不過）很多人喜歡。

Nà jiān fàndiàn lí chēzhàn hěn yuǎn, búguò hěn duō rén xǐhuān.

③ （雖然）我很想去，可是現在太（晚）了。

Suīrán wǒ hěn xiǎng qù, kěshì xiànzài tài wǎn le.

④ （那麼），你覺得這個（國家）的文化怎麼樣？

Nàme, nǐ juéde zhè ge guójiā de wénhuà zěnmeyàng?

p. 190 **Lesson 33**

1.

① 例　　你念一下吧！　Nǐ niàn yíxià ba!

入れ替え　你［休息／等／練習］一下吧！

Nǐ [xiūxí / děng / liànxí] yíxià ba!

② 例　　我幫你拿吧！　Wǒ bāng nǐ ná ba!

入れ替え　我幫你［關／賣／畫］吧！　Wǒ bāng nǐ [guān / mài / huà] ba!

③ 例　　別想了！　Bié xiǎng le!

入れ替え　別［哭／跑／生氣］了！　Bié [kū / pǎo / shēngqì] le!

2.

① あの男性は警察でしょう？

那位先生是警察吧？　Nà wèi xiānshēng shì jǐngchá ba?

② あなたは風邪をひいたんだから、今日はお酒を飲まないで。

〈你／妳〉感冒了，今天不要喝酒吧。

Nǐ gǎnmào le, jīntiān bú yào hē jiǔ ba.

③ あの会社はここから遠くないから、（あなたは）歩いて行ったら。

那間公司離這裡不遠，你走路去吧。

Nà jiān gōngsī lí zhèlǐ bù yuǎn, nǐ zǒu lù qù ba.

④ 外は雨が降ってきた。（私たちは）早く家に帰ろう。

外面下雨了。我們快回家吧！
Wàimiàn xià yǔ le. Wǒmen kuài huí jiā ba!

⑤ 彼のためにちょっと探してくれないかな。

你幫他找一下，可以嗎？ Nǐ bāng tā zhǎo yíxià, kěyǐ ma?

3.

① 你已經到（機場）了（吧）？ Nǐ yǐjīng dào jīchǎng le ba?

② 這件事非常（重要），你（別）忘了。
Zhè jiàn shì fēicháng zhòngyào, nǐ bié wàng le.

③ 你（幫）我（點）菜吧。 Nǐ bāng wǒ diǎn cài ba.

④ 請不（要）（跟）我媽媽說。 Qǐng bú yào gēn wǒ māma shuō.

p. 195 Lesson **34**

1.

① 例　跨年的時候 kuà nián de shíhòu

入れ替え　[〈過年／春節〉／中秋節／聖誕節] 的時候
[<guònián / Chūnjié> / Zhōngqiūjié / Shèngdànjié] de shíhòu

② 例　飛得很快 fēi de hěn kuài

入れ替え　[跑／寫／做] 得很慢 [pǎo / xiě / zuò] de hěn màn

③ 例　說話說得很好 shuō huà shuō de hěn hǎo

入れ替え　[跳舞跳／開車開／寫字寫] 得很好
[tiào wǔ tiào / kāi chē kāi / xiě zì xiě] de hěn hǎo

2.

① （私は）毎日よく眠れる。

我每天都睡得很好。 Wǒ měitiān dōu shuì de hěn hǎo.

② 〈彼／彼女〉はサッカーが上手だ。

〈他／她〉足球踢得很好。 Tā zúqiú tī de hěn hǎo.

③ 私の弟は今日の晩ご飯を〈たくさん食べている／たくさん食べた〉。

我弟弟今天晚餐吃得很多。
Wǒ dìdi jīntiān wǎncān chī de hěn duō.

④ 私は〈小林さん／林くん／林ちゃん〉が歌っているのを聞いたことがないんだけど、彼は歌が上手なの？

我沒聽過小林唱歌，他唱得好不好？
Wǒ méi tīng guò <Xiǎolín / xiǎo Lín> chàng gē, tā chàng de hǎo bù hǎo?

⑤ 外は雨が強いから、私は〈バイクで／バイクに乗って〉行く勇気はない。

外面雨下得很大，我不敢騎機車去。
Wàimiàn yǔ xià de hěn dà, wǒ bù gǎn qí jīchē qù.

3.

① 我年輕的時候跑得非常快。
Wǒ niánqīng de shíhòu pǎo de fēicháng kuài.

② 他今天怎麼來得這麼早？ Tā jīntiān zěnme lái de zhème zǎo?

③ 他日文說得比我好。 Tā Rìwén shuō de bǐ wǒ hǎo.

④ 今天的作業你寫得怎麼樣？
Jīntiān de zuòyè nǐ xiě de zěnmeyàng?

⑤ 我打字打得不太快。 Wǒ dǎ zì dǎ de bú tài kuài.

1.

① 例　在電梯前面等他　zài diàntī qiánmiàn děng tā

入れ替え　在 [一樓／十字路口／宿舍] 等他
zài [yì lóu / shízìlùkǒu / sùshè] děng tā

② 例　站在最後面　zhàn zài zuì hòumiàn

入れ替え　坐在 [椅子上／床上／地上]
zuò zài [yǐzi shàng / chuáng shàng / dì shàng]

③ 例　在洗澡　zài xǐzǎo

入れ替え　在 [跑步／烤肉／找手機] zài [pǎobù / kǎoròu / zhǎo shǒujī]

2.

① 私は海辺のホテルに泊まりたい。

我想住在海邊的飯店。 Wǒ xiǎng zhù zài hǎibiān de fàndiàn.

② 〈彼／彼女〉はどうしてまだ仕事をしているのですか。

〈他／她〉為什麼還在工作呢？ Tā wèishénme hái zài gōngzuò ne?

③ 私たちは新竹市のサイトを見ています。

我們在看新竹市的網站。 Wǒmen zài kàn Xīnzhú shì de wǎngzhàn.

④ うちのネコちゃんは私のベッドで寝るのが好きだ。

我家的小貓喜歡睡在我的床上。
Wǒ jiā de xiǎo māo xǐhuān shuì zài wǒ de chuáng shàng.

⑤ 私は今ちょうど新幹線のチケットを買っています。3時半に高雄に着きます。

我正在買高鐵票，三點半會到高雄。
Wǒ zhèngzài mǎi gāotiě piào, sān diǎn bàn huì dào Gāoxióng.

3.

① 他ㄊㄚ的ㄉㄜ背ㄅㄟ包ㄅㄠ掛ㄍㄨㄚ在ㄗㄞ牆ㄑㄧㄤ上ㄕㄤ。 Tā de bēibāo guà zài qiáng shàng.

② 弟ㄉㄧ弟ㄉㄧ在ㄗㄞ同ㄊㄨㄥ學ㄒㄩㄝ家ㄐㄧㄚ玩ㄨㄢ遊ㄧㄡ戲ㄒㄧ。 Dìdi zài tóngxué jiā wán yóuxì.

③ 我ㄨㄛ們ㄇㄣ公ㄍㄨㄥ司ㄙ的ㄉㄜ辦ㄅㄢ公ㄍㄨㄥ室ㄕ在ㄗㄞ七ㄑㄧ樓ㄌㄡ。
Wǒmen gōngsī de bàngōngshì zài qī lóu.

④ 我ㄨㄛ們ㄇㄣ在ㄗㄞ做ㄗㄨㄛ新ㄒㄧㄣ的ㄉㄜ網ㄨㄤ頁ㄧㄝ。 Wǒmen zài zuò xīn de wǎngyè.

---

p. 205   Lesson 36

1.

① 例　　我ㄨㄛ們ㄇㄣ是ㄕ兩ㄌㄧㄤ個ㄍㄜ〈星ㄒㄧㄥ期ㄑㄧ／禮ㄌㄧ拜ㄅㄞ〉前ㄑㄧㄢ開ㄎㄞ學ㄒㄩㄝ的ㄉㄜ。
Wǒmen shì liǎng ge ⟨xīngqí / lǐbài⟩ qián kāi xué de.

入れ替え　他ㄊㄚ是ㄕ［一ㄧ個ㄍㄜ月ㄩㄝ／五ㄨ天ㄊㄧㄢ／二ㄦ十ㄕ分ㄈㄣ鐘ㄓㄨㄥ］前ㄑㄧㄢ
離ㄌㄧ開ㄎㄞ這ㄓㄜ裡ㄌㄧ的ㄉㄜ。
Tā shì [yí ge yuè / wǔ tiān / èrshí fēnzhōng] qián líkāi zhèlǐ de.

② 例　　我ㄨㄛ們ㄇㄣ不ㄅㄨ是ㄕ在ㄗㄞ台ㄊㄞ灣ㄨㄢ結ㄐㄧㄝ婚ㄏㄨㄣ的ㄉㄜ。
Wǒmen bú shì zài Táiwān jiéhūn de.

入れ替え　他ㄊㄚ們ㄇㄣ不ㄅㄨ是ㄕ在ㄗㄞ［中ㄓㄨㄥ山ㄕㄢ／桃ㄊㄠ園ㄩㄢ／台ㄊㄞ南ㄋㄢ］下ㄒㄧㄚ車ㄔㄜ的ㄉㄜ。
Tāmen bú shì zài [Zhōngshān / Táoyuán / Táinán] xià chē de.

2.

① あなたは何時に起きたのですか。
〈你ㄋㄧ／妳ㄋㄧ〉是ㄕ幾ㄐㄧ點ㄉㄧㄢ起ㄑㄧ床ㄔㄨㄤ的ㄉㄜ？　　Nǐ shì jǐ diǎn qǐchuáng de?

② 母は〈自転車で／自転車に乗って〉行ったのです。
媽ㄇㄚ媽ㄇㄚ是ㄕ騎ㄑㄧ腳ㄐㄧㄠ踏ㄊㄚ車ㄔㄜ去ㄑㄩ的ㄉㄜ。　　Māma shì qí jiǎotàchē qù de.

③ 彼はダンスが上手だ（けれど）、いつ練習を始めたの？
他ㄊㄚ跳ㄊㄧㄠ舞ㄨ跳ㄊㄧㄠ得ㄉㄜ很ㄏㄣ好ㄏㄠ，是ㄕ什ㄕ麼ㄇㄜ時ㄕ候ㄏㄡ開ㄎㄞ始ㄕ練ㄌㄧㄢ習ㄒㄧ的ㄉㄜ？
Tā tiào wǔ tiào de hěn hǎo, shì shénme shíhòu kāishǐ liànxí de?

④ この写真はすごくきれいに撮れていますね。（あなたは）どこで撮ったのですか。
這ㄓㄜ張ㄓㄤ照ㄓㄠ片ㄆㄧㄢ拍ㄆㄞ得ㄉㄜ好ㄏㄠ美ㄇㄟ，你ㄋㄧ是ㄕ在ㄗㄞ什ㄕ麼ㄇㄜ地ㄉㄧ方ㄈㄤ拍ㄆㄞ的ㄉㄜ？
Zhè zhāng zhàopiàn pāi de hǎo měi, nǐ shì zài shénme dìfāng pāi de?

3.

① 他ㄊㄚ們ㄇㄣ是ㄕ（半ㄅㄢ）個ㄍㄜ鐘ㄓㄨㄥ頭ㄊㄡ前ㄑㄧㄢ到ㄉㄠ松ㄙㄨㄥ山ㄕㄢ（機ㄐㄧ場ㄔㄤ）的ㄉㄜ。
Tāmen shì bàn ge zhōngtóu qián dào Sōngshān jīchǎng de.

② 你ㄋㄧ（男ㄋㄢ朋ㄆㄥ友ㄧㄡ）是ㄕ不ㄅㄨ是ㄕ（從ㄘㄨㄥ）台ㄊㄞ中ㄓㄨㄥ來ㄌㄞ的ㄉㄜ？
Nǐ nánpéngyǒu shì bú shì cóng Táizhōng lái de?

③ 他ㄊㄚ們ㄇㄣ是ㄕ在ㄗㄞ韓ㄏㄢ國ㄍㄨㄛ的ㄉㄜ（研ㄧㄢ究ㄐㄧㄡ所ㄙㄨㄛ）（認ㄖㄣ識ㄕ）的ㄉㄜ。
Tāmen shì zài Hánguó de yánjiùsuǒ rènshì de.

④ 我ㄨㄛ不ㄅㄨ是ㄕ（用ㄩㄥ）電ㄉㄧㄢ腦ㄋㄠ（畫ㄏㄨㄚ）的ㄉㄜ。 Wǒ bú shì yòng diànnǎo huà de.

1.

① 例　帶著很重的書包　dài zhe hěn zhòng de shūbāo

入れ替え　帶著［藍色的／很輕的／很髒的］袋子
dài zhe [lánsè de / hěn qīng de / hěn zāng de] dàizi

② 例　戴著很特別的帽子　dài zhe hěn tèbié de màozi

入れ替え　穿著［白色的／很奇怪的／很乾淨的］
外套
chuān zhe [báisè de / hěn qíguài de / hěn gānjìng de] wàitào

③ 例　開著門上課　kāi zhe mén shàngkè

入れ替え　［戴著眼鏡／開著電視／穿著襪子］睡覺
[dài zhe yǎnjìng / kāi zhe diànshì / chuān zhe wàzi] shuìjiào

2.

① 〈立ったまま／立って〉本を読む
站著看書　zhàn zhe kàn shū

② 長いスカートをはいている
穿著很長的裙子　chuān zhe hěn cháng de qúnzi

③ クーラーがついているよ。みんな、〈部屋に入ったら／部屋に入った後〉〈忘れずにドアを閉めて／ドアを閉めるのを忘れないで〉。
冷氣開著呢！大家進房間後，記得要關門。
Lěngqì kāi zhe ne! Dàjiā jìn fángjiān hòu, jìde yào guān mén.

④ 〈そこ／あそこ〉の労働者たちはみんな黄色い服を着ています。
那裡的工人們都穿著黃色的衣服。
Nàlǐ de gōngrénmen dōu chuān zhe huángsè de yīfú.

⑤ 兄は帽子をかぶったまま踊るのが好きだ。
哥哥喜歡戴著帽子跳舞。　Gēge xǐhuān dài zhe màozi tiào wǔ.

3.

① 她今天想穿著裙子出門。
Tā jīntiān xiǎng chuān zhe qúnzi chū mén.

② 大家都看著窗戶外面的風景。
Dàjiā dōu kàn zhe chuānghù wàimiàn de fēngjǐng.

③ 公車上的人都戴著口罩呢。
Gōngchē shàng de rén dōu dài zhe kǒuzhào ne.

④ 奶奶每天都帶著很特別的包包。
Nǎinai měitiān dōu dài zhe hěn tèbié de bāobāo.

1.

① 例　送奶奶一個巧克力蛋糕　sòng nǎinai yí ge qiǎokèlì dàngāo

入れ替え　送媽媽[一瓶〈法國／法guó〉紅酒／很多花／
一個很輕的〈包包／皮包〉]

sòng māma [yì píng <Fàguó / Fǎguo> hóngjiǔ / hěn duō huā /
yí ge hěn qīng de <bāo bāo / píbāo>]

② 例　告訴他爸爸的名字　gàosù tā bàba de míngzi

入れ替え　告訴你[她的生日／我的電話號碼／
我們的想法]

gàosù nǐ [tā de shēngrì / wǒ de diànhuà hàomǎ / wǒmen de xiǎngfǎ]

③ 例　我給他的大衣　wǒ gěi tā de dàyī

入れ替え　他給我的[口罩／餅乾／盤子]

tā gěi wǒ de [kǒuzhào / bǐnggān / pánzi]

2.

① 私は〈彼／彼女〉に〈子犬／小型犬／ワンちゃん〉を1匹贈ります。

我要送〈他／她〉一隻小狗。 Wǒ yào sòng tā yì zhī xiǎo gǒu.

② 私はまだ〈彼／彼女〉に私の携帯電話番号を伝えていない。

我還沒告訴〈他／她〉我的手機號碼。

Wǒ hái méi gàosù tā wǒ de shǒujī hàomǎ.

③ 私があなたに貸したあの2冊の本、明日返してもらえる？

我借你的那兩本書，你可以明天還我嗎？

Wǒ jiè nǐ de nà liǎng běn shū, nǐ kěyǐ míngtiān huán wǒ ma?

④ 私はどうやって外国人に日本語を教えるかわからない。

我不知道怎麼教外國人日文。

Wǒ bù zhīdào zěnme jiāo wàiguó rén Rìwén.

3.

① 我現在要打電話（給）我（兒子）的老師。

Wǒ xiànzài yào dǎ diànhuà gěi wǒ érzi de lǎoshī.

② 我下午要去（寄）新年禮物給（外公）和外婆。

Wǒ xiàwǔ yào qù jì xīnnián lǐwù gěi wàigōng hé wàipó.

③ 我還沒吃那個小（女孩）給我的（糖）。

Wǒ hái méi chī nà ge xiǎo nǚhái gěi wǒ de táng.

④ 我想問他這些（句子）的（意思）。

Wǒ xiǎng wèn tā zhè xiē jùzi de yìsi.

進学先の選択肢のひとつとして
台湾の大学を検討してみませんか？

台湾進学 5つの魅力

中国語・英語が学べる

半導体業界をリード

学費が安い

暮らしやすい

日本から近い

台湾で暮らし、台湾で学ぶ。
それは、同時に、台湾を学び、
日本を別の視点から学び直す時間とも言えるでしょう。

そして、アジアへ、世界へつながる豊かな想像力と、
多角的な視点を獲得できる大きなチャンスでもあるのです。

親日台湾なら、生活上のストレスも少ないので安心！
留学の目的地として、大きな魅力と可能性を持った台湾へぜひお越しください。

学びの先にある夢を応援します！
PAPAGO遊学村 台湾留学支援室
https://papago-taiwan.com

台湾で語学留学

日本語の通じない環境で、
台湾華語や英語をしっかり学びたい！
でも滞在中はグルメも観光も楽しみたい！

そんな方のために、のんびりプランからスパルタプランまで、
目的に合わせたスタイルで台湾華語や英語が学んでいただける
PAPAGO のオリジナルプランもご用意！

数日間の短期滞在から１年間の長期滞仕まで。
お部屋探し、生活サポートも PAPAGO にお任せください！

✓ **TOCFL** 対策に

✓ **台湾の大学進学**を目指す方に

✓ **留学前後の予習、継続学習**に

✓ **台湾の魅力**をもっともっと味わいたい方に

本気で、台湾華語！

オンラインレッスン＋豊富なオリジナル教材

PAPAGO
台湾華語**通信講座**

●著者：PAPAGO遊学村　https://papago-taiwan.com/

2016年から台湾を拠点にして、台湾への留学サポートや台湾華語レッスンなどを提供。
　台湾華語のスタンダードな教授法に、中国普通話の教授法やレッスンにより磨き上げた独自のメソッドを取り入れ、日本人学習者が使いやすい華語教材の研究開発を続けている。
　TOCFL対策にも力を入れており、2018年にはTOCFL実施団体より公式パートナーに認定され、公式語彙集や模擬試験問題を利用した無料教材も多数公開している。

本書および音声ダウンロードに関するお問合せは下記へどうぞ。ご意見、ご感想もぜひお寄せください。

アスクお客様センター　https://www.ask-books.com/support/
　メールでのお問合せ：support@ask-digital.co.jp　〒162-8558 東京都新宿区下宮比町2-6

お問合せフォーム 　ご意見・ご感想フォーム
　　　　　　　　　　　　　　※ ISBN 下5桁「96460」
　　　　　　　　　　　　　　　をご入力ください。

単語と文法から学ぶ

PAPAGO式　台湾華語

2023年7月25日　初版第1刷　発行
2024年3月15日　　　第2刷　発行

著者	PAPAGO遊学村　©2023 OneLine Consulting Co., Ltd.
デザイン	藤原由貴
イラスト	パント大吉
ナレーター	游硯涵（華語）岩澤侑生子（日本語）
編集・DTP	株式会社アスク出版　由利真美奈
音声収録	株式会社アスク出版　映像事業部
編集協力	有限会社トライアングル
印刷・製本	株式会社暁印刷
発行	株式会社アスク
	〒162-8558　東京都新宿区下宮比町2-6
	電話：03-3267-6863（編集）　03-3267-6864（販売）
	FAX：03-3267-6867
	https://www.ask-books.com/
発行人	天谷修身

ISBN978-4-86639-646-0　Printed in Japan